박제영의
종목선정
절대원칙
3   7

내가 고른 종목이 아니면 결코 돈 벌 수 없다

— 박제영의 —

종목선정
절대원칙 37

박제영 지음

포레스트북스

주식시장을 바다와 비교하는 경우가 왕왕 있습니다. 어느 날은 한없이 고요하다가 또 어떤 날은 폭풍우가 몰아치기도 하는 모습이 서로 닮아서일 겁니다. 등락을 거듭 하는 시장에서 초심을 잃지 않고 나의 투자 원칙을 지속하는 것은 쉽지 않은 일입니다. 하지만 박제영 저자는 18년간 증권업에 몸담으면서 매일 한결같이 증시 분석을 해왔습니다. 그런 그가 첫 저서의 추천사를 부탁했을 때 기쁜 마음으로 원고를 살폈고 그간의 노하우가 집대성된 원고를 재미있고 흥미롭게 읽을 수 있었습니다. 그는 항상 이슈에 휩쓸리지 않고, 누군가의 추천이 아닌, 직접 내 손으로 종목을 발굴하고 매매할 것을 강조해왔습니다. 자기 눈으로 숨은 보석이 될 종목을 찾는 일은 힘들지만 보람된 일이고 그 결과를 스스로 인정할 수 있게 해줍니다. 그리고 진정한 투자자로 거듭나게 해줍니다. 어렵지만 반드시 가야 하는 그 길을 걸으실 때 이 책이 도움이 되실 겁니다. 자신의 원칙을 지키는 투자자의 길을 꼭 걸으시길 바랍니다.

김동환(김프로) 「삼프로TV」 진행자, 『변화와 생존』 저자

주말농장에서 농사를 지으면서 식물은 저마다의 적산온도가 정해져 있다는 사실을 알게 되었습니다. 매일 일정량의 햇빛을 받아 각자의 적산온도를 다 채워야 과실을 맺게 되는데 벼와 밀, 감자와 고구마의 수확 시기가 모두 다른 이유가 이 때문입니다. 가끔 투자에도 적산온도가 있다고 생각할 때가 있습니다. 매일 자신의 투자내용을 기록하고 투자 판단에 대해 끊임없이 복기하지 않는 투자자가 투자의 적산온도를 채우고 성공의 과실을 얻기는 쉽지 않습니다. 박제영 저자는 18년을 증권업에 몸담으면서 매일의 증시를 분석하고 종목의 옥석을 가리는 일을 해왔습니다. 추천사를 쓰기 위해 원고를 살피면서 그간의 세월이 축적된 그의 주식투자 지침에 공감할 수 있었습니다. 이 책이 스스로 종목을 발굴하고 자신의 투자 원칙을 지키려는 투자자에게 귀중한 자산이 될 것이라고 확신합니다.

김영익 서강대학교 경제대학원 교수, 「김영익의 경제스쿨」 운영자

1996년 모 증권사에서 처음으로 일을 시작했을 때, 선배 이코노미스트가 한 가지 조언을 해주었습니다. 주식시장 마감 이후에 전체 상장 주식의 그래프를 그 흐름만이라도 한번 살펴보라는 것이었습니다. 그 뒤로 시간이 날 때마다 '코스피200' 지수에 포함된 시가총액 상위 기업들의 주가 흐름을 하나씩 살펴보면서, 특이한 주가 흐름이 발견되면 곧바로 공시와 애널리스트의 보고서를 찾아보고, 또 PER이나 PBR 같은 밸류에이션 지표를 점검하려 애썼습니다. 그리고, 지금도 그렇게 하고 있습니다. 그간 어느 누가 "박사님의 주식투자 비법은 무엇인가요?"라고 묻더라도, 누구에게도 이 이야기를 해주지 않았었는데, 박제영 저자가 이 책을 통해 주식 고수들만의 비기를 독자에게 공개하게 되었네요. 더욱 많은 투자자가 이 책을 통해 지금의 힘든 시기를 이겨낼 귀중한 지혜를 얻게 되기를 간절한 마음으로 염원합니다.

홍춘욱 Richgo 인베스트먼트 대표, 유튜브 「홍춘욱의 경제강의노트」 운영자

박제영 저자는 주식투자의 명가 한국투자증권에서 18년을 종사한 베테랑 증권맨이다. 그는 이 책에서 주식투자자들이 어떻게 하면 성공확률이 높은 종목을 발굴할 수 있는지를 오랫동안 축적해 온 자신의 노하우를 통해 매우 구체적으로 전수하고 있다. 차트 설정부터 종목선정 방법, 주가 등락의 원리, 수급을 파악하는 방법, 적절한 매매 시점, 기본적 분석의 핵심요소, 눈에 보이지 않는 기업가치를 파악하는 법 등의 주식투자자라면 누구나 반드시 알아야 할 주옥같은 내용을 담고 있다. 내용도 너무 알차지만, 이 책의 가장 큰 장점은 그의 구수한 입담처럼 초보 투자자도 쉽고 재밌게 읽을 수 있다는 점이다. 『박제영의 종목선정 절대원칙 37』이 주식투자의 기본기를 제대로 닦고 싶은 투자자에게 최적의 투자지침서가 될 것이라고 믿는다.

박세익 체슬리투자자문 대표, 『투자의 본질』 저자

내가 고른 종목에 투자하는
주식투자자가 되시길

2006년 새로운 부서로 발령받은 후 이루어졌던 본부장님과의 면담이 아직도 생생합니다. "앞으로 주식시장이 어떻게 될 것 같아?" 막 금융인으로서 걸음마를 시작한 수준이었던 저는 본부장님의 질문으로 인해 난관에 봉착했습니다. 그렇지만 곧 "장기 상승할 것 같습니다!"라고 대차게 대답했습니다.

주식시장에 기웃거리면 패가망신한다든가 기피해야 할 신랑감 순위에 배 없는 어부, 논 없는 농부 다음이 증권사 영업 직원이란 농담이 있을 정도로 주식투자에 대한 사회적인 인식이 좋지 않던 시절이었습니다. "기존에는 시장을 투기장으로 대하는 사람들이 많았지만 최근의 펀드 열풍이 개인투자자의 시장 진입을 돕고, 주식시장을 건전한 방향으로 키울 것입니다."라고 덧붙였던 기억이 납니다. 그때의 저는 갓 신입 티를 벗어난 사원답게 패기가 넘쳤습니다.

개미가 시장으로 유입됐던 때는 1999년에 출시된 바이코리아펀드Buy Korea Fund의 흥행, 2005년 미래에셋 주식형 펀드 열풍, 2011년 '자문형랩' 그리고 가장 최근의 '동학개미운동'까지 크게 네 번입니다. 동학개미운동을 제외한 세 번은 펀드와 자문형랩이라는 간접투자 형태였습니다.

펀드 투자로 시장에 들어온 개인투자자들은 자신의 펀드와 랩 상품에 어떤 종목이 왜 편입되어 있는지도 모르고 돈을 맡겼다가 손해를 보니, 버티지 못하고 썰물 빠져나가듯 시장에서 사라져 버렸습니다. 2020년 동학개미운동은 앞서 세 번의 경험과 다르게 직접투자 형태였습니다.

이를 계기로 투자에 대한 인식은 몰라보게 변했고 스마트폰 MTS 화면에도 익숙해졌습니다. 그러면 시장을 대하는 태도와 방법도 17년 전 그때와 달라졌을까요? 안타깝게도 이렇다 할 변화는 없는 듯합니다. 개인투자자들은 여전히 주식이 오를 때 쉽게 들어왔다가 하락기에 쓴맛을 본 뒤 시장을 떠나버립니다.

동학개미운동이 시작된 첫해에는 주식시장이 크게 상승하면서 모두 행복한 시간을 보냈습니다. 2년이 지난 지금, 그때처럼 기쁜 사람은 많지 않을 듯합니다. 주식을 사면 무작정 수익이 나던 시기는 지났고, 당분간 좋은 시기가 오지 않을 수도 있다는 비관적인 말들이 여기저기서 퍼져 나오고 있습니다. 유튜브만 보면서 종목을 사고파는 게 익숙했던 개인들은 이런 상황이 닥치면 멘붕에 빠질 수밖에 없습니다.

달라진 시장에서 개미들은 어떻게 해야 할까요? 더 이상 간접투자 상품에 의지해서는 안 됩니다. 유튜브 채널에서 말해 주는 주식을 매매할 것이 아니라 자신이 직접 종목을 찾을 수 있는 능력을 길러야 합니다.

제가 증권을 업으로 삼고 나서 가장 많이 들었던 이야기는 "뭐 사야해요?"였습니다. 그 질문에 대해 명확한 답을 줄 수 있는 사람은 없다고 생각합니다. 주식시장은 시시각각 변화하기 때문입니다.

저는 그 질문에 대한 답변 대신 빠른 변화에 대처할 수 있는 유용한 방법을 여러분과 공유하고 싶었습니다. 직접 종목을 고르고, 분석하고, 공부하는 개미들이 많아진다면 2006년 제가 꿈꿨던 것처럼 장기 상승하는 건전한 시장을 만날 수 있을 것이라 믿기 때문입니다.

주식시장은 선수의 영역입니다. 선수가 되기 위해서는 자신만의 투자 루틴이 있어야 하고 루틴이 만들어지기까지 피나는 노력이 필요합니다. 개인의 노력이 가장 중요하지만 좋은 코치가 옆에 있다면 조금 덜 헤매고 더 빨리 갈 수 있습니다.

여태껏 시장에서 보고 경험한 내용을 바탕으로 조언자 역할을 톡톡히 해 보겠습니다. 이 책을 계기로 여러분과 오래도록 소통할 수 있기를 바랍니다.

늦은 밤, 여의도 사무실에서 박제영

차례   ●●●

─────○ **PART 1** ○─────
차트로 오르는 종목 발굴하기

──────○ PART 4 ○──────

매매의 기술로 절대 수익 달성하기

◯ 사지 않을 종목을 분석하는 것은 시간 낭비입니다. 기술적 분석은 차트를 통해 필요 없는 종목을 걸러낼 수 있도록 도와줄 것입니다. PART 1에서 우리는 차트의 설정값을 조금 바꾸어서 기술적 분석에 필요한 정보들로 화면을 채우고 기술적 분석을 할 때 알고 있어야 할 내용을 배우도록 하겠습니다.

PART 1

차트로 오르는
종목 발굴하기

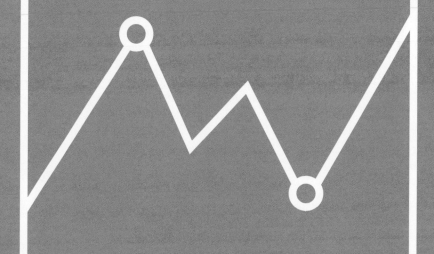

우리의 궁극적 목적은 투자할 종목을 스스로 고를 수 있게 되는 것입니다. 문득 처음 주식에 투자했던 때가 떠오릅니다. 저 역시 종목을 고르기 위해 기술적 분석부터 시도했는데, 체계도 실제로 도움 되는 정보도 없이 무작정 시작한 투자는 당연하게도 아무런 보탬이 되지 못했습니다.

그래서 PART 1에는 제가 오래전 투자를 시작할 때 미리 알고 있었더라면 좋았을 깨알 같은 정보와 넘쳐 나는 데이터 속에서 의미 있는 값을 건져 올리는 방법을 담았습니다.

필요한 내용만 한눈에 볼 수 있도록 차트의 설정을 바꾸고, 각 지표가 주는 메시지를 읽고, 시장의 수급이 주가에 어떤 변화를 가져오는지 등을 알고 나면 힘들게만 느껴지던 투자가 조금 수월해질 것입니다.

종목 선정은 경연 프로그램에서 우승할 사람을 뽑는 것과 비슷합니다. 내 눈에 좋아 보이는 종목보다 많은 사람이 탐낼 만한 종목이어야 시장에서 성공할 확률이 높아집니다.

주식시장의 2,000개가 넘는 종목 중에서 그럴 만한 종목을 찾아내야 하지만 사지 않을 종목에까지 시간을 쏟아붓는 것은 낭비입니다. 일부 사람들은 기술적 분석을 무시하는 경향이 있습니다. 그렇지만 기술적 분석을 통해 상승 가능성이 큰 종목을 추리고, 골라낸 종목만 분석하면 시간이 곧 돈인 시대에서 좀 더 효율적인 투자를 할 수 있을 것입니다.

차트 설정만 바꿔도
꼭 필요한 정보가 한눈에 보인다

알곡만 남고 쭉정이는 가라!

박제영의 24시

주식시장에 몸담은 지 어느덧 18년이 되었습니다. 회사 업무와 방송 출연으로 바쁜 활동을 하다 보니 시간이 정말 빠르게 흘렀습니다. 저의 일과를 간략히 소개해보겠습니다.

오전 9시 주식시장이 열리면 저의 업무도 시작되지만, 9시 방송 출연을 위해서는 남들보다 빠르게 움직여야 합니다. 오전 5시 30분까지 회사 내 헬스장에 도착하여 첫 번째 일과인 운동을 시작합니다. 온종일 의자에 앉아 있으면 배도 나오고 허리에 무리가 많이 가기 때문에 운동을 하지 않으면 몸이 빨리 망가져 버립니다. 운동하면서 정치·경제·외신 소식 등 세상 돌아가는 일들을 TV를 통해 브리핑받습니다.

사무실에 들어서는 6시 40분쯤이면 뉴욕시장이 마감한 지 얼마 지나지 않은 때여서 미국증시에서 어떤 일이 있었는지부터 정리해야 합니다. 국내증시에 큰 영향을 미치는 미국 시장 이야기는 아침 주식 방송을 보시는 분들에게 중요한 정보가 됩니다. 미국증시 이슈를 정리하고, 증권사 아침 데일리 리포트를 읽고, 우리 시장에 대한 대응 전략까지 세우고 나면 금방 8시 30분입니다. 준비한 자료를 가지고 스튜디오로 향합니다.

방송이 끝나고 10시쯤 사무실로 돌아옵니다. 다른 업무를 처리하면서 오후 3시의 마감 방송을 준비합니다. 10시 30분에 열린 중국 시장은 어떤지, 나스닥 선물지수는 왜 하락하고 있는지, 그리고 장중에 있었던 경제 지표의 움직임과 특징주 등을 정리하다 보면 2시 30분이 됩니다. 마감 방송을 위해 스튜디오로 향합니다. 장이 마감하고 방송도 무사히 마치고 나면 남은 시간에는 내일의 방송을 준비합니다. 업황이나 종목에 관한 내용을 살피다가 문득 지난 시간 동안 다양한 종목을 참 많이도 골라 봤다는 생각이 들었습니다.

다양한 주식 방송을 해오면서 가장 기억에 남았던 프로그램이 있습니다. 바로 한국투자증권 이프렌드 에어eFriend Air에서 진행했던 「종목 배틀, 당신의 선택은?」이었는데요. 저는 패널로 참여하여 2013년부터 2018년까지 6년간 매일 하루 한 개씩 새로운 종목을 소개했습니다.

프로그램은 이렇게 진행됐습니다. 패널 두 명이 각자 준비한 종목을 소개하면 내용을 들은 진행자가 마음에 드는 종목을 선택합니다. 선택한 종목은 추천한 패널의 포트폴리오에 즉시 편입하여 수익률을 기록합니다. 두 패널의 포트폴리오 수익률까지 비교하는 매우 무자비한 방송이었습니다.

상대방 수익률과 비교당했기 때문에 망신살이 뻗치지 않으려면 마치 실제 주식을 사는 것처럼 열심히 공부하고 신중하게 종목을 고를 수밖에 없었습니다. 선택된 종목의 손실이 커지면 포트폴리오상에서 손해를 따져 방송 중에 매도하기도 했습니다.

오랜 기간 매일 새로운 종목을 골라야 했던 프로그램의 특성상 아침에 발간되는 증권사 리포트 몇 개만 읽고 종목을 선택하기에는 한계가 있었습니다. 삼성전자(005930)나 현대차(005380) 같은 대형주뿐만 아니라 사람들이 잘 모르는 소형 종목에 대해서도 빠삭해야 했습니다.

짧은 시간 내에 2,000개가 넘는 주식 사이에서 차트가 돋보이는 종목을 고르고, 이 종목들을 분석하여 보석인지, 돌멩이인지 확인하다 보니 무수한 실행 끝에 저만의 루틴이 만들어졌습니다.

이 방법은 퇴근하고 집으로 돌아와서 한두 시간 정도만 공부하면 누구나 할 수 있을 정도로 어렵지 않습니다. 6개월만 꾸준히 한다면 유튜브나 증권 방송을 보면서 들은 종목이 아닌 자신이 직접 찾은 종목으로 수익을 낼 수 있을 것입니다.

자, 그러면 지금부터 제가 해왔던, 차트로 종목을 스크리닝 하는 방법을 함께 보시겠습니다.

장 마감 후 차트 검색

방송을 마치고 한숨 돌린 뒤 4시가 되면 차트를 검색하기 시작합니다. 거래소에서 당일 외국인, 기관의 수급을 정리하는데 10~15분쯤 소요되므로 3시 50분이 지나야 정확한 당일 수급을 알 수 있습니다. 시가총액 1위 삼성전자부터 시작해 시가총액 1000억 원이 넘는 종목의 차트를 전부 봅니다. 이 작업에 '분석'은 너무 거창한 말인 듯하여 짧게 보고 넘어가는 '스크리닝'이라고 이름 붙이겠습니다.

기술적 분석*을 먼저 하는 이유는 시간을 절약하기 위해서입니다. 차트를 보는 것에 익숙해지면 한 종목을 스크리닝 하는 데 3~5초면 충분합니다. 기본적 분석*을 하려면 재무제표를 봐야 하고 사업보고서도 읽어야 합니다. 주식을 매수하기에 앞서 기본적 분석은 필수이지만 사지도 않을 종목까지 기본적 분석을 하면서 정성과 시간을 쏟는 건 낭비입니다. 이러한 낭비를 줄이기 위해 첫 번째로 기술적 분석을 통해 필요 없는 종목을 걸러내는 작업을 해야 합니다.

이 작업에는 장점이 있습니다. 주식시장에 상장된 종목들의 차트를 찾는 동시에 시장 전체의 흐름, 업종 또는 테마의 흐름까지 알 수 있다는 것입니다. 차트 검색에서 '공통'으로 나오는 업종이 시장의 주도 업종이기 때문에 투자자들의 동향을 파악하는 데 도움이 됩니다.

기술적 분석
주가와 거래량 등 과거의 시장 데이터로 미래의 주가를 예측하는 방법이다. 차트를 이용하여 투자자들의 매수매도 시점, 심리, 동향을 예상한다.

기본적 분석
기업의 재무나 경제 요인, 즉 내재가치를 분석하여 미래의 주가를 예측하는 방법이다. 기업의 가치와 기업 주식의 시장가격을 비교하여 투자를 결정한다.

종합차트 설정하기

본격적으로 기본적 분석을 시작하기 전에 여러분과 저의 환경을 통일할 필요가 있습니다. 지금은 차트를 보는 시간이기 때문에 차트를 통해 여러분이 얻는 정보와 제가 얻는 정보가 같도록 설정을 변경해 주셔야 합니다. 아직 차트를 보는 게 익숙하지 않은 초보자를 위해 구성 요소부터 살펴보고 제가 보는 화면과 똑같이 설정해 보겠습니다.

HTS에서 제공하는 차트 화면은 대부분 [1-1]과 같습니다. 증권사 프로그램이 다르더라도 제공하는 내용에는 큰 차이가 나지 않습니다.

차트 상단에서는 '종목명'([1-1]의 ①)을 알 수 있습니다. 종목코드

1-1 기본 차트

❶ 종목명, ❷ 봉 차트, ❸ 이동평균선, ❹ 거래량, ❺ 차트 도구

나 종목명으로 직접 검색하여 기업 차트를 찾을 수도 있습니다. 가운데 영역의 막대는 '봉 차트'([1-1]의 ②)입니다. 분/시/일/주/월/년 등 일정 기간의 주식 가격을 알 수 있습니다. 봉 차트 주변에는 실선들이 보입니다. 여러 가지 색상의 이 실선들을 '이동평균선'([1-1]의 ③)이라고 합니다. 하단의 막대그래프는 '거래량'([1-1]의 ④)을 나타냅니다. 봉 차트의 흐름과 거래량은 기술적 분석에서 무척 중요한 역할을 합니다. 오른쪽에 보이는 것은 '차트 도구'([1-1]의 ⑤)입니다. 차트 도구를 이용해서 차트에 추세선을 긋거나 메모를 할 수 있습니다. 차트의 각 요소를 알았으니, 이제는 기술적 분석에 필요한 내용만 한눈에 볼 수 있도록 설정을 바꿔 보겠습니다.

HTShome trading system나 MTSmobile trading system에서 가장 많이 보는 항목은 '현재가'와 '종합차트'입니다. 저 역시 현재가와 종합차트를 가장 오랜 시간 들여다봅니다. 긴 시간 동안 차트를 보다 보니 꼭 필요한 내용만 골라낼 수 있는 노하우가 생겼습니다. 저의 방법대로라면 복잡하게만 느껴졌던 차트가 조금씩 눈에 들어오기 시작할 것입니다.

[1-2] 차트 하단의 '기간'과 '조회'영역([1-2]의 ①)에서 봉 차트의 크기를 조절할 수 있습니다. 투자자의 모니터 크기와 시력을 고려하여 설정하는 것이 좋습니다. 한 화면에 너무 많은 개수의 봉 차트가 들어가면 오랫동안의 주가 흐름이 한눈에 들어온다는 장점이 있지만, 봉 차트 하나하나를 세세하게 보기는 어렵습니다. 숲을 보기 위해 나무를 포기하는 꼴인데 봉 차트 하나의 모양이 더 중요할 때도 있으니 일단은 개별 봉 모양이 잘 보이는 수준의 기간으로 잡는 것이 좋습니

1-2 차트 설정하기

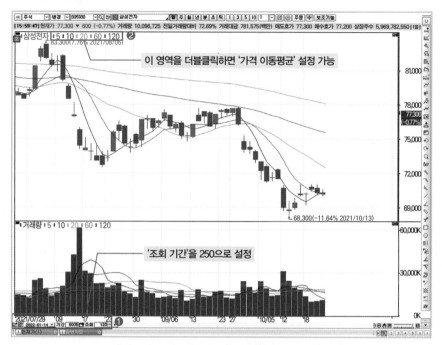

❶ 조회 기간 선택, ❷ 이동평균선 선택

다. 만약 긴 기간의 주가 흐름을 보고 싶다면 주봉이나 월봉을 활용하면 됩니다. 처음이라 잘 모르겠다면 '조회' 칸을 250으로 맞추어 보세요. 250이란 숫자를 선택한 이유는 1년이 250거래일이기 때문입니다. 우선은 화면에 1년간의 주가 흐름을 담고 봉 한 개의 모양이 너무 작게 느껴지면 기간의 숫자를 줄여서 봉의 크기를 키웁니다. 반대로 봉 모양이 크게 느껴지면 숫자를 키워봅니다.

저는 지표가 많지 않은 차트를 선호합니다. 한 화면에 너무 많은 정보를 담아 놓으면 의사판단에 혼란을 주기 때문입니다. 빠르고 효율적으로 정보를 처리하기 위해서는 많은 내용보다 중요한 내용만 간결하게 살피는 것이 더 효과적입니다. 그래서 이동평균선도 5일(1주), 10일(2주), 20일(1개월), 60일(1분기), 250일(1년) 이렇게 5개만 사용하겠습니다.

차트에서 왼쪽 위([1-2]의 ②) 이동평균선 숫자 중 아무거나 더블클릭하면 [1-3]처럼 '가격 이동평균' 설정 창을 볼 수 있습니다. [1-3]에서 확인할 수 있듯이 숫자를 5, 10, 20, 60, 250으로 변경하고 가장

1-3 이동평균선 설정

중요한 20일 선의 굵기를 한 단계 더 굵게 설정해 줍니다. 저는 20일 이동평균선을 중요하게 여깁니다. 차트 설정이 끝나면 각 지표에 관해 설명해 드릴 텐데요. 20일선이 중요한 이유는 거기서 말씀드리겠습니다. 여기서는 각 설정값을 확인하면서 잘 따라오시기 바랍니다.

거래량을 보여주는 영역은 봉 차트가 나오는 영역보다 좁습니다. 거래량의 이동평균선은 20일선을 제외하고 다 지웁니다. 이동평균선이 많으면 정작 거래량 막대그래프를 제대로 볼 수 없기 때문입니다. 20일선으로 추세만 확인하는 것이 좋습니다. [1-2]의 ②에서처럼 거래량 영역의 이동평균선을 더블클릭하고 설정 창에서 20일선을 제외한 모든 선은 삭제합니다.

이번에는 거래량 바Bar를 더블클릭하여 [1-4]와 같이 '거래량차트' 설정 창을 엽니다. '전일종가대비상승/하락'을 선택하면 주가가 상승한 날은 거래량이 빨간색으로 표시되고, 하락한 날은 파란색으로 표시됩니다. 이러면 거래량이 증가하면서 주가가 올랐는지 내렸는지 쉽게 파악할 수 있습니다. 거래량은 속이기 어렵습니다. 거래량이 동반된 주가의 움직임은 신뢰성이 높은 정보이므로 거래량과 봉 차트를 같은 색깔로 알아보기 쉽게 만들어 주겠습니다.

시장에서는 수급이 중요합니다. 누가 주도한 수급인지 알면 투자에 꽤 도움이 됩니다. 그래서 거래량에 '외국인과 기관의 수급'을 함께 표시할 것입니다. 봉 차트 영역에서 마우스 오른쪽 버튼을 클릭하면 [1-5]처럼 설정 항목이 보입니다. '지표추가'를 선택합니다. 따라나오는 하위 메뉴에서 '재무지표/매매동향'을 선택하면 많은 수급 지

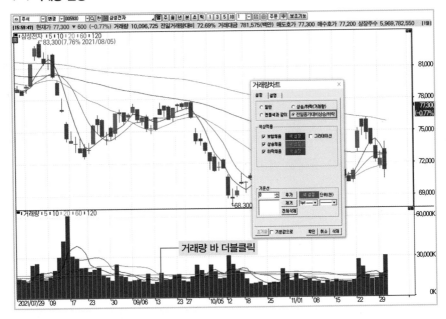

거래량 바 더블클릭

표가 펼쳐지는 것을 볼 수 있습니다. 그중 '외국인 순매수 누적'을 클릭합니다. 이렇게 하면 외국인 순매수 누적 그래프가 새로 그려집니다. 새로 나타난 외국인 순매수 누적 그래프를 잡고 거래량 그래프 영역으로 끌어옵니다. '속성설정' 창의 확인을 누르면 거래량 차트 위에 외국인 순매수 누적 그래프가 겹쳐집니다.

　같은 방법으로 '지표추가'→'재무지표/매매동향'→'기관 순매수 누적' 그래프까지 꺼내고 두 개 그래프의 색깔과 선 두께를 바꿔줍니다. 거래량과 외국인, 기관의 수급까지 한눈에 들어오도록 설정을 끝

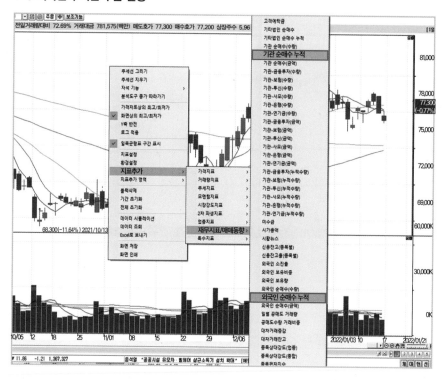

냈습니다.

이 여정을 잘 마치셨다면 [1-6] 같은 '종합차트' 화면이 나타날 것입니다. 봉 차트에 집중할 수 있고 아래에는 외국인과 기관 수급의 추이를 거래량과 함께 볼 수 있는, 간단하지만 효율적인 차트가 탄생했습니다. 이제 본격적으로 차트를 보고 종목을 추리는 작업을 시작해보겠습니다.

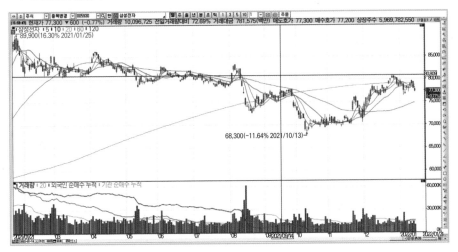

상장주식 시가총액 순으로 검색하기

종목을 가려낼 때 해야 할 가장 첫 번째 작업은 시가총액을 상위 순으로 검색하는 것입니다. 한국투자증권 HTS에서 화면번호 [0174]를 입력하면 [1-7]처럼 시가총액 상위 화면이 나타납니다. 우리나라에서 시가총액이 가장 큰 삼성전자, 2위인 SK하이닉스(000660) 등 금액이 큰 순서대로 보여집니다. 이 화면의 오른쪽 위에는 '다음'([1-7]의 ①) 버튼이 있습니다. 시가총액 1000억 원대의 종목이 검색될 때까지 다음 버튼을 눌러 더 많은 종목을 검색해 줍니다(2022.1.22. 기준 시가총액 1000억 원 이상인 종목은 1,789개입니다).

1-7 시가총액 상위

순위	종목명	종목코드	현재가	전일대비	등락률(%)	거래량	상장주식수	시가총액(억)	시가총액비율
1	삼성전자	005930	78,900			11,000,502	5,969,782,550	4,710,158	17.36
2	SK하이닉스	000660	128,500 ▲	500	0.39	3,552,174	728,002,365	935,483	3.45
3	삼성전자우	005935	72,400 ▲	500	0.70	1,510,810	822,886,700	595,770	2.20
4	삼성바이오로직스	207940	857,000 ▲	24,000	2.88	65,309	66,165,000	567,034	2.09
5	NAVER	035420	345,500 ▲	10,500	3.13	1,047,713	164,049,085	566,790	2.09
6	LG화학	051910	773,000 ▲	39,000	5.31	646,296	70,592,343	545,679	2.01
7	삼성SDI	006400	659,000 ▲	32,000	5.10	437,843	68,764,530	453,158	1.67
8	현대차	005380	211,500 ▲	1,000	0.48	470,451	213,668,187	451,908	1.67
9	카카오	035720	97,200 ▲	2,200	2.32	3,354,459	445,905,990	433,421	1.60
10	기아	000270	85,100 ▲	1,000	1.19	1,069,621	405,363,347	344,964	1.27
11	셀트리온	068270	197,000 ▲	500	0.25	447,585	137,947,128	271,756	1.00
12	POSCO	005490	305,500 ▲	5,500	1.83	333,786	87,186,835	266,356	0.98
13	KB금융	105560	61,900 ▲	1,900	3.17	2,905,914	415,807,920	257,385	0.95
14	현대모비스	012330	262,000 ▲	5,000	1.95	214,625	94,573,094	247,782	0.91
15	SK이노베이션	096770	264,500 ▲	23,000	9.52	1,366,162	92,465,564	244,571	0.90
16	카카오뱅크	323410	49,300 ▼	50	-0.10	3,316,544	475,159,237	234,254	0.86
17	LG전자	066570	137,000 ▲	6,500	4.98	1,757,579	163,647,814	224,198	0.83
18	삼성물산	028260	117,500 ▲	3,000	2.62	371,542	186,887,081	219,592	0.81
19	신한지주	055550	39,750 ▲	750	1.92	3,023,937	516,599,554	205,348	0.76
20	카카오페이	377300	154,500 ▲	5,000	3.34	396,361	131,883,080	203,759	0.75

1-8 시가총액 순으로 조회된 종목

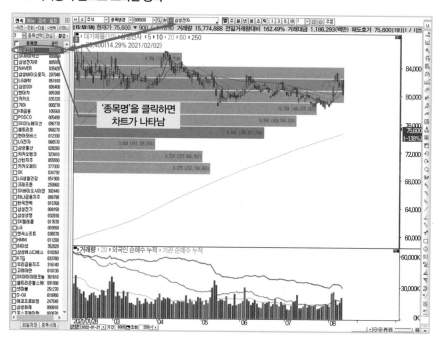

'종목명'을 클릭하면
차트가 나타남

그다음 '연속조회' 버튼을 누릅니다. 그러면 화면의 왼쪽에 [1-8] 과 같이 종목명이 조회되어 시가총액이 큰 순서대로 표시됩니다. 이제 '종합차트'(화면번호 [0301])를 실행합니다. 그리고서 삼성전자를 더블클릭하면 삼성전자 차트로 변합니다. 키보드의 방향키를 조작해도 종목 차트가 하나씩 바뀌는 것을 확인할 수 있습니다. 삼성전자부터 스크롤 아래쪽에 있는 시가총액 1000억 원 종목까지 살펴봅니다.

본 것으로 끝이 아닙니다. 볼펜과 노트를 준비해 주세요. [1-9]와 같이 노트 한 면을 세로로 나눠서 왼쪽에는 신고가* 종목, 오른쪽에는 주가가 장기간 하락하다 반등하는 턴어라운드* 종목을 기록합니다.

이렇게 하면 1차로 종목 선별 작업이 끝납니다. 시가총액 순위를 엑셀 파일로 다운받아서 이용할 수도 있지만 매일 순위가 바뀌므로 수작업을 하는 게 좋습니다. 시간을 줄이기 위해 시가총액 순으로 엑셀 파일을 저장한 후 불러오거나, 신고가 종목만 찾는 조건 검색을 이용할 수도 있습니다. 그렇지만 시가총액 순위가 변동할 때 차트를 직접 확인하는 것과 데이터만 보는 것은 분명 차이가 납니다. 차트 보는 실력을 쌓을 겸 손으로 쓰는 작업도 해 보셨으면 좋겠습니다.

차트에 눈이 익지 않은 초급자가 2,000여 개에 달하는 종목을 다 보려면 초반에는 2시간까지도 걸릴 수 있습니다. 이 작업이 숙달되면 30분~1시간 정도로 줄어듭니다.

신고가
주식 가격이 전에 없던 최고 가격일 때의 주가를 신고가라고 한다. 반대말은 신저가이다.

턴어라운드
기업 내실이 전보다 크게 좋아져서 주가가 급등하고 투자자에게 상대적으로 높은 수익을 안겨 주는 종목을 말한다.

1-9 1차 종목 선별

신고가 종목	턴어라운드 종목
삼성전자(반도체)	신세계(내수/유통)
SK하이닉스(반도체)	롯데쇼핑(내수/유통)
LG전자	휠라홀딩스(내수/유통)
DB하이텍(반도체)	농심(내수/유통)
CJ대한통운	심텍
리노공업(반도체)	롯데칠성(내수/유통)
만도	골프존(내수/유통)
SK케미칼	BGF(내수/유통)
동진쎄미켐(반도체)	한화손해보험
메지온	인터파크★
티씨케이(반도체)	인터플렉스
하나투어	CJ프레시웨이(내수/유통)
차바이오텍	다나와
서울반도체	현대홈쇼핑(내수/유통)

★ 인터파크는 2022.4.29. 그래디언트(035080)로 사명이 변경됨.

    노트에 적힌 종목 가운데 테마성 종목은 제외합니다. 여기서 '테마성'이란 기업의 경쟁력과 무관하게 뉴스에 따라서 주가가 움직이는 종목을 이야기합니다. 대표적으로 대통령 선거를 앞두고 후보들과 연관된 기업이 후보의 지지율에 따라 급등락하는 경우를 들 수 있습니다. 이런 종목들을 대선테마주라고 합니다. 후보와 직접적인 연관이 있으면 주가의 상승·하락이 납득되지만 단지 같은 대학을 나왔다거나 기업 대표가 우연히 후보와 같은 성씨라는 이유로 급등락하는 경우도 있기 때문에 기업의 경쟁력과는 관련 없는 경우가 훨씬 많습니다.

테마성 종목을 제외하고 남은 신고가 종목에는 공통점이 보입니다. 왼쪽에 메모한 신고가 종목들에 삼성전자, SK하이닉스, DB하이텍(000990) 등 반도체 업종이 포진해 있는 것을 보면서 반도체가 현재 시장의 주도주라는 사실을 알 수 있습니다. 차트를 검색하면서 주도 업종도 알아내게 된 것입니다. 오른쪽에 메모한 턴어라운드 종목들에서는 내수·유통 업종이 반등하고 있음을 확인할 수 있습니다. 만약 POSCO홀딩스(005490), 현대제철(004020) 같은 철강주들이 적

1-10 대선테마주

NE능률(053290) 대주주 윤호중 회장이 파평 윤씨 종친회 소속으로 알려지면서 당시 유력한 야권 대선 후보였던 윤석열 테마주로 엮여 한 달 만에 7.5배가 상승했다.

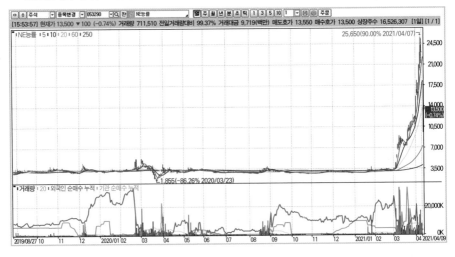

혀 있으면 철강 업계가 살아나고 있다는 의미입니다. 차트 검색을 통해서 상승하는 업종을 확인하고 기사를 검색하거나 증권사 리포트를 찾아보고 업계 상황이 괜찮다고 생각하면 개별 종목 분석으로 넘어갑니다.

차트 검색으로 주도주를 확인하고 투자할 만한 종목을 간추리는 방법을 설명해 드렸습니다. 이 작업을 하면서 한 가지 궁금증이 생겼을 것입니다. 왜 저는 '신고가'와 '턴어라운드'만을 살펴봤을까요? 이 두 가지만 보는 이유가 있습니다. 다음 장에서는 신고가를 사야하는 이유에 대해 추세 설명과 함께 답을 드리겠습니다. 그리고 턴어라운드를 분석하는 이유와 기술적 분석의 핵심을 알려드리겠습니다.

기술적 분석으로 고르기 1:
신고가와 추세

텐배거의 첫걸음, 신고가! 신고가 없이는 상승도 없다

봉, 차트 속 기본 중의 기본

차트의 가장 기본이자 핵심은 봉입니다. 봉만 잘 봐도 주가 흐름을 금세 알 수 있습니다. 봉 하나에는 많은 정보가 담겨 있습니다. 표시되는 가격도 네 종류나 됩니다. 일정 기간의 주가를 빨간색과 파란색 봉을 이용하여 나타냅니다. 빨간색 봉의 이름은 '양봉', 파란색 봉의 이름은 '음봉'입니다.

양봉, 음봉을 해석하려면 봉이 말해 주는 네 가지 가격부터 알아야 합니다. 장이 시작했을 때의 주식 가격과 마감했을 때의 가격인 '시가'와 '종가', 장 중 주식 가격이 최고로 올랐을 때와 최고로 하락했을 때를 알려주는 '고가'와 '저가'입니다. 여기서 고가와 저가는 대체로 봉의 몸통에서 꼬리가 뻗어 나오는 모양을 하고 있습니다.

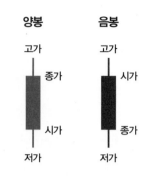

가격 정보를 알았으니 양봉과 음봉을 구별해 보겠습니다. 양봉은 장이 마감한 시점에서 '종가 〉 시가'인 경우입니다. 즉 종가가 시가보다 클 때 양봉이라고 합니다. 음봉은 반대입니다. 장이 마감한 시점에서 '종가 〈 시가'인 경우입니다. 시가가 종가보다 클 때 음봉이라고 합니다.

오르는 주식은 이유가 있다

———

신고가를 돌파하는 주식을 산다는 것은 참으로 어려운 일입니다. 왠지 비싸게 사는 듯한 기분을 지울 수가 없습니다. 과거의 가격보다 높은 가격으로 주식을 산다는 것이 선뜻 내키지 않을 수 있지만, 주식에는 '권장 소비자 가격'이 없습니다. 물론 적정 가격을 찾는 노력을 해야겠지만 개인의 관점에 따라 그리고 기업이 처한 상황에 따라 적정 가격이 달라질 수 있는 곳이 주식시장입니다.

신고가에 투자해야 하는 이유는 간단합니다. 오르는 것에는 다 이유가 있기 때문입니다. 비싼 물건은 비싼 값을 하고 싼 물건은 싼 이유가 반드시 있습니다. 신고가는 시장의 관심이 집중되어 있고 실적이 좋아지거나 신제품의 소비자 반응이 폭발적이라거나 하는 특별히 긍정적인 이슈가 있는 종목이라는 뜻입니다.

신고가를 넘기 위해서는 많은 돈과 에너지가 필요합니다. 신고가 언저리에서 팔려는 사람은 많고 사려고 하는 사람은 줄어드는 것이 일반적입니다. 그런 상황에도 신고가를 넘어간다는 것에 의미가 있습니다. 신고가에 팔려고 내놓은 주식을 대량으로 매수하는 사람이 바보는 아닐 것입니다. 큰돈을 굴리는 사람이 아무 정보나 계획도 없이 무턱대고 주식을 살 리도 없습니다. 이런 점만 가지고도 신고가를 가는 종목을 검토해 볼 이유가 충분합니다.

그럼에도 신고가에 주식을 사는 사람은 비싸게 사는 것 같아서 불안해합니다. 선뜻 매수 버튼을 누르지 못합니다. 그렇다면 상대 투자자는 어떨까요?

주식은 수익이 나도 불안하고 손실이 나도 불안합니다. 수익이 나고 있는 주식이 상승할 때와 손실이 나고 있는 주식이 상승할 때의 마음은 확연하게 다릅니다. 수익이 날 때는 '언제 팔아야 할까?' '내일 떨어지면 어쩌지?' 등 행복한 고민도 하지만 수익이 줄어들까 봐 불안합니다. 손실이 날 때는 굳이 설명하지 않아도 이미 아실 것입니다. 투자자들 대부분이 마이너스 난 종목을 보면서 '본전만 오면 당장 팔아야지'라고 마음먹습니다. 수익이 날 때보다 손실이 날 때 2, 3배 더 큰 스트레스를 받습니다. 이러한 스트레스는 시장에 매도 압력으로 작용해서 주식이 올라갈 때마다 팔려는 사람이 늘어납니다.

바닥에 있는 종목 보유자보다 신고가에 있는 종목 보유자들은 심적으로 더 안정적입니다. 그래서 주가가 올라갈 때 매도 압박을 덜 받습니다. 매도 압박이 많으면 주가가 오르다 멈추고 다시 하락합니다. 급전이 필요해서 꼭 팔아야 할 이유가 아니라면 모를까 수익이 나는 주식은 들고 있습니다. '괜히 팔았다가 더 올라가면 어떡하지?'라는 공포감이 마음을 굳히게 도와줍니다. 매수자보다 매도자가 신고가 주식을 더 매력적으로 생각하기 때문에 매도 방해를 덜 받고 계속적인 가격 상승을 기대할 수 있습니다.

신고가에 도달했다는 이유 하나만으로 사야 한다는 뜻은 아닙니다. 차트 검색을 통해서 신고가 종목을 발견했다면 어떤 이야기가 있는지 찾아야 합니다. 이익 구조도 살펴보고, 증권사 리포트나 사업보고서를 읽는 것도 좋습니다. 작년까지 연간 100억 원 정도 순이익이 나던 회사였는데 올해는 3분기까지 누적 수익이 100억 원을 기록했다면 신고가를 넘어가는 것이 이상한 일은 아닙니다.

주식시장에서는 가격과 가치를 구분해야 합니다. 가격이 비싸다는 이유로 가치가 높은 주식을 사지 못한다면 절대 성공적인 투자에 가까워질 수 없습니다. 과거 가격대의 이익보다 현재 이익이 늘어났다면 기업의 가치가 높아진 것이고 가격이 더 올라갈 수 있는 충분한 근거가 됩니다.

신고가 차트 고르기

━━━━━

[1-11]의 LG이노텍(011070)은 신고가 돌파를 살펴볼 수 있는 적절한 사례입니다. 이러한 모양의 차트를 찾기 위해 노력해 보세요. 신고가를 넘어서 쭉쭉 올라가는 차트들을 자주 보다 보면 눈이 익어서 찾는 속도가 더 빨라질 것입니다.

[1-11] 차트를 보면 LG이노텍은 10개월 정도 횡보를 합니다. 주가가 오랫동안 24만 원 선에서 하락하고 20만 원 부근에서 반등하다가 네 번째 도전 끝에 24만 원을 넘었습니다. 3거래일 연속 긴 양봉입니다([1-11]의 ①). 상승세가 강하다는 뜻입니다. 수급도 거래량이 이틀

1-11 LG이노텍 신고가 돌파

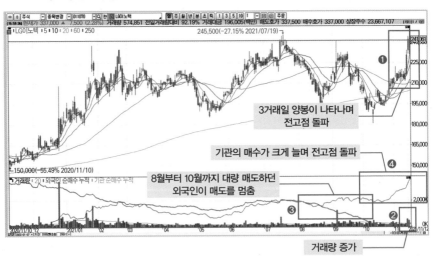

간 늘어났습니다([1-11]의 ②). 20일 평균 거래량보다 두 배 이상 늘었습니다. 거래량 증가는 주가 상승에 확실한 근거가 됩니다.

외국인은 8월부터 10월까지 LG이노텍을 대량 매도하여 주가 하락의 원인이 되었는데 거래량 영역의 빨간선(앞에서 차트를 설정할 때 외국인 수급을 빨간선으로 지정했습니다)을 보면 10월부터 외국인 매도가 멈춘 것도 확인됩니다([1-11]의 ③). 그리고 외국인 매도가 멈춘 이후 파란선이 위로 올라가며 기관의 매수가 늘어난 것을 확인할 수 있습니다([1-11]의 ④).

차트의 추세, 거래량, 외국인·기관 수급까지 삼 박자가 딱 맞아떨어집니다. [1-12]에서처럼 강한 상승세를 그리며 상장 이후 한 번도 밟지 못했던 30만 원 선도 넘기고 두 달간 55.6%가 상승했습니다. 차

1-12 LG이노텍 신고가 돌파 후 상승 추세

트로 먼저 이런 종목(신고가)를 선별하고 이후에 상세한 분석을 통해 보유해도 되는지 확인합니다. 검색하다 보면 이렇게 신고가를 넘어가는 차트를 찾을 수 있습니다. 그러나 모든 종목이 신고가를 넘었다고 크게 상승하는 것은 아니기 때문에 반드시 기본적 분석까지 병행해야 합니다.

종목 관성의 법칙

종목 발굴에서 첫 번째로 다루는 만큼 신고가는 중요한 의미를 가집니다. 우리가 찾는 차트는 신고가를 넘어서 계속 오르는 종목입니다. 고점을 힘겹게 넘긴 뒤 아래로 미끄러지지 않고 그대로 쭉쭉 치고 올라갈 수 있는 힘은 어디에서 나올까요?

자동차가 정지한 상태에서 시속 100킬로미터까지 속도를 올리는 데 걸리는 시간을 '제로백zero百'이라고 합니다. 정지 상태부터 속도를 빠르게 올리기까지는 많은 에너지가 필요합니다. 그래서 슈퍼 카super car의 조건 중 하나로 제로백이 얼마나 빠른지를 보기도 합니다. 환경 캠페인에서 급가속·급제동을 하지 말자는 이야기도 많이 하지요. 가속도를 붙이는 데 에너지가 많이 들기 때문에 급가속을 하면 연료가 낭비되어 연비가 나빠집니다. 정지한 상태에서 고속을 내기까지 많은 에너지가 필요하지만 일정 속도에 도달하면 적은 에너지로도 빠른 속도를 유지할 수 있습니다.

주식시장에서도 마찬가지입니다. 상승 추세에 오르기까지 많은 에너지(자금)가 필요하지만 일단 상승 추세로 전환되면 적은 에너지로도 상승세를 유지할 수 있습니다.

추세는 어떤 현상이 일정한 방향으로 나아가려는 움직임입니다. 물리학에서 말하는 관성의 법칙과 유사합니다. 상승하려는 힘을 가진 주식, 즉 추세가 살아 있는 주식을 선택해야 에너지를 적게 들이고 수익을 높일 수 있습니다. 그래서 주식투자에서는 추세를 잘 타는 것이 중요합니다. 하지만 추세를 알아보는 게 어렵습니다. 상승 추세로 진입한 듯 보이다가 하락하고, 이제 하락 추세에 접어들었다 싶었는데 반등하기도 합니다. 이렇듯 주가가 오르고 내리며 횡보하는 이유는 에너지가 부족하기 때문입니다.

추세를 판단하려면 시행착오를 겪어야 합니다. 많은 경험을 통해서만 추세를 보는 안목이 길러집니다. 추세를 잘 알아보려면 상승 추세의 차트를 많이 보는 수밖에 없습니다.

'떨어지는 칼날을 잡지 말라'는 시장의 격언이 있습니다. 주가가 떨어질 때는 투자하지 말라는 이야기입니다. 주가가 하락세로 전환되면 하락 에너지를 반대로 돌리기까지 또 힘이 필요할 뿐만 아니라 급락하고 나서 하락 추세에 진입하면 장기간 하락할 가능성이 크기 때문입니다.

단기간에 급락하는 종목은 참 매력적으로 보입니다. 최근까지 10만 원이던 주식이 큰 악재를 만나 일주일 사이에 5만 원이 되면 5만 원에 사서 10%만 수익 내고 나와야지 하는 욕심이 생깁니다. 운 좋게 한두번 쯤은 단기간만 보유했다가 성공적으로 팔 수 있겠지만 실패하면 이미 추세가 하락으로 접어들었기 때문에 장기간 손실로 이어질 수 있습니다. 반대로 상승 추세에서 하락할 때는 추세만 살아 있다면 시간이 지나고 주가가 회복할 가능성이 더 큽니다. 그래서 하락 추세에 있는 종목보다는 상승 추세에 있는, 많이 오른 종목을 선택하는 게 장기적으로 봤을 때 훨씬 유리합니다. 상승 추세에서 시간은 투자자의 편이고 하락 추세에서 시간은 투자자의 적입니다.

그러면 추세를 확인하는 방법이 있을까요? 추세를 알고 싶다면 ① 이동평균선, ② 거래량, ③ 체결강도를 확인합니다.

첫 번째로 이동평균선이 정배열 된 주식이어야 합니다. 정배열이란 장기 이동평균선인 250일선이 가장 아래에, 중기 이동평균선인 60일선이 중간에, 단기 이동평균선인 20일선 위에 5일선이 정렬된 상태를 말합니다. 이동평균선이 정배열이면 주가가 장기적으로 상승하고 있다는 뜻입니다. 즉 정배열이란 말 자체가 상승 추세를 의미합니다.

두 번째는 거래량이 증가해야 합니다. 거래량이 증가한다는 것은 주식시장 참여자들이 주목하고 있다는 뜻입니다. 또 거래량은 상승의 동력(에너지)이 늘어나고 있다는 뜻도 됩니다. 상승 추세 종목은 거래량이 늘어나거나 혹은 거래량이 계속 늘지 않더라도 과거보다 높은 거래량 수준을 유지해야 합니다.

세 번째 체결강도가 중요합니다. 주식을 팔 때는 사려고 하는 물량이 있어야 하고, 주식을 살 때는 팔려고 하는 물량이 있어야 양쪽의 거래가 체결됩니다. 따라서 매도자는 매수호가* 창에서 다른 참여자가 사

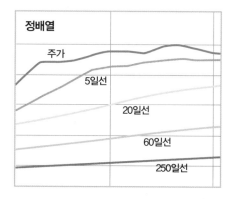

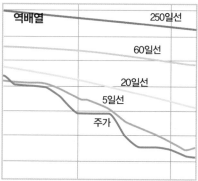

려고 하는 가격과 물량을 살핀 후 매도 주문을 넣고, 매수자는 매도호가* 창에서 다른 참여자가 팔려고 하는 가격과 물량을 살핀 후 매수 주문을 넣습니다.

　이때 체결강도는 현재 시점에서 종목의 매수세가 강한지, 매도세가 강한지를 알려 주는 지표입니다. 매수호가에 있는 물량이 체결되는 매수체결과 매도호가에 있는 물량이 체결되는 매도체결의 비율(%)을 말합니다.

　매수체결과 매도체결의 비율이 같으면 체결강도는 100%입니다. 체결강도가 100%보다 낮다면 매도세가 강해서 매수호가 창의 체결량이 많아지고, 반대로 체결강도가 100%보다 높으면 매수세가 강해서 매도호가 창의 체결량이 많아집니다.

매수호가
주식을 사려는 사람이 부르는 주식 가격이다. 가장 높은 가격의 주문부터 체결된다. 다시 말해, 매수호가 창에서 가장 비싼 가격 순서로 주문이 체결된다.

매도호가
주식을 팔려는 사람이 부르는 주식 가격이다. 가장 낮은 가격의 주문부터 체결된다. 다시 말해, 매도호가 창에서 가장 싼 가격 순서로 주문이 체결된다.

체결강도가 100%보다 높을 때 주가는 올라갈 수 있습니다. 상승 추세에 있는 종목은 사려는 사람이 팔려는 사람보다 많습니다. 매수세가 강하다는 의미로 체결강도가 100%보다 커야(강해야) 합니다. 복잡한 듯 보이는 내용을 간단하게 정리하면 다음과 같습니다.

체결강도 〉100(%): 매수세 강함, 매도호가창 체결량 증가, 주가 상승세
체결강도 〈100(%): 매도세 강함, 매수호가창 체결량 증가, 주가 하락세

그렇다면 반대는 어떨까요? 하락 추세에 있는 종목은 건드려서도 안 되지만 이미 포트폴리오에 있다면 미련 없이 떠나보내야 합니다. 하락 추세의 종목은 이동평균선이 역배열 되어 있고, 시장의 관심이 줄어들면서 거래량이 감소한 주식입니다. 물론 하락 초기에는 거래량이 늘어나면서 하락했을 테지만 시간이 지날수록 빠져나갈 사람들은 다 빠져나갔기 때문에 거래량마저 감소합니다. 매수세보다 매도세가 강해서 체결강도는 100% 아래로 내려가 약해집니다. 가진 종목 중 이런 종목이 있지는 않은지 점검해 보시기 바랍니다.

달리는 말에 올라타는 전략이 추세 추종 전략입니다. 누군가 시동을 걸고 가속시켜 놓은 주식에 투자하면 시간과 에너지를 절약할 수 있습니다. 하지만 주의해야 할 점도 있습니다. 추세가 살아 있는 종목을 발견했을 때 추세가 너무 과열되지 않았는지 살펴야 합니다. 당장 건너가기보다 먼저 돌다리를 두드려 봐야 합니다.

과열을 확인하려면 이동평균선과 주가의 사이가 많이 벌어지는

않았는지를 보면 됩니다. 이를 이격도라고 하는데요. 과거 주가의 평균을 의미하는 이동평균선과 현재 주가와의 거리가 많이 벌어져 있다는 것은 과열 신호로 해석할 수 있습니다. 과열된 주가는 다시 평균을 향해 수렴하게 되어 있습니다. '유럽의 워런 버핏Warren Edward Buffett'이라고 불리는 앙드레 코스톨라니Andre Kostolany는 '강아지 이론'(『투자는 심리게임이다』 미래의 창, 2015)으로 주가와 경제의 연관성을 설명했습니다. 이를 주가와 추세에도 대입시킬 수 있습니다.

[1-13]과 같이 강아지는 주인을 따라 목표 지점에 도달하기까지 허용된 목줄의 길이만큼 주인보다 앞서거나 뒤에서 따라갑니다. 주인의 목적지가 적정 주가라면 앞서거나 뒤처지는 강아지의 움직임은 주가의 움직임으로 볼 수 있습니다. 강아지가 신이 나서 주인보다 많이

1-13 **주가와 적정 가격**

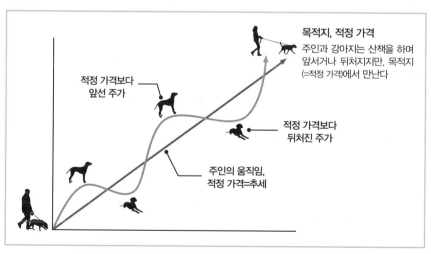

앞서가려고 하면 주인은 목줄의 길이를 조절해서 강아지를 주인 곁으로 끌고 옵니다. 반대로 강아지가 지쳐서 주인보다 뒤처질 때도 줄을 당겨 주인과 걸음을 맞춥니다. 이동평균선보다 너무 오르거나 너무 내려간 주가는 곧 평균 가격인 이동평균선 근처로 돌아오게 됩니다.

추세에도 이를 적용할 수 있습니다. 상승 추세를 타면서 투자자들의 관심이 과도하게 쏠리면 적정 가격보다 오버슈팅overshooting*할 수도 있고, 반대로 적정 가격으로 되돌아오는 과정에서 매도가 쏠리면서 적정 가격보다 언더슈팅undershooting*할 수도 있습니다. 주가는 상승과 하락을 반복하지만 과도하게 상승하거나 과도하게 하락하는 움직임이 나오는 것은 피해야 합니다.

차트를 보고 주식을 고르는 첫 번째 방법, 신고가에 대해서 알아봤습니다. 신고가 차트를 많이 접하면 접할수록 어떤 차트가 동력을 잃지 않고 추세를 유지하는지를 금방 알 수 있습니다. 신고가 차트를 꾸준히 분석해서 과거 주가보다 5배, 10배씩 오르는 텐배거 종목을 꼭 찾을 수 있게 되시기를 바랍니다.

오버슈팅
상품 또는 자산의 시장 가격이 적정 가격 이상으로 급격하게 상승하는 경우이다. 일시적으로 급등했다가 장기 균형 수준으로 돌아온다.

언더슈팅
상품 또는 자산의 시장 가격이 적정 가격 아래로 급격하게 하락하는 경우이다. 오버슈팅의 반대 개념이다.

기술적 분석으로 고르기 2:
바닥에서 되돌리는 주식

급할수록 돌아가라! 턴어라운드는 천천히 사도 늦지 않다

턴어라운드 주식 찾기

극과 극은 하나로 통합니다. 많이 오른 종목과 많이 내려간 종목 모두 높은 수익을 안겨줄 수 있습니다. 차트를 보며 종목을 찾는 방법 두 번째로 턴어라운드 주식을 소개합니다. 턴어라운드는 앞서 잠깐 살펴 봤듯이 하락하던 주식이 상승하며 방향을 전환하는 것을 말합니다. 당연히 많이 떨어진 종목 중에 골라야 해서 신고가와 반대의 종목들 입니다. 이는 업황이 처절하게 망가지고 사람들이 전혀 관심 없어 하 는 주식을 의미합니다.

낙폭 과대주
기업의 악재로 인해 주가
가 큰 폭으로 하락한 주
식을 말한다.

　　주식하는 사람들은 참으로 '낙폭 과대주'*를 좋아
합니다. 충분히 이해합니다. 낙폭 과대주 같이 많이
떨어진 주식이 체질 개선을 하면 크게 상승하기 때
문입니다. 하지만 낙폭 과대 종목을 대할 때 단기적
인 관점에서 급하게만 접근한다면 실패합니다. 마음을 여유롭게 갖고
낙폭 과대주를 대한다면 성공 확률을 높일 수 있습니다.

　　많이 하락한 종목은 영원히 오를 것 같지 않아 보이지만 결국은 돌
아서는 주식이 있기도 합니다. 저점을 찍고 바닥에서 올라오는 주식
에는 다양한 매력이 있습니다. 가격이 저렴해서 매수할 때 마음이 편
합니다. 과거 20만 원 하던 주식이 2만 원에서 3만 원 사이에 거래된
다면 안 사고는 못 배깁니다. 많이 떨어졌으니까 많이 올라올 것 같은
기분에 설레기도 합니다.

　　그러나 오랜 기간 하락해 온 종목은 쉽게 상승하지 못합니다. 긴 시
간을 하락하면서 그 위에 쌓인 악성 매물(손실을 보면서 보유하고 있는
주주들의 보유물량) 때문입니다. 손실을 보고 있는 주주들은 주식이 상
승하면서 손해가 줄어들었다 싶으면 매도 물량을 쏟아내어 상승을 가
로막아버립니다. 본전에 가까워지면서 매도로 손실을 회피하고 싶어
하는 심리입니다. 신고가의 경우와는 반대입니다.

　　그러므로 장기 하락하던 종목이 상승하려면 오랜 기간 쌓여 있던
악성 매물을 이겨낼 수 있을 만한 에너지가 필요합니다. 하락 기간이
길수록, 하락한 가격의 깊이가 깊을수록 더 큰 에너지가 필요합니다.
이러한 종목이 반등할 때는 브이 자형 반등보다 여러 번에 걸친 상승

과 하락을 통해 기존 주주, 다시 말해 장기 하락으로 인해 손실을 보고 있던 악성 매물들이 떨어져 나가야 합니다.

이 과정을 '매물 소화 과정'이라고 부릅니다. 낙폭 과대주에 접근할 때 여유로운 마음을 가져야 한다는 말은 매물 소화 과정을 거쳤는지 확인해야 한다는 의미입니다. 이 밖에 낙폭 과대 턴어라운드 종목을 고르는 데는 몇 가지 원칙이 있습니다.

첫 번째로 '다중 저점'을 형성했는지 여부입니다. 다중 저점은 주가 하락이 멈추고 일정 가격대 안에서 주가가 오르락내리락을 반복한 것입니다. 단기 반등에서 팔 사람은 이미 팔고 나가서 악성 매물들이 정리된 상태여야 상승 분위기를 만들 수 있습니다.

두 번째로 이동평균선이 정배열이어야 합니다. 하락 추세에 있는 종목의 장기 이동평균선이 정배열 되려면 꽤나 오랜 시간이 걸립니다. 적어도 60일 이동평균선까지는 정배열 되어야 하고 나머지 장기 이동평균선도 하락 추세를 멈춰야 합니다. 하락이 길어질수록 과거 오랜 기간의 주가 흐름을 담은 장기 이동평균선이 아래를 향하고 있습니다. 적어도 장기 이동평균선 방향이 일자로 평평하거나 오른쪽 위 방향으로 전환된 주식을 고르는 것이 낙폭 과대주에서 실패를 줄일 수 있는 방법입니다.

턴어라운드 차트 고르기

[1-14] 덴티움(145720) 종목의 턴어라운드 사례를 살펴보겠습니다. 2018년 10월, 10만 원이던 주가는 2020년 3월 팬데믹이 발생하면서 최저가를 기록하며 2만 6,600원까지 약 74% 가까이 하락했습니다. 팬데믹이라는 대단한 사건이 있기는 했지만 주가는 이미 2018년 10월 고점을 끝으로 하락하던 참이었습니다.

　엄청난 하락 이후에 회복되는 과정을 살펴보면 3만 3,000원과 4만 5,000원 사이를 여러 번 반복합니다([1-15]의 ①). 이때 악성 매물 일부를 소화하며 반등을 준비합니다. 주가의 저점인 2020년 3월 19일부터 상승과 하락을 반복하다가 하락 추세를 멈추게 되는데, 이때 단

1-14 덴티움

기 이동평균선부터 하락을 멈추기 시작했습니다. 이어서 중기 이동평균선이 하락을 멈추고 평평해졌습니다. 2020년 5월, 8월, 11월, 상승 돌파를 시도했지만 번번이 실패했습니다([1-15]의 ②). 250일 이동평균선(차트에서 회색선)을 보면 여전히 우하향으로 내려오고 있었습니다. 2021년 1월, 4만 5,000원 고점을 재돌파했던 시기에는 250일 장기 이동평균선 하락도 멈췄고 모든 이동평균선이 정배열 구간으로 변했습니다([1-15]의 ③). 거래량도 증가하면서 외국인 매도가 멈추고 대량 순매수로 전환했습니다. 기관은 이미 2021년 11월부터 매수로 전환했습니다. 이렇게 매물을 소화하고 수급이 개선된 이후에 4만 5,000원 고점을 넘어선 덴티움 주가는 상승 추세로 전환하며 9만 원 대까지 상승했습니다.

1-15 덴티움 턴어라운드

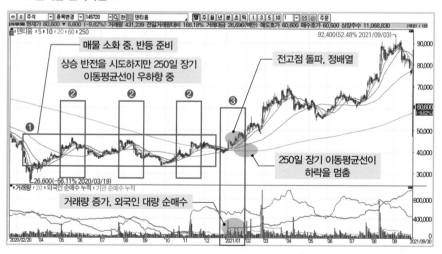

많이 하락한 종목이 올라올 때도 많이 올라오기 때문에 투자자들은 큰 수익을 기대하며 턴어라운드 종목을 고릅니다. 상승 추세의 턴어라운드 주식을 고를 때는 앞에 사항과 이어서 두 가지를 더 살펴야 합니다.

세 번째는 기업의 체질 개선 여부입니다. 이 내용은 차트만 보고서는 알기 어렵습니다. 턴어라운드 주식을 골랐다면 왜 기업의 주가가 반등하는지 그 이유를 꼭 찾아봐야 합니다.

마지막으로 시간적 여유입니다. 급하지 않아야 제대로 된 턴어라운드 주식을 찾을 수 있습니다. 1년 내내 하락하던 주가가 하루아침에 반등하기는 어렵습니다. 앞서 덴티움 차트에서도 확인했듯이 상승과 하락을 몇 번이고 반복합니다. 2020년 3월부터 그러한 흐름을 반복하던 주가 흐름이 2021년이 되어서야 본격적으로 오르기 시작했습니다. 섣부르게 덤볐다면 2020년 3월부터 2021년 1월까지 1년 동안은 자금이 묶이는 사태가 벌어졌을 것입니다. 그 기간에 국내 주식시장이 엄청난 상승(코스피 지수가 1,439포인트에서 3,266포인트까지 127% 상승했습니다)을 했으니 매우 큰 기회비용의 손실이 발생한 셈입니다. 이런 실수를 방지하려면 서두르지 말고 너무 바닥을 잡으려는 욕심도 버려야 합니다. 고점에서 74%까지 하락한 주식이기 때문에 바닥에서 많이 올라온 다음에 사도 충분히 많은 수익을 낼 수 있습니다.

신고가와 함께 턴어라운드 하는 주식을 살펴봤습니다. 이런 차트 패턴을 찾고, 익히기까지는 시간이 걸릴 수밖에 없습니다. 주식시장 마감 후 차트를 검색하면서 6개월만 익숙해지는 노력을 한다면 빠르게 실력이 늘어날 것입니다.

아무리 가치가 저평가되어 있고 실적이 개선된다고 해도 시장 참여자들에게 관심을 받지 못한다면 오랜 기간 소외주로 남아 있을 수밖에 없습니다. 종목선정은 경연 프로그램에서 우승할 사람을 뽑는 것과 비슷합니다. 내 눈에 퍼포먼스가 아무리 뛰어나고 노래가 듣기 좋다고 하더라도 심사위원이나 대중이 외면하면 우승은 물 건너갈 수밖에 없습니다.

실적이 좋고 저평가된 주식을 나만 알고 있다면 그 주식은 오르기 힘듭니다. 저평가된 주식이 알려지는 시점을 기술적 분석을 통해서 미리 파악하여 시간과 비용을 절약하시기 바랍니다.

중요한 부분을 먼저 설명하다 보니 기본 내용에 약간 목이 마르실지 모르겠습니다. 이제는 기술적 분석의 필수 개념과 한 걸음 더 가까워지는 시간을 갖겠습니다.

한 방에 끝내는 기술적 분석: 지지와 저항

'지지'와 '저항'만 알아도 반은 성공이다

기술적 분석의 핵심 개념 '지지'와 '저항'

기술적 분석에서 '지지'와 '저항'을 빼고 이야기하는 것은 안 될 말입니다. 하락이 어디에서 멈추는지 알면 저점에서 주식을 매수할 수 있고, 상승이 어디에서 멈추는지 알면 고점에서 주식을 매도할 수 있습니다. 지지는 주가가 하락하다 멈추는 지점이고, 저항은 주가가 상승하다가 멈추는 지점입니다. 지지와 저항을 활용하면 주식 매매 타이밍을 잡는 데 큰 도움이 됩니다.

주식을 처음 거래하는 사람은 어떻게든 사기는 삽니다. 주변의 말을 듣거나 증권 방송에서 추천을 받아서 매수는 할 수 있는데 어느 시점에서 팔아야 할지 모르는 경우가 많습니다. 2020년에 주식투자자가 눈에 띄게 늘었습니다. 제 주변에도 마찬가지로 처음 주식을 시작한 사람들이 있었는데 그중 한 분이 저에게 이런 질문을 했습니다.

"○○○ 종목을 샀는데 수익이 많이 났어요. 그런데 언제 팔아야 할까요? 팔아서 여행 가고 싶어요." 그분이 산 주식은 아난티(025980)라는 남북경협테마주였습니다.

[1-16]처럼 2021년 9월 말 남북공동연락사무소가 복원되었다는 소식이 들려왔습니다. 갑작스런 화해 분위기로 주가가 단기 급등했고

1-16 아난티

뉴스로 오른 주식이어서 기업 실적이나 가치평가 기준으로 매도 타이밍을 잡을 수 없는 난감한 상황이었습니다. 결국은 수급과 차트를 보고 평가하는 기술적 분석을 해야 하는데 초보 투자자라 이론조차 모르는 상황이어서 두 가지만 알려 주었습니다.

[1-17]은 [1-16] 아난티의 10분봉 차트입니다. 저는 분봉을 보면서 이전 고점 1만 4,200원을 넘어서 더 올라가면 보유하고, 전일 매매가 많이 된 가격 1만 3,200원 아래로 내려가면 매도하라고 조언했습니다. 지지와 저항 개념을 통해 이 이유를 알 수 있습니다.

[1-17]의 차트에서 전고점 1만 4,200원, 즉 전날 올랐던 가장 높은 가격은 주가가 더 상승하지 못하도록 저항 역할을 합니다. 전고점은 기존 투자자들이 팔지 못해 아쉬워했던 가격입니다. 고가에 팔지 못해 후회하던 차에 다시 오른다면 기회를 놓쳤던 투자자들은 또 떨

1-17 아난티 10분봉으로 보는 지지와 저항

어질지도 모른다는 불안감에 주식을 팔아 치우려는 욕구가 커집니다. 매도세가 강해지면서 상승 추세는 전고점이란 저항에 부딪힙니다.

반대로 [1-17]에서 전저점 1만 3,200원은 주가가 더 하락하지 못하도록 지지 역할을 합니다. 전저점은 기존 투자자들이 매매했던 가격이기 때문에 상승하던 주식이 원래 샀던 좋은 가격으로 다시 내려온다면 매수세가 강해집니다. 매수 거래가 많이 일어난 가격 범위, 즉 매물대는 하락하던 주가를 멈추게 합니다. 매수세가 강해지면서 하락 추세는 전저점의 지지를 받습니다.

그러면 저는 왜 전고점을 넘어서면 보유하고 전일 매물대 아래로 돌파하면 팔라고 했을까요? 주가가 저항선 위로 돌파해서 올라가면 저항선이 지지선으로 역할을 바꿉니다. 마찬가지로 주가가 지지선 아래로 돌파하여 내려가면 더 이상 주가 하락을 막는 지지선이 아닌 저항선으로 변합니다.

1-18 지지선과 저항선의 변화

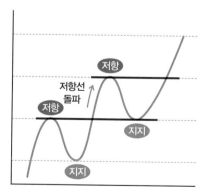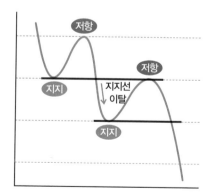

주가가 넘어서기 힘든 전고점, 즉 저항선을 뚫으면 더 올라간다고 보고 지지선을 하향 돌파하면 지지선이 저항선으로 바뀌어서 위로 다시 올라오기 어렵다고 보기 때문에 이에 따라 포지션을 정했던 것입니다.

지지와 저항은 결정된 무언가가 아닙니다. 이동평균선, 전고점·전저점, 저점끼리 또는 고점끼리 이은 추세선, 거래가 많이 이루어진 매물대 등 다양한 지표에 지지와 저항의 개념을 대입해 볼 수 있습니다.

이동평균선

앞서 추세를 확인할 때 이동평균선이 정배열인지 역배열인지 관찰했습니다. 그렇다면 이동평균선은 정확히 무엇을 말하는 것일까요?

이동평균선이란 일정 기간의 주가나 거래량을 평균하여 이어 놓은 선을 말합니다. 기간에 따라 ① 단기, ② 중기, ③ 장기로 분류합니다. 5일, 20일 이동평균선은 단기 이동평균선, 60일선은 중기 이동평균선, 120일선, 250일선은 장기 이동평균선입니다. 이동평균선은 주가의 과거 흐름입니다. 다시 말해 과거 자료를 가지고 미래를 예측하는 것입니다. 앞서 계속 강조했듯이 추세를 파악하는 지표이자 지지와 저항의 역할도 합니다. 이동평균선의 지지와 저항을 활용해 매매 타이밍을 잡을 수 있습니다.

이동평균*을 하는 분석 기간이 길수록 이동평균선은 완만해지고, 기간이 짧을수록 가팔라집니다. 주가가 이동평균선 아래로 내려가면(데드크로스*) 지지선이 깨진 것이기 때문에 매도하고, 주가가 이동평균선 위로 올라가면 (골든크로스*) 저항선을 돌파하고 올라간 것이기 때문에 매수합니다.

이제 고민이 하나 생깁니다. 이동평균선이 여러 개일 때 어떤 선을 활용해야 하는지 혼란스럽습니다. 단기 이동평균선과 장기 이동평균선은 각각 장단점이 있습니다. 장기 이동평균선은 정말 오랜 기간의 주가 평균이기 때문에 모집단의 수가 많아 신뢰도가 높다는 장점을 가집니다. 그러나 매매에 활용하기에는 적시성이 떨어집니다. 장기 이동평균선은 단기이동평균선과 달리 큰 변화를 보이지 않아서 타이밍을 놓치기 딱 좋습니다.

반대로 단기 이동평균선은 유연하게 움직여서 매매에 활용하기가 좋습니다. 매매 타이밍을 잡기에 수

이동평균
어떤 기간에서 종가의 합을 기간의 수로 나눈 값이다. 예를 들어 5일 이동평균값을 구하려면 기준일을 포함하여 최근 5일간의 종가를 더해 5로 나눈다. 이렇게 얻은 매일의 값 5개를 하나의 선으로 연결하면 '5일 이동평균선'이다.

데드크로스
주가나 거래량의 단기 이동평균선이 장기 이동평균선을 뚫고 위에서 아래로 내려가는 것이다. 주가 하락의 신호이다.

골든크로스
주가나 단기 이동평균선이 중·장기 이동평균선을 뚫고 아래에서 위로 올라가는 것이다. 주가 상승의 신호이다.

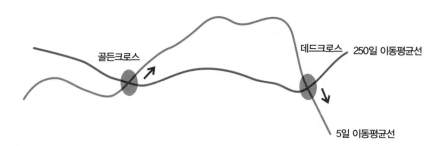

월합니다. 그러나 모집단의 수가 적어 신뢰도가 떨어진다는 단점을 가집니다. 또 단기 이동평균선은 위아래로 자주 움직이기 때문에 너무 잦은 매매신호를 보입니다. 빈번한 매매는 수익은커녕 수수료만 날릴 수 있습니다.

그래서 대부분의 투자자는 장기와 단기의 중간인 20일 이동평균선을 많이 활용합니다. 주가가 20일 이동평균선 아래로 내려가면 지지선이 붕괴되었다고 판단해 매도하고, 반대로 20일 이동평균선 위로 올라갔을 때는 주가 상승을 가로막고 있던 저항이 뚫렸다고 판단해 매수하는 방식으로 활용합니다.

이동평균선은 지지와 저항 역할 외에 추세를 판단하는 데도 사용합니다. 250일선처럼 장기 이동평균선은 과거의 주가 흐름을 보여주고, 5일선처럼 단기 이동평균선은 최근의 주가 흐름을 보여줍니다. 과거 주가를 나타내는 장기 이동평균선이 아래, 최근 주가를 나타내는 단기 이동평균선이 위에 있다는 말은 과거에는 주가가 낮았지만 최근에 주가가 오르고 있다는 뜻이 됩니다. 그래서 이동평균선이 정배열일 때 주가가 상승 추세라고 판단합니다. 반대로 이동평균선이 역배열일 때는 최근 주가가 낮아지고 과거에는 주가가 높았다는 뜻이기 때문에 주가가 하락 추세라고 판단합니다.

이것이 전부는 아닙니다. 정배열이지만 장기 이동평균선의 기울기가 하락하고 있는 것은 아닌지, 장기 이동평균선보다 단기 이동평균선이 과하게 상승한 것은 아닌지 따져 봐야 합니다. 단기와 중기 이동평균선이 정배열이지만 장기 이동평균선은 우하향하는 경우, 중기적으로는 주가가 하락하다가 상승으로 전환되었더라도 장기적으로 추세가 완벽히 돌아선 것은 아니기 때문에 아직 위험할 수 있습니다. 단기와 중기 이동평균선은 언제든 방향을 아래로 틀 수 있습니다. 장기 이동평균선이 하락을 멈추는 것까지 꼭 확인해야 합니다.

단기 이동평균선과 장기 이동평균선의 거리가 너무 벌어져 있으면 단기적으로 주가가 꽤 많이 올랐다고 평가합니다. 결국은 장기 이동평균선과 단기 이동평균선의 격차가 다시 줄어드는 구간에 접어듭니다. 이렇게 이격이 줄어들 때 발생하는 하락을 조심해야 합니다.

추세선 만들기

─────

이동평균선으로 보는 추세 말고도 주가의 저점과 고점을 연결하여 추세선을 만들 수 있습니다.

앞서, 전고점과 전저점이 지지와 저항 역할을 한다고 말씀드렸는데요. 비슷한 개념으로 저점과 저점을 연결한 선과 고점과 고점을 연결한 추세선 역시 지지와 저항의 역할을 합니다. [1-19]에서처럼 주가의 저점과 저점을 연결했을 때 추세 방향의 기울기가 오른쪽 위를 향한다면 상승 추세라고 봅니다. 반대로 고점과 고점을 연결했을 때 추세 방향의 기울기가 오른쪽 아래를 향한다면 하락 추세로 봅니다. 상승 추세는 저점, 하락 추세는 고점을 연결합니다. 상승 추세선은 지지 역할을 하고 하락 추세선은 저항 역할을 합니다.

1-19 상승 추세와 하락 추세

상승 추세

하락 추세

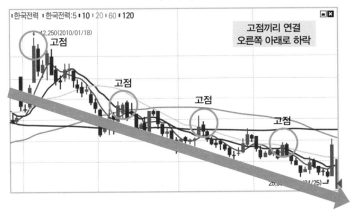

차트를 보면서 추세선 긋는 연습을 많이 하시기 바랍니다. 저점끼리 잇거나 중간값끼리 이어도 좋습니다. 다양한 방법으로 선을 긋다 보면 새로운 추세를 발견하기도 합니다. 관심 종목에 최대한 많은 선을 그어보시기 바랍니다.

매물대

매물대는 어떤 가격대 사이의 거래량을 알려줍니다. 1만 원에 매물이 쌓여 있다는 말은 쉽게 말해 1만 원에서 거래가 많이 되었다는 뜻입니다. 우리가 초반에 설정했던 봉 차트 영역 아래에 있는 거래량은 시간 흐름에 따른 거래량이고, 매물대는 가격에 따른 거래량을 표시한 것입니다. 매물대 역시 지지와 저항의 역할을 합니다. 매물이 많이 쌓여 있다는 의미는 그 가격대에 주식을 사거나 판 사람이 많다는 뜻이므로 이 정보는 거래에서 매우 유용하게 사용됩니다.

예를 들어 A 종목은 2020년 한 해 동안 1만 원에서 2만 원 사이에 거래됐습니다. 어느 가격대에서 거래가 많이 됐는지는 A 주식을 보유한 사람들의 수익률을 예측할 수 있는 중요한 정보가 됩니다. 화투나 카드게임에서 상대방의 패를 안다면 승리할 가능성이 커지듯이 주식을 매매할 때 다른 사람들이 이 종목을 얼마에 샀고 현재 시점에서 수익권인지 손실권인지 안다면 투자에 도움이 됩니다.

A 종목이 1만 5,000원에서 거래가 많이 이루어졌고 현재 1만 1,000원이라면 손실을 보고 있는 투자자가 많다는 뜻입니다. 향후 주가가 상승해서 1만 5,000원이 됐을 때 본전이라도 건지려는 투자자

들의 매도가 쏟아지면서 상승세가 둔화될 것이라 예상할 수 있습니다. 이때 매물대, 즉 거래가 체결된 가격대는 저항 역할을 합니다. 반대로 현재 주식 가격이 2만 원이라면 1만 5,000원에 가까이 갈수록 사려는 사람이 많아집니다. 1만 5,000원에 주식을 사지 못한 투자자들의 눈에 2만 원 아래로 내려온 A 주식은 저렴해 보이기 때문에 저가 매수를 하려는 투자자가 많아져서 이 경우엔 매물대가 하락을 막아 지지 역할을 합니다.

차트에서 매물대를 보려면 '차트설정'의 '가격지표' 하위 메뉴인 '대기매물'을 추가하면 됩니다. 주의할 점은 매물대는 조회 기간에 따

1-20 덴티움의 대기매물

39,000원에서 47,000원 사이에 가장 많은 거래가 있었고 매물대를 돌파한 이후 상승세를 유지했다.

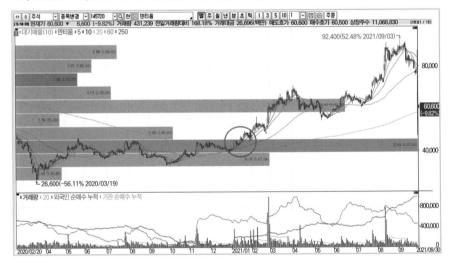

라 달라집니다. 일정 기간, 일정 가격대에서 거래된 물량을 보여주는 지표이기 때문에 조회 기간에 따라 결괏값이 다르게 보입니다. 대량 거래가 터진 시점을 손바뀜(주거래 세력의 변화)으로 보고 대량거래 시 작점부터 현재 시점까지 기간을 설정하면 새로 진입한 투자자들의 손익을 추정할 수 있습니다.

주식을 샀다 vs 주식이 사졌다: 호가로 보는 수급과 주가 상승 원리

주식은 사는 것이지 사지는 것이 아니다. 호가 제출은 과감하게 하자!

호가 기본 상식

호가란 물건을 사거나 팔려는 사람이 부르는 값입니다. 주식시장에도 마찬가지로 주식을 팔려고 내놓은 가격과 사려고 제시한 가격이 있습니다. 매도호가와 매수호가입니다. [1-21] 현재가 창에서 현재 가격보다 위에 쌓인([1-21]의 ①) 가격이 매도호가입니다. 반대로 현재가 창에서 현재 가격보다 아래로 쌓인([1-21]의 ②) 가격은 매수호가라 합니다. 매수호가와 매도호가의 값이 맞았을 때 거래가 성사됩니다. 매수세가 많은지 매도세가 많은지에 따라 단기적으로 주가가 오를지

1-21 호가 구성

005930	▼Q 판 뉴 ▼ 신 삼성전자				KOSPI200
현재가		77,300 ▼	600 (		-0.77%)
거래량(전일)		10,096,725 (	13,889,401		72.69%)

전기.전자

증감	매도❸	16:00:00	전일%	매수	증감
	19,704	78,200	0.39	상한 ↑	101,000
	37,131	78,100	0.26		
	71,074	78,000	0.13		
	42,523	77,900	0.00		
	69,231	77,800 ❶	0.13		
	94,413	77,700	0.26		
	47,757	77,600	0.39		
	87,265	77,500	0.51		
	95,960	77,400	0.64		
	106,787	77,300	0.77	하한 ❹↓	54,600
전일 77,900 (%)		77,200	0.90	224,614	
시가 77,700 -0.26		77,100	1.03	325,533	
고가 78,100 0.26		77,000	1.16	492,752	
저가 77,100 -1.03		76,900	1.28	173,229	
시가대비 ▼ 400		76,800 ❷	1.41	137,537	
증거금률 20%		76,700	1.54	123,986	
보증금률 45%		76,600	1.67	76,459	
ELW여부 발행		76,500	1.80	162,193	
기본 VI(예상)		76,400	1.93	71,642	
	671,845	76,300	2.05	45,269	
	671,845	1,161,369		1,833,214	
		시간외		24,315	
		잔량체크			세력투시

❶ 매도호가, ❷ 매수호가, ❸ 매도 잔량, ❹ 매수 잔량

내릴지를 예측할 수 있습니다.

주식 가격에 따라 호가 단위가 다릅니다. 가격이 낮은 종목은 호가 단위가 1원에서 5원 사이이고, 가격이 높은 종목은 500원에서 1,000원까지 호가 단위가 구분되어 있습니다. 주식 가격에 따라 호가 단위가 달라지는 이유는 무엇일까요? 거래의 편익을 위해서입니다.

만약 50만 원인 주식과 5,000원인 주식의 호가가 모두 10원이라면 50만 원짜리 주식 호가창은 10원 단위로 배열되어서 매도 잔량([1-21]의 ③)과 매수 잔량([1-21]의 ④)을 확인하기가 어려워질 것입니다.

1-22 코스피 시장 호가 단위

구분	내용	
	단위	최소 스프레드 비율*
1,000원 미만	1원	0.1% 이상
1,000원 이상 5,000원 미만	5원	0.1~0.5%
5,000원 이상 10,000원 미만	10원	0.2~0.1%
10,000원 이상 50,000원 미만	50원	0.5~0.1%
50,000원 이상 100,000원 미만	100원	0.2~0.1%
100,000원 이상 500,000원 미만	500원	0.5~0.1%
500,000원 이상	1,000원	0.2% 이하

*한 호가가 변할 때 상승 또는 하락하는 비율
**ETF 및 ELW는 가격범위와 무관하게 단일 호가 단위 5원으로 적용함

자료: 한국거래소

1-23 코스닥 시장 호가 단위

주권 가격	호가 가격 단위
1,000원 미만	1원
1,000원 이상 5,000원 미만	5원
5,000원 이상 10,000원 미만	10원
10,000원 이상 50,000원 미만	50원
50,000원 이상	100원

자료: 한국거래소

호가 단위가 변경되는 구간을 알아 두면 좋습니다. 예를 들어 주가가 1만 원 아래에서 상승할 때는 10원 단위로 오르지만 1만 원 위에서는 50원씩 오릅니다. 기존 호가와 5배 차이가 나는 호가로 오르는 것이지요. B 종목을 1,000주 가지고 있을 때 한 호가가 오르면 1만 원 미만 주식은 1만 원씩 수익이 늘어나지만(1,000주×10원), 주가가 1만 원이 되는 순간 한 호가 당 5만 원씩(1,000주×50원) 수익이 늘어납니다. 단기 투자를 할 때 유용하게 활용됩니다.

호가만으로도 상승과 하락이 보인다

증권사 HTS나 MTS 현재가 화면에서는 매도·매수호가를 각 10개씩만 제공합니다. 물론 보이는 가격 너머로 더 많은 호가가 제출되어 있지만, 편의상 20개의 호가까지만 제공해 줍니다. 우리는 호가에 쌓여 있는 물량들을 잘 관찰할 필요가 있습니다. 특정 가격에 매도 물량이 많이 쌓여 있으면 그 가격이 저항 역할을 하고, 특정 가격에 매수 물량이 많이 쌓여 있으면 그 가격이 지지 역할을 합니다. 어디서 본 듯한 내용입니다. 그렇습니다. 매물대와 같은 원리입니다. 전고점이나 마디 가격(100원, 1,000원 등 단위가 변하는 가격)에 많이 쌓여 있는 매도·매수호가는 지지와 저항의 역할을 합니다.

일반적으로 매도 잔량(투자자들이 매도하려는 물량)이 많으면 가격이 오르지 못하고, 매수 잔량(투자자들이 매수하려는 물량)이 많으면 가격이 더는 내려가지 않을 것이라고 생각합니다. 그런데 이는 거래가 많지 않을 때의 일반적인 현상입니다. 거래가 많을 때는 반대로 나타납니다.

거래량을 동반하며 주가가 강하게 상승하는 국면에서는 상단의 매도호가 주문을 매수자가 모두 체결하며 올라갑니다. 매도자는 당연히 더 높은 가격에 주식을 팔기를 원하고, 따라서 호가를 수정하여 높은 가격으로 매도하기 때문에 매도호가에는 매도 대기 물량이 점점 쌓일 수밖에 없습니다. 주가가 올라갈수록 기존에 있던 매수호가 주문은 아래로 밀리면서 모습을 감추게 됩니다. 증권사에서 제공하는 10개의 매수호가 목록에서 사라지는 것입니다. 이로 인해 상승하는 주식의 호가창에는 매도호가만 많아 보이는 효과가 나타납니다.

오르는 주식은 매수호가에 매수세가 머무르지 않습니다. 매수하려는 투자자가 매도호가에 주문을 내서 바로바로 체결시키기 때문입니다.

제가 방송을 하면서 많이 쓰는 표현이 있습니다. '주식을 샀다'와 '주식이 사졌다'입니다. '주식을 샀다'와 '주식이 사졌다'로 전혀 다른 결과를 얻게 됩니다. 저는 매수호가에서 주식을 사지 않고 매도호가에서 주식을 삽니다. 올라가는 주식을 따라서 샀는지와 하락하는 주식이 사졌는지는 하늘과 땅 차이입니다.

전일 종가가 1만 원인 주식이 있습니다. 오늘 아침에 이 주식은 1만 500원에 거래를 시작했습니다. 이 주식을 사려면 어제보다 500원을 더 내야 합니다. 매수자가 이 종목에 관해 확신이 아주 분명하다면 1만 500원에서 500원을 더 주고라도 주식을 살 것입니다. 이렇게 확신 있는 투자자가 많아야 주가가 오릅니다. 모든 투자자가 떨어지기만을 바라면서 9,900원, 9,800원, 9,700원 이렇게 낮은 가격에 사려고 하면 그 주식은 절대 오르지 못합니다. 더 높은 가치를 주고 사려는 사람이 많을수록 주가는 오르게 되어 있습니다.

반대로 전일 종가가 1만 원인 주식이 있는데 9,500원에 거래를 시작했습니다. 9,000원에 매수 주문을 넣었는데 주가가 계속 하락하면서 9,000원에 덜컥 체결이 됐습니다. 분명 어떤 일이 일어났기에 하루아침에 10%나 가격이 내려간 것입니다. 내막을 아는 매도자는 전일보다 10%나 싼 가격에 급하게 매도했습니다. 이런 식으로 주식이

1-24 한국거래소 불건전 호가 방지 가이드라인

항목	내용
허수성 호가	거래 성립 가능성이 희박한 호가를 대량으로 제출하거나 직전 가격 또는 최우선호가의 가격이나 이와 유사한 가격으로 호가를 제출한 후 당해 호가를 반복적으로 정정·취소하여 시세 등에 부당한 영향을 미치거나 미칠 우려가 있는 행위
가장·통정성 매매	취득 또는 처분의 의사 없이 통정하여 거래를 하거나 권리의 이전을 목적으로 하지 아니하는 가장된 거래를 하는 행위
예상가 관여	예상체결가격 또는 예상체결수량의 형성에 관여하는 호가를 제출하여 시세 등에 부당한 영향을 미치거나 미칠 우려가 있는 행위
분할호가	동일 가격의 호가를 일정 시간에 분할하여 제출함으로써 수량 배분 또는 시세 등에 부당한 영향을 미치거나 미칠 우려가 있는 행위
시세관여	시가·최고가·최저가 또는 종가 등 특정 시세의 형성에 관여하는 호가를 계속적 또는 순차적으로 제출하여 시세의 상승·하락 또는 고정·안정을 초래하는 행위

사지면 안 됩니다. 물론 매도한 사람이 급한 사정이 있을 수도 있었겠지만 너무 싼 물건은 대부분 하자가 있다는 걸 기억해야 합니다.

주식은 심리 싸움인데 대부분 본인 심리에 도취되어 상대방의 의중 파악에는 소홀하기 쉽습니다. 포커를 칠 때 하수는 자기 패만 보지만, 고수는 내 패와 남이 가지고 있는 패를 동시에 봅니다. 상대의 입장까지 생각하는 습관이 투자에 많은 도움이 됩니다. '저 좋은 주식을 왜 싸게 파는 걸까?'라고 말입니다.

호가는 단기 주가 흐름에 많은 영향을 주어서 한국거래소에서는 불공정 호가를 감시합니다. 거래소에서 규정하는 불공정 행위로는 허수성호가, 가장·통정성 매매, 예상가 관여, 분할호가, 시세관여 등이 있습니다. 체결 목적이 아닌 시세에 영향을 주려고 과도하게 호가를 넣었다 뺐다 하는 행위를 규제한다는 내용입니다. 이러한 행위가 적발되면 증권사에서 호가 접수를 거부할 수도 있으니 주의해야 합니다.

모니터 너머의 사람들:
거래량과 투자주체

추세가 얼마나 강한지 파악하는 거래량,
나의 적이 누군지 알기 위해서 파악하는 투자주체

상승 · 하락의 진실은 거래량에 있다!

기술적 분석에서 거래량은 봉차트와 함께 아주 기초적이면서도 중요
한 정보를 제공해 주는 지표입니다. 거래량을 통해서 진짜 상승인지
가짜 상승인지 구분하기도 하고, 정말 상승하는 거라면 얼마까지 올
라갈지 상승의 강도를 예측하는 데 사용하기도 합니다. 거래량이 주
식보다 선행한다고 하는 사람도 있지만, 선행까지는 아니더라도 동행
하는 것만은 사실입니다. 대량거래가 일어나지 않고 나타나는 변동성
은 속임수일 때가 많기 때문입니다.

거래량은 주가의 상승과 하락에 신뢰도를 높여 줍니다. 어떤 주식의 가격이 상승하는데 거래량이 적다면 의심해야 합니다. 거래 없이 진입한 세력(흔히 주식을 많이 보유하고 있는 거래 당사자를 세력이라 칭함)일 수 있습니다. 거래량 변동 없이 가격만 상승한다면 보유한 물량이 많지 않다는 의미입니다. 물량이 많을 때보다 물량이 적을 때 고점에서 훨씬 수월하게 팔 수 있으므로 상황에서 빠져나오기가 쉽습니다. 높은 가격으로 많은 수의 주식을 매도호가에 내놓으면 그걸 본 투자자들이 지레 겁을 먹어서 주가가 하락하기도 합니다. 그래서 고가의 대량주식을 다른 사람에게 넘기기란 어렵습니다. 매수하는 물량이 많지 않아서 수익을 기대하기도 힘듭니다.

반면 주식이 상승할 때 거래량도 증가한다면 거래량의 증가만큼 주가 상승의 신뢰도가 높아진다고 판단합니다. 주가가 저가 영역에서 횡보하며 거래량이 줄었다가 상승할 때 평소보다 4, 5배 이상 거래량이 증가한다면 바닥을 찍고 상승 추세에 진입한 것으로 봐도 좋습니다.

하락도 마찬가지입니다. 어떤 주식의 가격이 하락하는데 거래량이 변하지 않았다면 추후 반등할 여지가 높습니다. 주식을 이미 많이 가진 투자자가 주식을 조금 더 사고 싶을 때 싸게 사기 위해서 인위적으로 가지고 있는 주식을 팔아서 가격 하락을 유도한다고 하면, 보유한 주식 전부를 매도하지는 않을 것입니다. 거래량이 많지 않은 종목은 적은 보유량을 가지고도 인위적인 가격 하락을 유도할 수 있습니다.

하지만 거래량이 증가하면서 주가가 하락한다면 인위적인 움직임이 아닐 가능성이 큽니다. 특히 대량거래가 발생하면서 내려갔다면 세력이 주식을 팔고 나갔다는 뜻이고 대량 보유자가 주식을 다 팔면 그 주식은 반등하기 어렵습니다.

거래량을 분석하면 투자 성과를 내기까지 걸리는 시간을 줄일 수 있습니다. 거래량의 움직임 없이 주가가 횡보하다가 거래량이 증가한다면 위로든 아래로든 주가의 방향성이 정해지기 때문입니다. 거래량을 활용하면 소외주* 투자에 들이는 시간을 절약할 수 있습니다.

저평가된 주식을 발견했을 때 무조건 매수하지 않고 관심 종목에 담아 추이를 관찰하다가 거래량이 증가하는 시점에 진입한다면 보유 시간을 줄일 수 있습니다. 그저 사놓고 오르기를 기다리는 것은 어쩌면 사과나무 아래서 사과가 떨어질 때까지 기다리는

> 소외주
> 주식시장에서 매매자들의 관심을 얻지 못해 활발한 거래가 이루어지지 않는 주식이다.

것과 같은 행동입니다. 마냥 입을 벌리고 기다리는 건 매우 어리석을 뿐만 아니라 힘들기까지 합니다. 내가 분석한 저렴하고 덜 알려진 종목은 거래량이 증가하면서 다른 사람도 진가를 알아채야 본격적으로 상승할 수 있습니다. 거래량 분석을 통해서 불필요하게 낭비되는 시간을 절약하시기 바랍니다.

투자주체, 외국인과 기관은 누구일까?

우리는 지금껏 차트의 각 지표가 알려 주는 정보를 해석했습니다. 지표만 알아도 충분할까요? 아닙니다. 우리는 실제 이 거래가 어떤 사람

들에 의해 이루어지는지도 알아야 합니다. 결국 거래는 모니터 너머의 사람이 하는 일이니 말입니다. 도대체 이 종목을 누가 사고, 누가 파는 것인지 궁금했던 적이 있었을 것입니다. 이제 그 궁금증을 풀어 보겠습니다.

우선 투자주체는 크게 외국인, 기관, 개인으로 구분합니다. 우리는 시장에서 큰 영향력을 발휘하는 외국인 투자자와 기관 투자자에 대해 알아보도록 하겠습니다.

외국인, 기관, 개인이 코스피나 코스닥 시장에서 주식을 얼마나 사고팔았는지를 확인하려면 [1-25] '투자주체별 매매동향'을 봅니다.

1-25 투자주체별 매매동향

1-26 종목별 일별동향

일자	종가	전일대비	거래량	외국인	개인	기관종합	기관 금융투자	투신(일반)	투신(사모)	은행	보험	기타금융	연기금등	국가지방	기타
2022/01/21	75,600 ▼	900	15,774,888	-58,670	215,162	-153,408	-62,842	-9,969	-9,702	713	-14,419	1,262	-58,451		-2,064
2022/01/20	76,500 ▲	200	9,708,168	-42,923	14,947	29,476	87,482	-6,383	-37,941	334	-1,941		-12,075		-1,500
2022/01/19	76,300 ▼	700	10,598,290	-1,787	32,156	-26,280	37,925	-10,348	-4,578	-6,346	-6,000	-136	-36,196		-4,090
2022/01/18	77,000 ▼	500	9,592,788	-6,368	49,716	-38,444	-3,354	-14,546	1,608		-9,743	21	-12,430		-4,904
2022/01/17	77,500 ▲	200	8,785,122	58,307	-6,737	-54,424	-5,899	-7,327	-1,070		-5,829	119	-34,418		2,855
2022/01/14	77,300 ▼	600	10,096,725	75,835	108,537	-189,985	-139,193	-7,441	-6,930	846	-3,773	-2,839	-30,656		5,613
2022/01/13	77,900 ▼	1,000	13,889,401	-1,112	126,482	-127,152	-50,032	-7,061	6,506		-14,991	-51	-61,503		1,783
2022/01/12	78,900		11,000,502	-38,972	-65,788	101,839	157,330	-5,747	-21,314	82	-7,981	188	-20,720		2,921
2022/01/11	78,900 ▲	900	13,221,123	286,211	-242,142	-36,364	-29,794	15,151	-2,243	-35	-9,970	-65	-9,406		-7,705
2022/01/10	78,000 ▲	300	9,947,422	110,792	-17,957	-94,246	-48,445	-7,239	-11,127	5	1,140		-28,581		1,411
2022/01/07	78,300 ▲	1,400	15,163,757	340,497	-171,572	-165,044	-140,362	6,467	11,568	-1,074	6,251	2,523	-50,417		-3,881
2022/01/06	76,900 ▼	500	12,931,954	171,029	-9,255	-171,751	-106,154	13,986	-13,284	-23,282	-18,062	271	-25,225		3,977
2022/01/05	77,400 ▼	1,300	25,470,640	-43,353	649,420	-598,004	-382,375	-6,363	-117,518	-430	-30,197	135	-61,256		-8,063
2022/01/04	78,700 ▲	100	12,427,416	112,458	91,959	-206,327	-242,045	7,151	20,127	858	2,197	249	5,136		1,909
2022/01/03	78,600 ▲	300	13,502,112	140,074	184,943	-329,792	-278,652	9,593	-5,273	-81	-464	218	-55,133		4,774
2021/12/30	78,300 ▼	500	14,236,700	47,113	186,808	-235,547	-240,577	37,126	-7,036	395	7,730	182	-33,369		1,626
2021/12/29	78,800 ▼	1,500	19,744,796	26,175	455,209	-482,566	-492,231	11,454	-3,121	1,008	-17,277	6	-42,405		1,182
2021/12/28	80,300 ▲	100	18,226,324	56,015	-581,587	534,372	476,638	1,309	7,696	-557	22,414	-7,561	34,493		1,200
2021/12/27	80,200 ▼	300	10,783,368	5,157	-187,222	130,184	126,041	-1,830	39,466	324	3,128	-1,165	-35,781		51,881
2021/12/24	80,500 ▲	600	12,086,380	32,645	-341,771	303,731	257,453	4,415	51,358	-268	-1,469	-6,856	-902		5,394

또 개별 주식을 어떤 투자주체가 얼마나 사고팔았는지를 알고 싶다면 [1-26] '종목별 일별동향'에서 확인합니다. 이 통계는 개별 종목 단위로 알려줍니다.

외국인 투자금 추적하기

먼저 외국인 투자자부터 보겠습니다. 금융감독원이 발표한 「외국인 증권매매 동향」에 따르면 2022년 3월 기준 외국인이 코스피 시장에서 보유하고 있는 주식의 시가총액은 약 684조 원으로 전체 코스피 시장에서 차지하는 비중의 31.6% 정도 됩니다. 코스닥 시장에서 외국인이 보유하고 있는 주식의 시가총액은 약 40조 원으로 전체 코스닥 시장의 9.5% 정도에 불과합니다. 그런데 주식투자를 하다 보면 외국인 투자자가 주식을 사서 주가가 올랐고, 팔아서 주식이 내렸다 하는 이야기가 빈번하게 들립니다. 주식 보유 비중으로 치면 기관과 개인을 합한 국내 투자자의 비중이 훨씬 압도적인데 왜 우리는 외국인 투자자들에게 휘둘리는 걸까요?

코스피 시장에서 외국인 투자자의 전체 비중은 31.6%에 불과하지만, 시가총액 상위 기업에서는 이야기가 좀 달라집니다. 우리나라 대표기업인 삼성전자만 하더라도 외국인의 투자 비중이 50%가 넘습니다. 코스피에서 잘나가는 종목에 외국인이 투자하는 비중은 코스피 전체에서 외국인 투자가 차지하는 비중보다 압도적으로 높은 경우가 많습니다. 특히 시장에 매도 물량으로 나올 수 없는 대주주지분을 제외하고 외국인 비중을 따지면 훨씬 더 높아집니다.

그래서 시장 전체 움직임에 영향을 많이 미칩니다. 코스닥 시장보다는 코스피 시장에서 영향력이 더 높고, 중·소형주보다는 대형주에 미치는 영향력이 크기 때문에 표면적으로 지수만 보면 외국인 수급에 끌려다니는 것처럼 보입니다. 1,000명이 10주씩 파는 것과 1명이 1만 주를 판다고 할 때 절대적인 수량으로는 같아 보이지만 집중도 측면에선 1명이 1만 주를 매도할 때 더 큰 영향을 받습니다.

외국인은 누구일까요? 외국인은 외국계 기관, 연금기금(연기금) 등을 말합니다. 소수의 개인 자금도 섞여 있겠지만 영향력이 작습니다.

1-27 금융감독원 보도자료에 공시된 외국인 증권투자 동향

별첨 1 외국인의 상장주식 순매수 동향 및 보유현황

□ 국가별 상장주식 순매수 동향

(단위 : 십억원, 결제기준)

국 적	'20년	'21년	10월	11월	12월
미국	△16,035	△7,787	△1,280	1,035	2,264
말레이시아	134	△311	△145	43	734
노르웨이	△406	△102	△44	71	549
프랑스	△1,148	△1,210	△303	236	524
독일	982	△836	△184	△85	425
일본	△1,497	△897	△13	△171	400
스웨덴	898	524	△26	20	△8
버진아일랜드	△828	△250	5	△100	△53
쿠웨이트	975	1,188	△95	△43	△56
네덜란드	△923	△2,311	△392	29	△106
싱가포르	△7,856	△826	△474	131	△216
영국	4,039	△5,821	△624	1,785	△2,466
기타	△2,714	△6,292	241	△413	2,364
합계	△24,379	△24,931	△3,335	2,538	4,357

주) 반올림에 따른 오차가 있을 수 있음

자료: 금융감독원

금융감독원 홈페이지에서는 매월 중순에 [1-27]과 같이 지난달 「외국인 증권투자 동향」을 발표합니다. '보도자료' 메뉴에서 쉽게 찾을 수 있습니다. 이 자료는 후행적이지만 지난달 외국인의 동향을 분석하여 어떤 외국인이 얼마를 팔았는지 그들의 실체를 상세하게 밝혀줍니다.

외국인 증권투자 동향의 내용 중 '국가별 상장주식 순매수 동향' 항목을 잘 보시기 바랍니다. 어느 국가에서 주식을 매도하고 매수했는지 월별로 제공하기 때문에 국가별 투자 추이를 파악할 수 있습니다.

우리나라에 투자하는 외국인 중 가장 큰 비중을 차지하는 미국 자금은 장기투자 성향이 강합니다. 따라서 미국계 자금이 빠져나가면 경계해야 합니다. 그다음으로 높은 비율은 유럽계 자금이 차지하고 있습니다. 유럽계 자금은 헤지펀드들이 많습니다. 유럽의 많은 국가나 섬이 헤지펀드의 조세 피난처로 이용되기 때문에 유럽계 자금은 단기 차익을 노리는 경향이 높습니다. 쉽게 미국계는 장기투자, 유럽계는 단타 자금이라고 보시면 됩니다.

외국계 자금을 모두 같은 성격이라고 생각하면 안 됩니다. 국가별로 특징이 있고 수급이 발생하는 시점에 정치·경제적 상황이 영향을 줍니다. 매월 외국인 증권투자 동향을 보고 국가별로 특이한 점이 발견되면 넘기지 말고 이유를 찾아보시기 바랍니다. 외국인 수급을 이해하는 데 도움이 됩니다.

기관 투자자 파헤치기

―――

HTS에서 투자주체별 매매동향을 확인할 때 개인과 외국인은 단순한데 기관은 뭔가 세부적인 것이 많습니다. 기관의 수급은 [1-28]처럼 '기관종합' 아래 '금융투자' '투신' '사모' '은행' '보험' '기타금융' '연기금등' 7개로 세세하게 나누어져 있습니다.

'금융투자'는 증권사 창구에서 내는 주문을 말합니다. 연기금 창구와 함께 기관 수급의 대부분을 차지하는 금융투자는 증권사 고유자금을 운용하는 창구로도 사용되지만 대부분은 ETF exchange traded fund, 상장지수펀드의 LP liquidity provider, 유동성 공급자 물량입니다. 증권사 고유자금(증권사가 가지고 있는 투자를 위한 여유 자금) 운용 규모는 그리 크지 않습니다. 그러나 증권사가 자본금으로 주식을 직접 운용하는 것은 매우 위험한 일입니다. 증권사는 자산운용사에 자금 운용을 위탁합니다. 그러므로 증권사 고유자금 운용에서 발생하는 수급은 많지 않습니다. 금융투자 창구를 통해 발생하는 수급은 상장지수펀드의 유동성과 관련되었다고 판단해야 합니다. 상장지수펀드의 변동성이 커지거나 거래량이 많아지면 금융투자 창구의 주문도 늘어나게 됩니다.

1-28 **7개 주체로 세분화된 기관**

구분		외국인	개인	기관종합	기관							기타
					금융투자	투신	사모	은행	보험	기타금융	연기금등	
코스피	당일	-2,205	8,958	-6,434	-1,955	-471	-1,468	18	-580	3	-1,981	-318
	누적	25,709	9,246	-40,233	-19,309	2,187	-6,259	3,123	-5,227	-1,294	-13,454	5,279
코스닥	당일	-3,207	3,739	-569	-433	144	-324	-10	2	14	38	38
	누적	-17,692	21,045	-539	4,144	-1,502	-3,589	-152	130	-1,279	1,709	-2,813

공모펀드
공개적으로 50인 이상 불특정 다수의 투자자에게서 모은 자금을 운용하는 펀드이다. 불특정 다수에게 판매하는 만큼 펀드 운용이나 규제가 엄격하고 공모 전에 금융당국에 보고해야 한다.

사모펀드
비공개로 소수 투자자에게서 모은 자금으로 운용하는 펀드이다. 사적인 계약 형태로 금감원의 감시를 받지 않고 투자대상, 투자 비중 등에 제한이 없다.

'투신'은 투자신탁의 준말입니다. 집합투자상품 운용 금액입니다. 쉽게 말해 공모펀드 public offering fund * 운용 창구에서 내는 주문을 말합니다. '사모'는 사모펀드 private equity fund * 운용 창구에서 내는 주문을 말합니다. 공모펀드와 사모펀드를 구분했을 뿐입니다. 금융투자협회 통계에 따르면 공모시장은 약 300조 원 규모로 과거보다 많이 축소되었습니다. 현재는 사모펀드의 규모가 약 500조 원으로 공모 펀드의 규모를 크게 앞지르고 있습니다.

'은행' '보험'은 은행이나 보험사가 개인의 예치금으로 투자 상품을 운용하는 규모입니다. 그리고 '기타금융'은 이 둘을 제외한 모든 금융기관에서 내는 주식 주문을 의미합니다.

'연기금등'은 국민연금기금, 사학연금기금, 공무원연금기금, 군인공제회기금, 우정사업본부 등 기금을 운용하는 주체들이 내는 주문입니다. 규모나 지속성 면에서 매우 중요한 축을 담당하는 기관 투자자들입니다. 과거에는 연기금과 기타연금으로 구분해서 자료를 제공했는데 현재는 통합되어 '연기금등'이 되었습니다. 국민연금의 전체 운용 규모는 900조 원이 넘습니다. 국내 주식 운용 규모만 하더라도 180조 원에 이르는 거대 기관입니다(2020년 말 기준). 미래를 위한 자금이기 때문에 장기투자를 지향합니다. 그래서 기관의 수급 중에서 '연기금등'의 창구에서 매수가 들어오면 긍정적으로 평가합니다.

마지막의 '기타'는 기관 중 금융기관을 제외한 모든 법인이 투자하는 수급입니다. 기업이 가진 여유 자금을 주식에 투자하거나 자사주 매입*을 할 때 기타 창구에 수급이 잡힙니다. 자사주 매입은 긍정적인 이벤트이기 때문에 개별 종목 수급 분석 중 기타에서 지속적으로 수급이 파악된다면 자사주를 매입

자사주 매입
기업이 자기 회사 주식을 사들이는 일이다. 그러면 발행주식수가 줄어들면서 나머지 주식의 가치가 높아진다. 주가에 긍정적인 신호이다.

하는지 확인해 볼 필요가 있습니다. 자사주 매입은 사전, 사후 신고를 해야 하므로 [1-29]처럼 HTS를 통해서도 확인할 수 있습니다.

거래량과 투자주체는 기술적 분석에서 주가의 움직임만큼이나 차지하는 비중의 무게가 무겁습니다. 매일매일 동향을 파악하여 외국인이 누군지, 어떤 외국인이 사고파는지, 또 기관의 동태를 잘 살핀다면 주가가 움직이는 방향을 파악하는 데 큰 도움이 됩니다.

1-29 자사주 매매신청 현황

신청일	종목명	신청구분	신청현황				체결현황	
			총신청량	장개시전 신청	정규장중 신청	시간외대량 신청	체결수량	체결가
2022/01/21	리파인	신탁매수	32,079		32,079		7,727	13,157
2022/01/21	덕산테코피아	신탁매수	64		64		64	32,550
2022/01/21	더콘텐츠온	신탁매수	500		500		299	8,700
2022/01/21	제일약품	신탁매수	10,000		10,000		5,852	30,287
2022/01/21	실리콘투	신탁매수	10,000		10,000		10,000	18,972
2022/01/21	한독크린텍	신탁매수	10,000		10,000			
2022/01/21	종근당	신탁매수	5,000		5,000		4,852	96,255
2022/01/21	파버나인	신탁매수	20,000		20,000			
2022/01/21	메리츠금융지주	신탁매수	20,000		20,000		20,000	51,309
2022/01/21	조선선재	신탁매수	300		300		300	106,507
2022/01/21	풍산	직접매수	15,000		15,000		15,000	32,550
2022/01/21	셀트리온헬스케어	직접매수	100,000		100,000		18,442	65,409
2022/01/21	아이티엠반도체	신탁매수	5,000		5,000		5,000	40,449
2022/01/21	셀트리온	직접매수	100,000		100,000		13,398	162,946
2022/01/21	하츠	신탁매수	5,000		5,000		4,319	9,110

1%의 티끌
(feat. 수수료에 대한 워런 버핏의 조언)

가랑비에 옷 젖듯, 잦은 매매는 실패의 지름길이다!

티끌도 모이면 태산

지금까지 기술적 분석으로 종목을 고르는 법에 대해 알아보았습니다. 대부분의 투자자는 처음 주식을 공부할 때 기술적 분석부터 배웁니다. 차트를 보는 것이 재무제표를 보는 것보다 더 쉽기 때문입니다. 하지만 기술적 분석을 배운 뒤 너무 잦은 매매를 일삼기도 합니다. 빈번한 매매는 수익률에 악영향을 줍니다. 차트를 분석하다 보면 의미 없는 매수·매도 신호가 참 많습니다. 진위를 가려내기가 어렵기 때문에 차트만 본다면 매매의 횟수가 많아질 수밖에 없습니다. 매매 횟수가 많을수록 과도한 수수료와 세금을 유발하여 수익률을 갉아먹게 됩니다.

수수료 1%는 장기투자에서 엄청난 차이를 발생시킵니다. 1년 수수료 비용이 1%인 상품과 2%인 상품의 20년 뒤 누적 수수료 비용은 복리 효과로 인해 각각 22%, 49%가 증가합니다. 아주 단순하게 원금이 변하지 않는다고 가정했을 때 이 정도인데 만약 수익이 늘어난다면 수수료는 어마어마해질 것입니다.

100만 원을 투자하여 매년 10%씩 이익이 발생한다고 가정해 보겠습니다. 이때 A 투자자에게는 1%의 수수료가 발생하고 B 투자자에게는 2%의 수수료가 발생한다면 20년 후 100만 원은 어떻게 될까요?

A 투자자	B 투자자
• 20년 후 자산: 550만 원	• 20년 후 자산: 449만 원
• 수익률: 450%	• 수익률: 349%
• 수수료: 556,485원	• 수수료: 984,735원

단, 1%의 수수료율은 20년 뒤의 수익률을 101%나 차이나게 만듭니다. 수수료는 거의 두 배에 가깝습니다. 복리로 늘어나는 자산에서 수수료는 장기로 갈수록 더 큰 영향을 미칩니다.

워런 버핏은 2013년, 미리 유서를 작성하면서 "내가 죽으면 전 재산의 90%는 S&P500을 추종하는 인덱스펀드index fund*에, 나머지 10%는 채권bond*에 투자하라"라는 말을 했습니다. 이는 변동성이 큰 개별

인덱스펀드
주식시장이 장기적으로 성장할 것이라는 전제 아래 주가의 움직임과 연동하여 포트폴리오를 구성한다. 인덱스마다 구성하는 종목과 산출방법이 다르므로 수익률도 조금씩 달라진다. 효율적으로 분산투자를 할 수 있고 종목을 각각 보유하는 것보다 비용이 적게 소요된다는 장점이 있다.

채권
정부, 공공단체, 기업 등이 사업에 필요한 자금을 조달하기 위하여 발행하는 차용증으로 상환기한이 정해져 있고 이자도 확정되어 있다. 비교적 안정성이 높은 자산으로 이자를 얻고 시세차익에 따라 수익을 남길 수 있다.

헤지펀드
사모펀드의 일종으로 소수의 투자자에게 자금을 모아 주식, 채권, 파생상품 등 다양한 상품군에 적극적으로 투자한다. 장기보다 단기 이익이 목적이기에 투자위험도가 높다.

종목에 투자하는 것보다 잘 분산된 지수에 투자하는 것이 안전하다는 뜻을 담고 있을 뿐만 아니라 수수료가 저렴한 인덱스펀드가 장기투자에 유리하다는 말도 됩니다.

버핏과 인덱스펀드에 관한 일화는 또 있습니다. 2007년 워런 버핏이 제안한 내기입니다. 향후 10년간 인덱스펀드의 평균수익률과 펀드 매니저의 수익률을 비교하여 더 큰 수익률을 내는 쪽이 이기는 내기였습니다. 이에 헤지펀드hedge fund* 운용사 프로테제 파트너스Protege Partners의 공동 대표인 테드 세이즈Ted Seides가 도전했습니다. 양측은 32만 달러라는 판돈을 내걸었습니다.

프로테제 파트너스는 우수한 수익을 내는 펀드를 모아서 다시 새로운 펀드를 만드는 펀드 오브 펀드fund of funds를 운용하는 회사입니다. 개별 종목이 아닌 펀드에 투자하여 위험은 분산시키고 수익률은 확보한다는 명분이 있습니다. 하지만 펀드 수수료가 두 배나 든다는 것이 큰 단점입니다. 일반 투자자들은 수익이 난다면 수수료 1, 2% 정도쯤이야 하고 무시합니다. 하지만 장기투자에서 수수료는 무서운 결과를 가져옵니다.

내기는 어떻게 끝이 났을까요? 2018년 1월, 워런 버핏의 압도적인 승리로 끝났습니다. S&P500은 2008년 금융위기를 겪고도 연평균 7.1%의 수익을 냈고, 테드 세이즈는 연평균 2.2%라는 초라한 성적을 거뒀습니다. 내기가 이루어진 기간에 인덱스펀드처럼 단순히 지수를 따라가는 패시브펀드passive fund가 대세를 이룬 시기였기 때문에 이러한 결과를 얻게 되었을 수 있지만, 수수료가 두 배로 청구되는 펀드 오브 펀드의 특성상 수수료 역시 많은 영향을 주었을 것입니다.

1980년에 지수 100으로 출발한 코스피KOSPI는 2021년 3,000포인트를 넘어섰습니다. 42년 동안 30배가 오른 것인데 연간 3%의 비용을 차감한다면 수익률에서 많은 차이가 납니다. 1980년 100만 원을 지수에 투자했다면 지금쯤 3000만 원이 되어 있어야 하지만 매년 3%의 매매 비용을 차감하면 820만 원으로 크게 줄어들게 됩니다. 상품투자든 주식투자든 수수료를 고려하지 않으면 장기투자에서 절대 크게 수익을 낼 수 없습니다. 잦은 매매는 투자에 독입니다.

차트를 통해서 종목을 선별하는 작업을 했습니다. 가장 기초적인 기술적 분석을 저만의 시각으로 해석했습니다. 기존에 널리 알려진 것과 다른 관점도 존재합니다. 기술적 분석뿐 아니라 주식투자에는 분석하는 사람의 관점이 녹아 있어 다양한 시야 확보를 가능하게 합니다. 다른 측면에서 주식시장을 보는 훈련이라 생각하시고 적용해 보면 좋습니다.

다음에는 차트 검색을 통해 걸러진 종목을 본격적으로 분석하는 방법을 다루겠습니다. 기본적 분석은 어렵습니다. 하지만 최대한 단순화하여 실전에 쉽게 적용할 수 있도록 설명하겠습니다.

○ 기술적 분석만 가지고 종목을 고르는 것으로 과연 충분할까
　요? 이왕 사는 김에 더 근사하고 가치가 큰 걸 골라잡는 편이
　좋습니다. 앞서 스크리닝한 종목이 속도 꽉 찼는지는 어떻게
　알 수 있을까요? 재무상태표, 손익계산서, 현금흐름표 등 기
　본적 분석을 통해 주식의 적정 가치를 가늠해 보겠습니다.

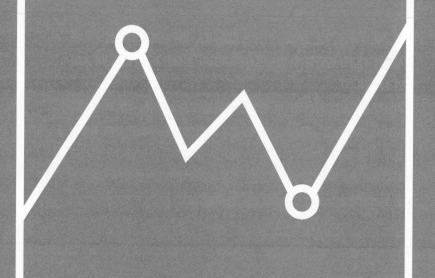

PART 2

지표로 핵심 종목
선별하기

PART 1에서는 기술적 분석으로 종목을 선정했습니다. 그러나 시장에서 기업이 어떻게 평가되고 있는지 알 수 없기 때문에 그걸로는 충분하지 않습니다. 오를 만한 종목을 찾았다면 그 종목이 정말 올라갈 만한지, 실제 가치에 비해 가격은 어떤지도 살펴야 합니다.

초보 투자자들은 일단 주식부터 사고 봅니다. 주가가 오르면 마냥 기뻐하고 내리면 실적에 문제는 없는지, 악재가 있는 건 아닌지 하면서 그제야 기본적 분석을 시작합니다. 어떤 주식에 3년쯤 물려 있으면(손실을 보고 있으면) 그 종목의 전문가가 됩니다. 더 이상 이런 과정을 반복해서는 안 됩니다.

초보자는 재무제표라는 말을 들으면 겁부터 납니다. 그러나 재무제표를 볼 줄 알아야 진정으로 원하는 걸 잡을 수 있습니다.

회계 처리 기준은 시대를 반영하여 조금씩 바뀌어 가지만 매출, 이익, 성장에 관한 내용이라는 점에는 변함이 없습니다. 재무제표가 부실한 기업은 시간이 지나면 장담할 수 없지만, 재무제표가 건실한 기업은 시간이 지나면 상승합니다.

기본적 분석보다 상대적으로 편하게 종목을 고를 수 있는 기술적 분석을 믿고 이 과정을 건너뛰어서는 안 됩니다. 가장 필요한 부분만 뽑아 최대한 쉽게 설명하려 노력했지만 어쩔 수 없이 어렵게 느껴질 것입니다. 그래도 시장에서 투자자를 지켜줄 수 있는 것은 결국 기업의 본질적인 가치뿐임을 기억하시고 분석에 소홀하지 마시길 바랍니다.

10분이면 충분한
HTS 가치평가법

기본적 분석 아무리 못해도 이 정도는 꼭 하자

신고가나 턴어라운드 조건을 만족시키는 차트가 준비되었다면 그다음에는 골라낸 종목의 현재 가격이 적당한지 따져야 합니다. 기본적 분석으로 주식 가격이 싼지 비싼지를 판단하기란 매우 어려운 일입니다. 전문가처럼 분석하기는 시간이 모자르고 초보자가 하기에 쉬운 수준도 아닙니다. 그렇다고 차트만 보고 투자를 확신하기에는 위험 부담이 매우 큽니다. 좋은 주가 흐름을 보이는 종목이 저평가 영역에 있다면 투자의 성공 확률을 더 높일 수 있으므로 현재 이 종목이 싼지 비싼지 꼭 확인하는 것이 좋습니다.

HTS를 통해서 10분 안에 가치평가하는 방법을 소개하겠습니다.

갑자기 생소한 단어가 마구 쏟아지더라도 마음을 편하게 가지시기 바랍니다. 어려운 말을 풀이하는 것은 뒤에서 하겠습니다.

차트 검색을 통해서 에이치피오(357230)라는 기업을 선택했습니다. 저점에서 반등이 나오고 이동평균선이 정배열 됐습니다. 60일 이동평균선이 하락을 멈추고 반등했고 3월 23일 대량거래가 발생했습니다. 또 거래량이 증가하는 것으로 볼 때 외국인의 매수 유입으로 판단됩니다. 이제는 기업이 어떤 사업을 하고, 재무를 어떻게 관리하는

2-1 에이치피오

지, 경영실적과 비교했을 때 시장의 평가는 높은지 낮은지 등을 살펴야 합니다.

기술적 분석에서 우리는 턴어라운드 종목에 대해 배웠습니다. 일정 가격대 안에서 주가가 오르락내리락하며 악성 물량을 털고 이동평균선이 정배열되기 시작하면 추세가 반등된다고 했습니다. 에이치피오는 턴어라운드 종목 조건에 부합하는 주가 흐름을 보이므로 기본적 분석을 할 차례입니다.

HTS에서 '기업편람'을 엽니다. 화면번호는 [0614]입니다. 먼저 '스냅숏Snapshot' 탭의 '비즈니스 서머리Business Summary' 항목을 확인하며 어떤 사업을 영위하는지 내용을 찾습니다. [2-2]에서는 에이치피오가 건강기능식품을 연구개발하여 판매하는 기업이고 프로바이오틱스 관련 사업이 주요 매출을 일으킨다는 사실을 확인할 수 있습니다.

2-2 에이치피오 비즈니스 요약

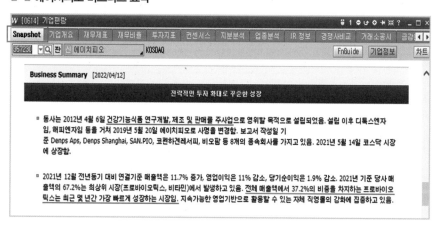

그다음 '컨센서스' 탭으로 이동합니다. 여기에서는 현재 에이치피오의 PER과 내년도 전망이 반영된 12M PER 12month forward PER 그리고 에이치피오가 속해 있는 업종의 평균 PER을 확인할 수 있습니다. 현재 업종의 평균 PER(52.09배)보다 에이치피오의 PER(16.93배)이 낮다는 것까지 확인했습니다. 아래로 내려가면 과거 3개년 실적과 2022년, 2023년 실적 전망치도 보입니다. 2019년 516억 원이었던 매출이 2021년에는 1594억 원으로 3년간 꾸준히 증가한 것을 알

2-3 에이치피오 컨센서스

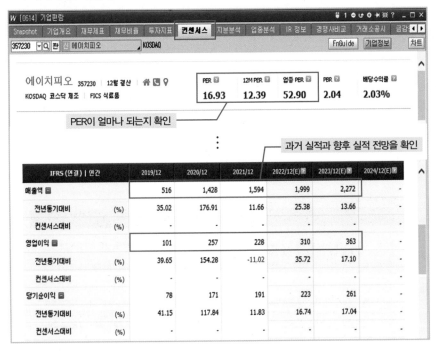

수 있습니다. 2019년 101억 원이었던 영업이익도 2021년에는 228억 원으로 2배 이상 증가했습니다. 그러나 전년도 영업이익 257억 원보다 11% 감소한 것은 조금 아쉬운 점입니다. 2022년, 2023년 전망도 양호합니다. PER이 낮고 매출과 영업이익이 오름세로 예상되므로 투자하기에 적합해 보입니다.

PER과 향후 전망을 확인했으니 이제는 재무제표를 볼 차례입니다. 기업편람의 '재무제표' 탭으로 이동합니다. 앞서 컨센서스 탭에서는 매출과 영업이익 등 손익계산서 항목을 간단히 확인했습니다. 재무제표는 기업이 보유한 부채가 얼마 정도인지를 알려줍니다. 아무리 수익성이 좋더라도 부채가 많은 기업은 투자하기가 찝찝합니다.

[2-4]에서 볼 수 있듯이 에이치피오의 부채는 그리 많은 편이 아닙니다. 1572억 원의 자본 중 부채가 238억 원이면 부채비율은 15%가 살짝 넘는 수준입니다. 보통 부채비율이 200% 이하일 때 양호한 기업이라고 판단합니다. 에이치피오는 부채비율도 매우 낮아서 위험한 기업은 아닌 것으로 보입니다. 수익성이 좋은 기업이라도 부채가 많다면 꺼려질 수밖에 없습니다. 경기가 좋을 때는 괜찮지만 경기가 침체되면 부채가 기업의 발목을 잡을 수 있습니다. 부채가 많은 기업은 이익이 조금만 나빠져도 이자 비용 때문에 실적이 금세 부진해집니다.

간략히 재무상태표를 봤습니다. 이제는 현금흐름표를 살펴볼 차례입니다. 현금흐름이 좋지 않은 기업도 불안하기는 마찬가지입니다. 현금흐름표를 통해 기업의 현금흐름이 어떤지, 미래 성장 여부를 알아볼 수 있습니다. 재무제표 탭에서 더 아래로 내려가면 [2-5]처럼

2-4 에이치피오 재무제표 중 재무상태표

GAAP(연결)	2018/12	2019/12	2020/12	2021/12
자산	326	542	902	1,811
유동자산 ⊞	159	255	414	906
비유동자산 ⊞	167	287	488	904
기타금융업자산				
부채	69	123	190	238
유동부채 ⊞	67	120	158	198
비유동부채 ⊞	2	3	32	41
기타금융업부채				
자본	257	419	712	1,572
지배기업주주지분 ⊞	203	329	615	1,396
비지배주주지분		90	97	176

부채비율 15% 안정적 기업

현금흐름표가 나옵니다. 이제 세 가지를 확인해 볼 것입니다. '영업활동현금흐름' '투자활동현금흐름' '재무활동현금흐름'입니다. 지금은 어떤 항목을 봐야 하는지 간단한 설명만 드리겠습니다. 자세한 내용은 뒤에서 하나씩 살펴보려고 합니다. 당연한 이야기지만 '영업활동현금흐름'이 (+)값인 기업이 투자하기에 적당합니다. '투자활동현금흐름'이나 '재무활동현금흐름'은 기업의 상황에 따라 (+)값 또는 (-)값일 수 있지만 영업활동현금흐름은 무조건 (+)값이어야 합니다. 영업현금흐름이 (+)값이면 영업활동을 통해서 현금이 유입된다는 뜻이므로 아주 긍정적입니다.

2-5 에이치피오 재무제표 중 현금흐름표

GAAP(연결)	2018/12	2019/12	2020/12	2021/12
영업활동으로인한현금흐름	69	44	223	186
당기순이익	56	78	171	191
법인세비용차감전계속사업이익				
현금유출이없는비용등가산	6	7	115	84
(현금유입이없는수익등차감)	0	0	14	10
영업활동으로인한자산부채변동(운전자본변동)	8	-41	-49	-79
*영업에서창출된현금흐름	69	44	223	186
기타영업활동으로인한현금흐름				
투자활동으로인한현금흐름	-21	-76	-49	-524
투자활동으로인한현금유입액	7	12	62	37
(투자활동으로인한현금유출액)	28			560
기타투자활동으로인한현금흐름				
재무활동으로인한현금흐름	-5	-3	-72	599
재무활동으로인한현금유입액			1	653
(재무활동으로인한현금유출액)	5			50
기타재무활동으로인한현금흐름		-3	-5	-4

영업활동현금흐름(+):
영업활동으로 현금 유입이 활발

투자활동현금흐름(-):
성장을 위한 투자활동 중

재무활동현금흐름(-):
상장하여 자금을 유치함

저는 여러분들이 이 책을 통해서 종목 고르는 시간을 절약하는 방법을 배우셨으면 좋겠습니다. 차트로 종목을 추리는 이유는 상승기에 접어든 종목을 골라낼 시간을 단축하기 위해서입니다. 이 방법으로 찾더라도 하루에 적게는 20여 개의 종목이, 많게는 50여 개의 종목이 나옵니다. 이렇게 뽑아서 한 종목을 심도 있게 분석하려면 적어도 2, 3시간이 필요합니다. 50개의 종목을 모두 분석하려면 못해도 일주일은 걸리지만 앞서 에이치피오를 분석한 방식이면 한 종목을 보기까지 빠르면 5분, 길면 15분 정도가 걸립니다. 그런 속도라면 하루 안에 충분히 50개의 종목을 분석할 수 있습니다. 분석하지 않아도 될 종목까지 분석하면서 낭비될 소중한 시간을 많이 아낄 수 있습니다.

그것만으로 충분할까요? 물론 아닙니다.

주식시장에는 여러 가지 변수들이 도사리고 있습니다. 우리는 좀 더 든든한 울타리를 둘러서 실패할 확률을 최대한 낮추어야 합니다. 이제부터 나오는 내용은 아무래도 익숙하지 않아서 기술적 분석보다 더 어렵게 느껴질 것입니다. 모든 지식이 한 번의 배움으로 습득된다면 얼마나 좋을까요? 포기하지 않고 끝까지 노력한다면 반드시 좋은 결과를 얻게 될 것입니다. 본격적으로 기본적 분석이 무엇인지 알아보겠습니다.

좋은 주식이란?

돈 잘 벌고 좋은 물건을 만드는 회사의 주식, 참 쉽다!

주식은 한마디로 기업의 소유권이다

A 씨는 대단한 사업 아이템을 가지고 있지만 돈이 없습니다. 은행에 가서 돈을 빌리려니 담보가 없습니다. 아이디어만 가지고는 그 어떤 은행도 돈을 빌려주려 하지 않습니다. 그래서 주변 사람에게 돈을 빌리려니 돈 많은 친구도 없습니다. 그래도 어떻게든 돈을 빌려 사업을 시작했습니다. 초기에는 수입보다는 지출이 많아서 직원들 월급 주기도 빠듯합니다. 사업이 안정되기 전까지 지출해야 할 이자도 부담입니다. 방법이 없을까요?

이럴 때 주식을 발행합니다. 사업이 잘되면 이자 대신에 이익을 나눠주기로 하고 투자자들에게 회사의 지분을 줍니다. 일종의 '동업' 개념으로 A 씨가 가진 회사에 대한 소유권 일부를 나눠주는 것이 '주식'입니다.

기업이 은행을 이용하지 않고 돈을 구하는 기본적인 방법에는 '주식'과 '채권' 발행 두 가지가 있습니다. 주식은 회사 경영에 참여할 수 있는 의결권*이 있는 대신에 회사 경영에 대한 책임을 져야 합니다. 기업 운영이 잘되면 이익도 많이 나눠 받을 수 있지만, 운영이 잘되지 않으면 이익을 전혀 받지 못할 수도 있습니다.

의결권
주식을 소유한 사람인 주주가 공동 의사 결정에 참여할 수 있는 권리이다.

채권은 회사가 잘되든 안되든 이자만 받으면 됩니다. 대신에 회사에 엄청난 이익이 발생해도 채권 발행 시점에 약속한 이자 외에는 한 푼도 더 받을 수 없습니다.

따라서 주식을 산다는 것은 기업의 소유권을 나눠 가진다는 의미가 됩니다. 소유하고 싶은 회사를 찾는다는 마음으로 기업을 분석하고 주식을 사야 하는 이유입니다.

한국 투자자들이 자본이득(주식을 싸게 사서 비싸게 팔아 얻는 이득)에만 몰두하는 것도 이해는 됩니다. 코스피 배당수익률이 다른 국가에 비해 낮기 때문에 배당만 보고 투자하기에는 무리가 있습니다. 지배구조가 투명하지 않은 사실도 빼놓을 수 없습니다. 회사가 벌어들이는 돈을 대주주와 소액주주가 공정하게 나눈다는 인식도 부족합니다. 재벌이 소액주주를 무시하고 회사를 사유화하는 문제가 발생하면서 소액주주들은 주인 의식 없이 기업을 자본이득의 대상으로만 바라보게 되었습니다.

자본시장이 점점 선진화되고, 기업의 배당이 늘어나고, ESG* 경영이 강조되면서 전처럼 대주주에게 유리한 방식으로만 경영하기 어려워진 시대가 왔습니다. 장기투자에 유리한 주식시장으로 점차 변화하고 있지만 소액주주를 위한 주식시장이라고 하기에는 아직 갈 길이 멉니다.

ESG
'Environment' 'Social' 'Governance'의 머리글자를 땄다. 기업활동에서 재무적인 성과 외에 환경, 사회적 책임, 지배구조 등의 요소를 평가한다. 장기적인 가치와 지속 가능한 발전 가능성을 가진 기업에 투자하는 방법이다.

이러한 분위기 속에서 좋은 주식을 고르려면 어떻게 해야 할까요?

서울 어디든 마찬가지지만, 여의도는 점심시간이 되면 전쟁이 일어납니다. 특히 여름에 ○○○콩국수는 점심시간 대기 줄이 가게를 빙글빙글 돌며 100미터 이상 늘어지는 장관이 펼쳐집니다. '저렇게까지 줄을 서서 먹어야 할까?'라는 생각이 반, '사장님 부럽다'라는 감정이 반입니다. ○○○콩국수 같은 기업은 아주 좋은 기업입니다. 주식시장에서 좋은 주식을 고르는 방법은 이와 다르지 않습니다.

만약 이렇게 사람의 발길이 끊이지 않는 맛집이 매물로 나왔다고 하면 어떨까요? 그것도 시세보다 훨씬 저렴하게 나왔다면 심각하게 인수를 고민할 것입니다. 그러나 현실적으로 생각했을 때 100평 이상 규모의 유명한 가게를 인수하려면 수십억 원의 권리금이나 운영 노하우 등 걸리는 것이 한두 가지가 아닙니다. 아무리 좋은 물건이 싼 가격에 나왔어도 자본이 부족하고 운영 경험도 없다면 결정하기가 어렵습니다.

다행히도 주식시장에서는 이러한 문제를 걱정할 필요가 없습니다. 전부 주고 사야 할 만큼의 돈을 요구하지도 않습니다. 자신이 가진 만큼만 투자합니다. 운영 노하우를 몰라도 괜찮습니다. 전문 경영인이 알아서 운영해 줍니다. 우리는 지금 사려는 종목이 앞으로도 장사가 잘될지, 지금 사려는 가격이 비싼지 싼지만 파악하면 됩니다. 좋은 주식은 장사가 잘되는 기업, 이윤이 많이 남는 기업의 주식입니다. 가치보다 낮은 가격에 거래된다면 더 좋습니다.

좋은 주식의 조건을 한 가지 더 추가해 보자면 제품의 경쟁력을 들 수 있습니다. 앞서 콩국수 가게가 대박이 난 이유는 콩국수의 맛입니다. ○○○콩국수는 다른 콩국수보다 비싸지만 불티나게 팔립니다. 이러한 제품 경쟁력이 기업 이익을 좌우합니다.

제품 경쟁력 하나로 세계 1위 기업이 된 애플(APPL)을 보면 배가 아픕니다. 저는 아이폰4 iPhone4 시리즈부터 10년간 애플 제품만을 사용했습니다. 만약 2011년에 애플 주식에 투자했다면 현재까지 11배의 수익이 났을 것입니다. 아이폰이 좋다는 걸 누구나 알고 있고 저 역시도 인정하는 사실이었지만 주식에 투자할 생각을 하지 못했습니다. 이처럼 좋은 기업은 멀리 있는 것이 아니라 우리 주변에 아주 단순하게 자리 잡고 있습니다.

피터 린치 Peter Lynch 가 『전설로 떠나는 월가의 영웅』(국일증권경제연구소, 2017)에서 말하기를 아내와 쇼핑을 하면서 쇼핑 카트마다 담겨 있는 팬티스타킹을 보고 투자 아이디어를 얻었다고 했습니다. 누구나 사용하고, 누구나 가지고 싶어하는 제품을 만드는 기업이 좋은 기업입니다.

이론은 참 쉬운데 공부를 하다 보면 말처럼 간단하지만은 않습니다. 기업은 괜찮아 보이는데 가격이 좀 비싼 것 같기도 합니다. 겉으로는 좋아 보이지만 숨겨진 불확실성이 있을 수도 있습니다. 갑작스러운 경기 불황으로 실적이 급격하게 나빠질 수도 있습니다. 이러한 위험을 피할 방법은 없는지 고민됩니다.

PER, PBR 등 기업의 가치를 평가할 수 있는 지표가 있습니다. 이 지표와 더불어 사업보고서를 통해서 숨겨진 위험이 있는지 알아볼 수 있습니다.

좋은 기업의 본질은 돈을 잘 버는 기업, 좋은 제품을 만드는 기업입니다. 너무 복잡하게 생각해서 변수가 많아지면 오히려 실패할 가능성이 큽니다. 기업의 본질인 '이윤 추구'에 집중해서 좋은 기업을 찾는 노력을 하시기 바랍니다.

기본적 분석의 핵심:
PER, PBR, PSR

PER, PBR, PSR은 낮아야 하며, 상대적이다

시가총액 상위 종목 2,000여 개 중 상승할 만한 종목들을 차트 검색을 통해서 추렸습니다. 그 종목을 꺼내 볼 차례입니다. 기술적 분석을 통과한 기업이 좋은 제품을 만들고 돈까지 잘 번다면 더할 나위가 없습니다. 그런데 주식 가격까지 저렴하다면 안 살 이유가 없습니다.

　기본적 분석은 이 기업의 주가가 현재 가치에 비해 저렴한지 비싼지 알아보는 방법입니다. 기본적 분석의 가장 기초인 PER, PBR, PSR 각각의 지표는 주식을 매매할 때 유용한 기준을 제시합니다. 기초인 만큼 아주 빈번하게 사용되므로 차근차근 읽어 보시기를 권합니다.

PER: 투자한 금액이 회수되기까지의 기간

PER은 Price Earning Ratio의 머리글자를 딴 것으로 '주가수익비율'입니다. 주가와 기업이 벌어들인 이익을 비교합니다. 기업의 이익에 대해서 시장이 얼마의 가치를 매기는지 알 수 있습니다. 주식 가격price을 이익earning으로 나눈 값입니다. 이때 주당순이익에 비해 주가가 높다면 시장은 기업의 현재 이익보다 더 높은 가치를 부여(고평가)한 것으로, 주당순이익에 비해 주가가 낮다면 시장은 기업의 현재 이익보다 더 낮은 가치를 부여(저평가)한 것으로 이해할 수 있습니다.

PER의 핵심은 '기업의 이익'입니다. 1주에 1만 원인 A 주식이 1년에 1주당 1,000원의 순이익이 났다면 A 주식의 PER은 10배가 됩니다. PER 10배라는 값을 어떻게 투자에 활용할 수 있을까요?

$$\text{PER 주가수익비율} = \frac{\text{주가}}{\text{EPS 주당순이익}} \quad \Rightarrow \quad \frac{10,000원 \text{ 주가}}{1,000원 \text{ EPS}} = \text{PER 10배}$$

PER은 투자한 자금을 몇 년 안에 회수할 수 있는지를 알려줍니다. 따라서 PER 10배는 A 주식을 매수한 뒤 지금처럼 이익이 난다고 가정했을 때 10년 후에 투자 원금을 회수할 수 있다는 뜻입니다. PER이 5배인 종목은 5년 후에 투자 원금을 다 회수할 수

EPS earning per share
주당순이익. 기업이 벌어들인 순이익(당기순이익)을 발행한 총 주식수로 나눈 값이다. 1주당 얼마큼의 이익을 냈는지 알 수 있다. EPS가 높을수록 경영 실적이 양호하다.

있어서 PER이 10배인 종목보다 회수기간이 빨라집니다. 투자 원금의 회수기간이 빠르면 빠를수록 투자자에게는 이득이므로 PER이 낮은 종목을 좋은 종목이라고 말합니다.

차트 검색으로 걸러 낸 종목에 투자할 때 몇 년 안에 투자금을 회수할 수 있는지 파악하는 게 중요합니다. PER이 너무 높은 종목은 현재 주식 가치만 고高평가되어 있고, 기업이 실제 벌어들인 이익은 평가에 비해 낮아서 투자한 돈을 회수하기까지 예상보다 긴 시간이 필요할 수 있습니다.

PER을 계산하려면 주가(현재 시장가격)와 주당순이익EPS을 알아야 합니다. 그런데 주당순이익은 현재의 이익이 아닌 1년 후 미래에 벌어들일 이익을 대입해야 하기에 값을 구하기가 쉽지 않습니다. 한 치 앞도 내다보기 어려운 세상에서 내년 이익을 어떻게 알 수 있을까요?

주당순이익을 구하는 방법 두 가지를 말씀드리겠습니다.

첫 번째는 증권사의 전망을 이용하는 방법입니다. 각 증권사의 애널리스트들이 추정해 놓은 예상 이익의 평균을 이용하면 됩니다. 대부분의 증권사 HTS에서는 애널리스트의 추정치를 [2-6]과 같이 제공합니다. 예를 들면 제가 사용하는 한국투자증권 HTS에서는 [0614]화면의 '컨센서스' 탭에서 확인할 수 있습니다. 상단에 현재 PER과 1년 뒤 전망치로 계산한 미래 12M PER으로 기업의 현재 가치를 확인합니다(현재 PER값·12개월 후의 12M PER 미래 추정값·기업이 속한 업종의 평균 PER값의 순서입니다).

그다음 업종 PER과 현재 값을 비교하여 기업의 PER이 업종 평균에 비해 높은지 낮은지를 봅니다. 아래쪽에는 애널리스트들이 추정한 구체적인 기업 실적 전망치도 확인할 수 있습니다. 그러나 예상치의 정확성을 장담하기는 힘듭니다. 우리나라 애널리스트의 추정치(컨센서스)는 확실성이 보장되지 않습니다. 기업에서 제공하는 정보가 너무나 제한적이기 때문입니다.

미국의 경우, S&P500 기업 중 80% 이상의 기업이 자신들의 실적 전망치(가이던스)를 제공합니다. 우리나라의 경우, 코스피200 기업 중 향후 실적 전망치를 제공하는 회사는 아쉽게도 20% 정도에 불과합니다. 기업에서 제공하는 전망치를 바탕으로 향후 이익을 추정하는 미국 애널리스트와 그렇지 못한 한국 애널리스트 사이에 정보의 불균형

2-6 HTS 삼성전자 컨센서스

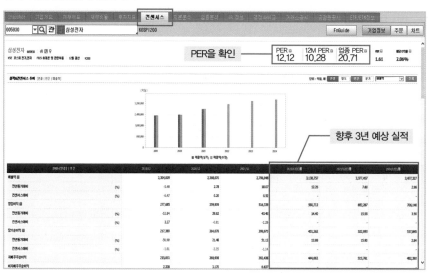

이 있습니다. 추정치가 실제와 차이 나는 것도 문제지만 중·소형주는 추정치마저도 구하기 어렵습니다.

차트 검색을 통해서 애널리스트가 전망치를 제공하는 대형주(시가총액 순위 1~200위까지)뿐만 아니라 시장의 관심이 닿지 않아 전망치도 없는 시가총액 1000억 원에서 2000억 원 사이의 소형주까지 모두 검색했기 때문에 중·소형주도 가치평가가 필요합니다. 증권사 추정치가 없다면 직접 구하는 방법도 있습니다.

두 번째는 최근 3년간의 평균 이익을 활용하는 방법입니다. 저 역시 차트를 검색하면서 괜찮은 중·소형주를 찾았지만 이익을 추정할 도리가 없어서 매우 난감한 적이 많았습니다. 그래서 단순하게 생각하기로 했습니다. 복잡한 기법을 사용해도 틀리는 것이 추정치라면 '사실'만 가지고 미래를 전망하는 것이 답이 될 수 있겠다는 생각이 들었습니다. 기업의 과거 3년치 평균 이익의 증가율을 활용해 보기로 했습니다. 3년 평균 10% 이익이 성장한 기업은 다음 해에도 10% 이익이 증가할 것이라 가정합니다. 매우 간단하여 도리어 놀라실 수도 있습니다.

[2-7]은 케이아이엔엑스(093320)의 2018년부터 2021년까지의 실적과 그 실적을 토대로 2022년 추정치를 담은 표입니다. 2019~2021년까지 매출이 연평균 14.6% 증가했기 때문에 2022년에 증감률을 대입해 968억 원의 매출이 발생할 것으로 예상했습니다. 영업이익은 2019~2021년 평균 14.5% 증가했기 때문에 이를 대입하여 226억 원의 영업이익이 발생할 것으로 추정했습니다.

2-7 케이아이엔엑스 최근 실적과 예상 실적

단위: 억 원

	'18	'19	'20	'21	'22 예상치
매출	563	646	704	845	968
매출 증감률(%)	–	14.7	9.0	20.0	14.6
영업이익	132	165	178	197	226
영업이익 증감률(%)	–	25.0	7.9	10.7	14.5

그러나 간단한 만큼 매우 엉성하기도 해서 주의해야 할 점이 몇 가지 있습니다. 먼저 될 수 있으면 보수적인 추정을 해야 한다는 점입니다. 예를 들어 A 기업의 매출이나 이익성장률이 3년 평균 10%이지만 3년 전에 20%, 2년 전에 10%, 1년 전에는 0% 증가했다면 이 회사는 내년에 성장하지 못한다고 봐야 합니다. A 기업의 다음 해 성장률을 추정할 때는 3년 평균 10% 값에 기대할 것이 아니라 성장이 멈춘 것으로 판단하여 전년도 성장률 0%를 적용하는 것이 합리적입니다. 또 이익이 변화무쌍한 기업도 있습니다. 2년 전에는 이익이 크게 늘었다가 1년 전에는 이익이 감소하는 등 일정한 추세를 보이지 않는다면 좋은 기업이라고 보기 어렵습니다. 3년 평균값이 증가하더라도 매해 실적 성장률이 감소하는 기업과 이익이 들쑥날쑥하는 기업은 피해야 합니다.

이러한 내용을 시장은 이미 업종 PER에 반영하고 있습니다. IT나 전기·전자 업종 PER이 대표적인 예입니다. 우리나라 IT 업종의 PER은 낮은 편(PER이 낮으면 저평가되어 있다는 뜻입니다)인데 그 이유는 높은 개발비용과 설비투자 비용 때문입니다. 그로 인해 이익이 안정적이지 않다고 보는 것이지요. 반면에 음식료 업종은 IT 업종보다 상대적으로 PER이 높습니다. 음식료 업종의 이익 안정성 때문입니다. 불황이라도 라면 소비는 줄어들지 않습니다. 그러나 TV 같은 가전의 매출은 빠르게 줄어듭니다. IT 업종은 새로운 기술이 나올 때마다 연구개발비를 늘리고 생산 라인을 증설해야 합니다. 이러한 투자 사이클은 이익에 큰 감소 요인이 됩니다. 음식료 업체는 수요가 안정적이기 때문에 공장을 더 지을 일이 많지 않고 연구개발에 사용되는 비용도 적습니다. 음식료 업종이 IT 업종과 버는 돈이 같더라도 PER 값이 큰 이유가 분명합니다. 이미 시장은 밸류에이션 valuation*을 통해서 안정적으로 이익이 나는 업종과 그렇지 않은 업종에 대한 평가를 마쳤습니다.

밸류에이션
현재의 기업 가치를 판단해 적정 주가를 산정한다. 매출, 이익, 현금흐름, 증자, 배당, 대주주 성향 등 다양한 지표를 반영한 기업가치평가이다.

PER 상대평가하기

증권사의 추정치를 활용하거나 직접 EPS를 구해서 PER 값을 찾았다면 이제 PER이 높은지 낮은지 판단해야 합니다. 앞서 PER이 낮은 주식은 저평가되어 있다고 했는데, 그럼 낮은 PER은 무조건 좋을까요? 가치투자 서적을 많이 읽은 투자자들의 흔한 실수가 여기서 나옵니다. 저 역시 처음 투자를 공부할 때 가치투자 서적을 많이 접하다 보니 이러한 실수를 자주 했습니다.

　모든 평가 지표는 상대적입니다. 절대적인 기준은 없습니다. 만약 있었다면 주식투자는 매우 쉬웠을 것입니다. PER이 낮으면 매수, 높으면 매도라는 공식은 이론상으로 맞는 이야기지만, 실전에서는 전혀 엉뚱한 일이 될 수도 있습니다.

　'PER이 낮다'는 두 가지로 해석할 수 있습니다.

　첫째, 평가된 가치보다 가격이 낮다는 뜻입니다. 장사가 잘되어서 분모인 이익은 빠르게 늘어나는데 이익이 늘어나는 속도를 분자인 주가가 따라가지 못한다면 이는 분명히 저평가되어 있다는 뜻입니다. 꼭 매수해야 하는 주식이지요.

　둘째, 이익이 낮아지는 상황에서 저평가가 발생할 수 있습니다. 분모인 이익이 줄어드는 속도보다 주가 하락 속도가 더 빠른 경우입니다. 대표적으로 사양산업이 이러한 모습을 합니다. 사양길로 들어선 업황 때문에 이익이 줄어드는 A 기업이 있습니다. 시장 참여자들은 A 기업이 속한 산업이 쇠퇴할 것으로 판단해 빠르게 주식을 팔아 치웁니다. 이익의 감소 속도보다 주가가 더 빨리 떨어지면서 PER도 함께 낮아지는 결과를 초래합니다. A 주식은 현재 저평가지만 시간이 더 지나면 이익이 줄어들면서 결국은 저평가가 해소되고 PER은 정상으로 돌아옵니다. 이런 주식을 흔히 밸류 트랩 valuation trap*에 빠졌다고 합니다. A 기업 주식은 아무리 PER이 낮더라도 매수하면 안 됩니다.

밸류에이션 트랩
가치 함정. 주가가 하락하면서 주가가 싼 것처럼 보이지만 향후 실적 하향을 감안하면 실제로 주가가 싸지 않은 상태를 의미한다. 실적이 하향 추세에 있는 저PER 또는 저PBR 주식은 시간이 지나 실적이 감소하면서 저평가가 해소된다.

그렇지만 PER이 높다고 무조건 외면할 필요도 없습니다. 매출이나 이익이 빠르게 성장하고 있다면 성장률 개념을 대입하여 가치를 평가합니다. 2011년부터 2021년까지 우리나라에서는 네이버(035420), 카카오(035720) 같은 플랫폼 기업이나 셀트리온(068270), 삼성바이오로직스(207940) 같이 성장성 높은 고高PER, 고高PBR 종목의 주가가 계속해서 올랐습니다. 미국은 소위 FANG Facebook. Amazon. Netflix. Google 이라고 불리는 빅테크 기업이 주도한 성장주 전성시대였습니다.

따라서 저低PER 또는 저低PBR 종목들은 오랜 기간 소외당했는데 이런 시장에서 낮은 밸류에이션만 고집했다면 10년간 성장주가 오르는 것을 쳐다만 보면서 괴로워했을 것입니다. PER이 높은 종목이라고 무조건 배척하기보다는 높은 PER에 맞는 성장률을 갖췄다면 투자할 만한 가치가 충분하다고 봐야 합니다.

피터 린치는 PER에 성장이라는 개념을 더해 PEG price earnings to growth ratio라는 지표를 활용하기도 했습니다.

$$PEG \text{ 주가수익성장비율} = \frac{PER \text{ 주가수익비율}}{\text{연간 EPS 주당순이익 증가율}} \times 100$$

PER을 연간 EPS 증가율로 나눈 것입니다. 이익을 회수하기까지 오랜 기간이 걸리더라도 이익이 빠르게 증가한다면 투자할 만한 종목이라는 뜻입니다. 피터 린치는 PEG 값이 0.5 이하이면 투자해야 한

다고 말했습니다. PER이 높아도 성장 가능성이 큰 기업은 투자할 만
한 가치가 있고, PER이 아무리 낮아도 역성장(마이너스 실적)하는 기

2-8 **카카오 네이버 성장률 비교**

단위: 억 원

		'18	'19	'20	'21
NAVER	매출	55,869	43,562	53,041	68,176
	매출 증감률(%)	19	-22	22	29
	영업이익	9,425	11,550	12,153	13,255
	영업이익 증감률(%)	-20	23	5	9
kakao	매출	24,170	30,701	41,568	61,367
	매출 증감률(%)	23	27	35	48
	영업이익	729	2,068	4,559	5,949
	영업이익 증감률(%)	-56	184	120	30

2-9 **2018~2021년 성장률이 반영된 네이버와 카카오 주가 변화**

업은 투자하면 안 됩니다.

2020년 코로나19 이후 카카오의 주가가 무서운 속도로 상승했습니다. 네이버의 순이익에 크게 못 미쳤던 카카오의 시가총액이 네이버를 능가하는 모습도 보였습니다. 성장성 때문에 이런 결과가 나타났습니다. 네이버와 카카오의 3년간 이익 증가율과 주가 흐름을 살펴보면 네이버가 20%대로 매출 성장이 정체되어 있을 때 카카오는 빠르게 매출이 증가했습니다. 카카오는 2021년 전년 대비 무려 48%나 매출이 증가하면서 영업이익도 폭발적으로 늘었습니다. 2018년 네이버와 13배가량 차이나던 영업이익은 2021년 2배 안팎으로 줄었습니다. 성장률이 높은 기업은 그에 맞게 높은 평가를 받는 것이 당연합니다.

PER로 주식을 평가할 때는 상대평가를 해야 합니다. PER이 업종 안에서 평가 지표가 됩니다. 사과와 배를 비교하면 안 됩니다. KT(030200)는 셀트리온에 비해 PER이 낮아 저평가되어 있다는 판단은 틀린 것입니다. 저평가된 기업을 찾을 때는 같은 업종 내에서 저평가인지, 성장하고 있는 기업인지 상대적인 판단을 하시기 바랍니다.

PBR: 투자한 기업이 망했을 때 돌려받을 수 있는 몫

PER의 단짝 PBR에 대해 알아보겠습니다. PER은 이익 측면에서 기업을 분석하는 방법입니다. 향후 이익을 통해 투자자금을 회수하기까지 걸리는 기간을 의미합니다. PBR은 자산 측면에서 기업을 분석합니다. 당장 부도가 났을 때 주주가 받을 수 있는 몫은 얼마인지를 파악할 수 있습니다. PER은 향후 기업이 벌어들일 돈을, PBR은 현재 기업이 가지고 있는 자산을 분석합니다.

PBR은 Price Book Value Ratio의 머리글자를 딴 것으로 '주가순자산비율'입니다. 기업이 가진 순자산에 대해서 시장이 얼마의 가치를 매기는지 알 수 있습니다. 주가를 주당순자산 BPS으로 나눈 값입니다. 1주에 1만 원인 A 주식의 1주당 부채를 뺀 순자산가격이 1만 원이라면 A 주식의 PBR은 1배가 됩니다.

$$\text{PBR} \text{ 주가순자산비율} = \frac{\text{주가}}{\text{BPS 주당순자산}} \Rightarrow \frac{10,000원 \text{ 주가}}{10,000원 \text{ BPS}} = \text{PBR 1배}$$

이는 당장 기업을 청산해도 빚을 다 갚은 뒤 주주들에게 돌아갈 몫이 1만 원이라는 의미입니다. 주주들은 PBR 1배 이하에서는 회사가 망한다 한들 손해 볼 일이 없습니다. 자산가치 기준으로 기업을 분석하기 때문에 은행처럼 자산이 중요한 산업을 평가할 때 주로 사용합니다.

PBR에서 중요한 것은 자산가치가 공정하게 평가되는지 여부입니다. PBR이 낮은 종목에 투자하더라도 기업이 사업을 청산하지 않으면 당장 그 자산가치만큼의 투자금을

BPS book value per share
주당순자산. 기업의 총자산에서 부채를 제외하면 순자산이 남는다. 순자산을 발행주식수로 나눈 값이다. 기업이 모든 활동을 중단하고 자산을 주주에게 나눠줄 때 1주당 얼마씩 분배되는지 알 수 있다. BPS가 높을수록 기업의 재무상태가 건전하다.

돌려받지 못하기 때문에 단기투자에 활용할 지표로는 적절하지 않습니다. 또 자산가치는 장부만 가지고 평가하기가 어렵습니다. 회계에 능통한 사람도 장부가치만 보고 기업을 평가할 수는 없습니다. 보유하고 있는 부동산의 장부가격이나 기계장치의 장부가격이 적정한지는 실제로 매각을 해 봐야 알게 됩니다. 보유 부동산을 재평가해서 자산가치가 갑자기 급증하는 기업도 있고, 가지고 있는 기계장치가 막상 사업을 정리할 때 헐값으로 평가되는 일도 적지 않습니다.

PBR으로 청산가치를 판단하는 일은 최악의 국면에서 사용됩니다. 따라서 신고가 종목보다는 턴어라운드 하는 기업의 매수 근거로 많이 활용됩니다. 신고가 종목은 당연히 실적이 좋거나 성장률이 높은 기업입니다. 한창 잘나가는 기업을 청산가치로 평가하는 일은 없습니다. 반면에 장기간 하락하다 턴어라운드 하는 종목은 하락할 만큼 하락했기 때문에 '청산가치로 보면 저평가되었다'는 논리로 PBR이 거론됩니다.

2021년 10월 13일이 SK하이닉스 주가의 최저점이었습니다. 반도체 슈퍼사이클super-cycle*로 전망되어 15만 원까지 올라갔던 주가는 6개월 동안 속절없이 하락하면서 투자자들의 마음을 까맣게 태웠습니다. 반도체 가격이 하락하면서 예상보다 부진한 실적 탓으로 대부분의 애널리스트가 목표가를 줄줄이 하향 조정했습니다. 그러면서도 PBR 1배 미만은 저렴한 구간이라는 말을 빼놓지 않고 붙였습니다.

슈퍼사이클
슈퍼사이클은 본래 원자재 시장에서 유래됐다. 원자재는 원유, 가스, 금, 구리부터 밀, 옥수수, 커피까지 생산의 원료가 되는 재료인데 이런 원자재 시장은 대체로 20년을 주기로 등락을 반복한다. 장기적인 가격 상승 추세를 설명하며 최근에는 PC, 스마트폰에 들어가는 D램 가격이 크게 오르는 반도체 시장의 호황기를 표현하는 말로 쓰인다.

우리는 주식 기사를 읽으면서 트레일링trailing과 포워드forward 개념을 접합니다. 단어 뜻에서 유추할 수 있는 것처럼 트레일링은 최근 1년 간의 과거 실적을 기준으로 계산한 지표 값을 말합니다. 반대로 포워드는 향후 12개월 예상 실적 기준으로 계산한 지표 값입니다. 자, 그러면 [2-10]의 SK하이닉스 PBR 밴드를 보겠습니다. 트레일링 PBR으로 측정하면 1배에서 주가 반등이 나타나고, 포워드 PBR로 유추했을 때는 0.9배에서 바닥을 형성하고 반등이 나타나는 것을 확인할 수 있습니다. 실제로 SK하이닉스는 2021년 10월 중순, 포워드 PBR 값 0.9배를 터치하고 반등이 나왔습니다. PBR은 이처럼 하락하는 구간에서 바닥을 예측하는 데 활용됩니다. 따라서 PBR은 바닥에서 턴어라운드 하는 차트에서 활용할 수 있습니다. 턴어라운드 하는 종목의

2-10 **SK하이닉스 PBR 밴드**

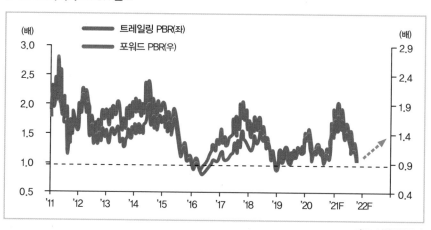

자료: 신한금융투자

실적이 부진하다면 PBR이 바닥권인지 확인해 볼 필요가 있습니다.

제가 종목을 고를 때는 PBR에 큰 비중을 두지 않습니다. 오를 종목을 찾는 것이지 더 떨어지지 않을 종목을 찾는 것이 아니기 때문입니다. 물론 더 떨어지지 않는 종목이 반등할 수도 있습니다. 그렇지만 낮은 가격에서 오래 머물 가능성이 크고 반드시 오른다고 장담할 수도 없습니다. 그러나 이건 개인적인 투자 성향일 뿐입니다. 시장에서는 중요한 개념입니다. 반드시 이해하고 넘어가시기 바랍니다.

PBR과 ROE의 관계 그리고 PER

그렇다면 청산가치가 아닌 저평가된 종목을 고를 때 사용되는 PBR을 어떻게 잘 활용할 수 있을까요? ROE return on equity, '자기자본이익률'을 함께 봐야 합니다. ROE는 투입한 자기자본이 얼마만큼의 이익을 만들어 내는지 설명해 주는 지표입니다.

예를 들어 자본금 100만 원을 투자한 회사가 버는 10만 원과 자본금 1000만 원을 투자한 회사가 버는 10만 원은 같은 10만 원처럼 보여도 생산성에서 차이가 납니다. 1000만 원을 투입해서 버는 10만 원보다 100만 원을 투입해서 버는 10만 원이 훨씬 큰 능률을 냅니다. 높은 ROE는 자산을 투입하여 효과적으로 돈을 벌고 있다는 뜻입니다.

낮은 PBR은 보유하고 있는 기업의 자산에 비해 기업가치가 저평가되어 있다는 말입니다. 자산에 심각한 문제가 있다면 저평가는 당연한 결과입니다. 높은 ROE에 효율적으로 돈을 벌고 있는데도 PBR이 낮다면 진정으로 저평가된 기업입니다. PBR이 낮은 종목을 찾았다면 ROE 값이 높은지 꼭 확인하시기 바랍니다.

PER과 PBR, ROE 세 지표의 관계는 매우 유기적입니다.

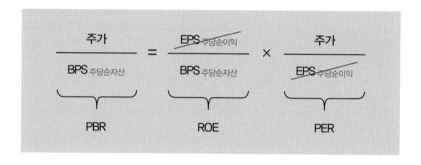

ROE는 PBR과 정비례하고 PER과는 반비례합니다. 기본적으로 ROE가 높은 주식은 PBR이 높고, ROE가 낮은 주식은 PBR이 낮다는 말과 같습니다. PBR과 ROE는 세트로 움직입니다. 저PER 종목을 사서 밸류 트랩에 빠지지 않으려면 이익이 늘어나는지를 확인해야 하듯이 저PBR 종목의 ROE가 너무 낮다면 자산의 효율성이 떨어지는 주식은 아닌지 확인해야 합니다. 효율성이 클수록 주당순이익이 커지는 게 당연하기 때문입니다. 다시 말씀드리지만, PBR은 낮고 ROE가 높은 종목이 저평가되어 있는 종목입니다. PBR과 ROE가 같이 낮다면 매력이 없습니다.

성장주를 평가하는 지표 PSR

———

모든 기업에서 이익이 나는 것은 아닙니다. 기업의 목적이 이윤을 내는 것이라지만 사업 초기에는 적자가 발생할 수 있습니다. 특히 성장주는 미래의 기업가치가 현재 주가에 반영되어 있는 것이므로 적자가 나는데도 주가는 높은 기업이 많습니다. 그래서 성장주는 PER이나 PBR로 판단하기 어렵습니다.

PSR은 Price Sales Ratio의 머리글자를 딴 것으로 '주가매출비율'입니다. 기업의 매출액에 대해서 시장이 얼마의 가치를 매기는지 알 수 있습니다. 주가를 주당매출액SPS으로 나눈 것입니다. 1주에 1만 원인 A주식의 1주당 매출액이 1만 원이라면 A 주식의 PSR은 1배가 됩니다.

$$PSR \text{ 주가매출비율} = \frac{\text{주가}}{SPS \text{ 주당매출액}} \Rightarrow \frac{10,000원 \text{ 주가}}{10,000원 SPS} = PSR \text{ 1배}$$

SPS sales per share
주당매출액. 기업이 한 해 동안 벌어들인 총매출액을 발행주식수로 나눈 값이다. 주식 1주당 얼마의 매출액을 벌어들이는지 알 수 있다. 주식수가 늘어나면 주당매출액이 낮아지고, 주식수가 줄어들면 주당매출액이 높아진다.

PSR은 성장주의 가치를 평가할 때 주로 사용합니다. 2021년, 쿠팡(CPNG)이 뉴욕시장에 화려하게 데뷔했습니다. 시가총액이 무려 100조 원에 달했는데요. 적자 기업 쿠팡이 그렇게 높은 평가를 받을 수 있었던 것은 매출액 증가 덕분이었습니다. 2016년, 1조 9159억 원이던 매출은 2020년, 13조 2500억 원까지 증가했습니다. 연평균 63%의 성장률이었습니다. 아마도 시장은 과거 아마존(AMZN)의 성장을 떠올렸을 것입니다. 아마존 역시 초장 기에는 이익이 얼마 되지 않은 고평가 주식이었습니다. 대부분의 이익을 재투자하며 매출을 키운 덕분에 2018년 폭증하는 결과를 얻게 되었습니다.

[2-11]에서 아마존의 PSR은 세 구간으로 나눠집니다. 2012~2014년 PSR 1.5~3배 미만 구간, 2015~2019년 PSR 3~3.4배 구간, 2020년 이후 3.5~4배 이상 구간입니다. 2013년 PSR이 2.46으로 과하게 오른 뒤 2014년에는 주가 조정을 경험했습니다. 2015년에 PSR이

2-11 아마존 주가와 PSR

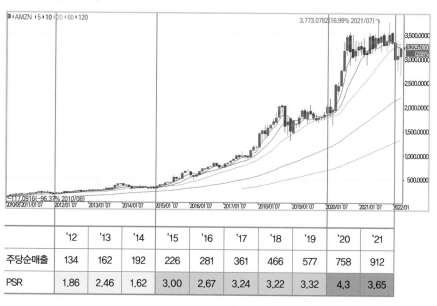

	'12	'13	'14	'15	'16	'17	'18	'19	'20	'21
주당순매출	134	162	192	226	281	361	466	577	758	912
PSR	1.86	2.46	1.62	3.00	2.67	3.24	3.22	3.32	4.3	3.65

한 단계나 올랐습니다. 2015년 이익이 크게 성장했기 때문입니다. 2015년 아마존의 영업이익은 1,154%나 성장하면서 PSR 멀티플multi-ple(적정가치)도 한 단계 올랐습니다. 비슷한 현상은 2020년에도 일어났습니다. 2020년 팬데믹으로 매출이 38% 성장하면서 주가에도 영향을 미쳤습니다.

성장주의 이익이나 자산을 평가하기가 어려워서 대안으로 PSR을 확인한다지만 매출로 기업 가치를 측정하는 것은 좀 불안합니다. 아무리 많이 팔았어도 남는 게 없다면 이윤 추구라는 목적에 맞지 않기 때문입니다.

매출액 50조 원 중 이익이 5000억 원인 기업과 매출액 5조 원 중 이익이 5000억 원인 기업이 있다면 통상적으로 후자를 더 훌륭한 회사라고 말할 수 있습니다. 만약 이익률이 개선된다면 50조 원을 버는 기업은 5조 원의 영업이익을 낼 수 있지만 5조 원을 버는 기업이 5조 원의 영업이익을 내기는 현실적으로 불가능합니다. 효율성은 중요한 부분입니다. 그러나 성장 가능성을 따진다면 매출 또한 무시할 수 없습니다. 이러한 측면에서 PSR 지표를 잘 활용하시기 바랍니다.

기술적 분석을 통해 걸러낸 종목의 PER, PBR 값이 동종 업계와 비교했을 때 높은지 낮은지 확인합니다. 성장 중인 기업이라 적자라면 PSR 값을 비교합니다. 주가가 잘 오르는데 평가도 높다면 좀 더 나아가서 높은 평가를 받을 만한 이유가 있는지 찾아보시기 바랍니다.

기본적 분석은 아무리 쉽게 말씀드리려 해도 어렵습니다. 자주 보는 방법밖에는 없습니다.

기업의 속사정은
재무제표로 파악한다

어렵고 힘들어도 꼭 봐야 하는 것이 있다

기업 경영과 관련된 재무상태를 파악하기 위해 작성하는 표를 재무제표라고 합니다. 기업회계기준에 따른 재무제표에는 '재무상태표(대차대조표)' '손익계산서' '현금흐름표' '주기 및 주석'이 있습니다. 재무제표를 읽기 위해서는 기본적인 회계학 지식이 필요합니다. 회계는 파고들면 들수록 자꾸만 내용이 늘어납니다. 그러므로 초보자 수준에서 꼭 알아야 할 내용만 다루려고 합니다.

회계 지식이 많으면 좋겠지만 공부에 들이는 노력이 과할 필요는 없습니다. 저 역시 경영학을 전공하면서 배운 지식이 전부입니다. 주식투자에서 회계학적 지식은 향수와 같아서 향을 맡는 것만으로도 충분합니다. 향수를 마실 필요까지는 없습니다. 재무제표가 매우 중요한 것은 사실이지만 회계사 수준의 지식까지 공부하지 않아도 괜찮습니다. 다시 말씀드리지만, 기초적인 내용만 알고 있어도 주식에 투자하는 데는 무리가 없고 세부적인 분석이 필요하다면 투자하면서 해당 내용만 더 공부하면 됩니다. 그러니 너무 겁먹지 마시고 앞으로 나오는 재무제표 세 가지만 반드시 살펴보시기 바랍니다.

기업의 안정성을 확인할 수 있는 재무상태표

재무상태표balance sheet는 일정 시점에서 기업이 보유하고 있는 재무상태를 나타내는 표입니다. 재무상태표는 '자산asset'과 '부채liability' '자본equity'으로 구성되어 있습니다. 부채와 자본을 합치면 자산이 됩니다.

재무상태표는 기업이 현재 가지고 있는 현금, 부채, 현금 외 자산의 규모를 확인할 수 있습니다. 또 기업의 안정성을 파악할 수 있는 귀중

2-12 **재무상태표**

자산	유동자산	부채	유동부채
			비유동부채
	비유동자산	자본	자본금
			자본잉여금
			이익잉여금

한 자료입니다.

재무상태표에서 가장 중요한 부분은 유동성liquidity*
과 부채입니다. 유동성이 충분한지 부채가 많은지를
살펴보는 이유는 다음과 같습니다. 자산이 아무리 많
더라도 현금이 없는 회사는 갑자기 이자를 상환하지
못해 흑자도산*하는 경우가 생길 수 있고, 빚이 많은
회사는 경기가 어려워졌을 때 이자를 상환하지 못해
파산할 수 있습니다.

재무상태표의 자산과 부채는 현금화하기 쉬운 순
서대로 적습니다. 즉 유동성이 높은 자산이나 부채를
가장 먼저 씁니다. 곧 만기가 도래하는 1년짜리 적금은 10년 만기 적
금보다 유동성이 높고, 1년 안에 갚아야 할 부채는 10년 안에 갚아야
할 부채보다 유동성이 높습니다.

유동성이 적당해야 기업에 도움이 됩니다. 너무 높아서도 안 되고
낮아서도 안 됩니다. 1년 안에 갚아야 하는 단기차입금의 비율이 높으
면 조만간 다가올 부채의 만기를 감당하지 못할 수도 있어 위험합니
다. 반대로 유동성이 높은 단기금융자산이나 현금성 자산이 많은 회
사는 안전하지만 수익성이 뒷받침되지 못한다고 해석할 수 있습니다.
기업이 설비투자 활동을 통해서 성장하기보다 은행에 잉여 자금을 예
치해 놓기만 한다면 자기자본(기업의 고유 재산) 활용성이 떨어집니다.
그러므로 재무상태표에서 단기차입금이나 현금성자산이 너무 많거나
적은 건 아닌지 살펴야 합니다.

유동성
기업이 필요할 때 자산을
현금으로 전환할 수 있는
능력이다. 1년 만기 예금
은 3년 만기 예금보다 빨
리 현금화할 수 있어서
유동성이 더 높다.

흑자도산
영업실적이 좋고 재무상
태도 좋은 기업이 자금 융
통이 되지 않아서 부도가
나는 현상이다. 단기부채
를 상환하기 위한 충분한
현금이 없어서 파산한다.

재무상태표에서 부채는 기업의 어떤 정보를 알려줄까요? 수익성도 좋고 성장성도 높은데 부채가 많은 기업이라면 투자해도 될까요? 이런 기업이라면 의심해야 합니다. 부채는 경기가 좋을 때는 기업을 확장할 수 있는 좋은 수단이지만, 경기가 나쁠 때 자칫 독이 될 수 있습니다.

2006년 경기가 활황일 때 금호그룹이 당시 시공능력 평가 1위였던 대우건설을 6조 4000억 원에 인수했습니다. 배보다 배꼽이 더 크다는 평가가 있었습니다. 당시 6조 4000억 원 중 2조 9000억 원을 차입하고 나머지는 연기금이나 사모펀드를 통해서 조달했습니다. 공교롭게도 2008년에 금융위기가 닥치면서 금호그룹은 과도한 차입이 원인이 되어 2009년 금호건설과 금호타이어가 워크아웃*에 들어가는 위기에 처했습니다. 재무상태표를 상세히 분석하지 못하더라도 부채가 자본에 비해 너무 많은 건 아닌지 필수적으로 확인해야 하는 예시였습니다.

워크아웃 workout
흔히 기업의 재무구조 개선 작업의 의미로 사용된다. 채무자의 계약불이행 시 파산을 막기 위해 채무자, 채권자 양측이 해결 방법을 찾는 행위이다.

성장성이 높더라도 부채비율(자산에서 부채가 차지하는 비율)이 업종 평균보다 현저하게 높은 기업에 대한 투자는 깊이 고민해야 합니다. 절대 망하지 않는 기업은 없기 때문입니다.

그런데 부채비율이 높은 기업보다 더 위험한 기업이 있습니다. 자본금이 감소하는 기업입니다. 자본금이 감소하는 기업은 피하는 게 좋습니다. 적자가 쌓이면 자본금이 감소합니다. 자본 항목은 '자본금' '자본잉여금' '이익잉여금'으로 구분됩니다. 기업을 상장할 때 주식

IFRS(연결)	2018/12	2019/12	2020/12	2021/12
자본	2,477,532	2,628,804	2,759,480	3,048,999
지배기업주주지분	2,400,690	2,549,155	2,676,703	2,962,377
자본금	8,975	8,975	8,975	8,975
신종자본증권				
자본잉여금	44,039	44,039	44,039	44,039
기타자본	599	604	267	868
기타포괄손익누계액	−79,913	−50,293	−87,260	−22,152
이익잉여금(결손금)	2,426,990	2,545,829	2,710,682	2,930,648
비지배주주지분	76,842	79,649	82,777	86,622

발행으로 발생한 이익이 자본잉여금이고, 매년 기업활동에서 벌어들인 돈이 이익잉여금입니다.

  기업에 손실이 발생하면 이익잉여금과 자본잉여금이 감소합니다. 이익잉여금과 자본잉여금이 더 이상 남지 않았을 때 기업을 설립하면서 투자한 자본금이 줄어드는 데 이를 자본 잠식이라고 합니다. 자본 잠식 상태의 기업은 오래 유지되기 어렵습니다. 자본 잠식은 상장 폐지 요건 중 하나입니다. 자본금이 계속 감소하는 기업은 반드시 피해야 합니다.

삼성전자 재무상태표 살펴보기

[2-14] 삼성전자의 재무상태표를 가지고 유동자산과 유동부채를 얼마나 효율적으로 쓰는지, 부채비율은 적절한지, 자본금이 감소하고 있는 건 아닌지 등 기본적인 내용을 확인해 보도록 하겠습니다.

2-14 삼성전자 재무상태표

단위: 억 원

IFRS(연결)	2018/12	2019/12	2020/12	2021/09
자산	**3,393,572**	**3,525,645**	**3,782,357**	**4,104,207**
유동자산	1,746,974	1,813,853	1,982,156	2,127,930
재고자산	289,847	267,665	320,431	378,017
유동생물자산				
유동금융자산	705,994	818,937	952,703	875,659
매출채권및기타유동채권	369,485	393,105	345,696	471,006
당기법인세자산				
계약자산				
반품(환불)자산				
배출권				
기타유동자산	78,243	65,286	60,206	76,497
현금및현금성자산	303,405	268,860	293,826	326,750
매각예정비유동자산및처분자산집단			9,294	
비유동자산	1,646,598	1,711,792	1,800,201	1,976,277
유형자산	1,154,167	1,198,255	1,289,529	1,430,294
무형자산	148,916	207,035	184,685	207,536
비유동생물자산				
투자부동산				
장기금융자산	83,151	99,697	137,782	143,084
관계기업등지분관련투자자산	73,132	75,916	80,768	88,695
장기매출채권및기타비유동채권	12,645	7,576	4,870	
이연법인세자산	54,680	45,050	42,750	39,281
장기당기법인세자산				
계약자산				
반품(환불)자산				

배출권				
기타비유동자산	119,907	78,263	59,818	67,387
기타금융업 자산				
부채	**916,041**	**896,841**	**1,022,877**	**1,136,546**
유동부채	690,815	637,828	756,044	818,720
단기사채				
단기차입금	135,867	143,935	165,534	151,171
유동성장기부채	334	8,461	7,161	12,716
유동금융부채				
매입채무및기타유동채무	404,824	409,777	469,431	530,506
유동종업원급여충당부채				
기타단기충당부채	43,840	40,686	43,496	55,899
당기법인세부채	87,201	13,878	44,303	43,801
계약부채				
반품(환불)부채				
배출부채				
기타유동부채	18,750	21,091	22,731	24,626
매각예정으로분류된처분자산집단에포함된부채			3,387	
비유동부채	225,226	259,013	266,834	317,826
사채	9,620	9,753	9,481	5,141
장기차입금	350	21,972	19,997	21,667
비유동금융부채	501			
장기매입채무및기타비유동채무	31,940	21,842	16,829	31,826
비유동종업원급여충당부채	5,041	4,708	4,645	5,580
기타장기충당부채	6,636	6,111	10,514	15,270
이연법인세부채	151,625	170,538	188,108	224,880
장기당기법인세부채				
계약부채				
반품(환불)부채				
배출부채				
기타비유동부채	19,513	24,089	17,259	13,462
기타금융업부채				
자본	**2,477,532**	**2,628,804**	**2,759,480**	**2,967,661**
지배기업주주지분	2,400,690	2,549,155	2,676,703	2,883,312
자본금	8,975	8,975	8,975	8,975
신종자본증권				
자본잉여금	44,039	44,039	44,039	44,039
기타자본	599	604	267	685
기타포괄손익누계액	−79,913	−50,293	−87,260	−18,657
이익잉여금(결손금)	2,426,990	2,545,829	2,710,682	2,848,270
비지배주주지분	76,842	79,649	82,777	84,349

2021년 3분기 기준 부채는 113조 원이고 자본은 296조 원입니다. 부채비율은 38%대로 매우 안정적입니다. 과거 1998년 IMF 시절 정부는 기업들에게 부채비율을 200%까지 낮추라는 가이드를 제시하기도 했습니다. 보통 주식시장에서는 일반 기업의 부채비율이 200% 이하면 안정적이라고 봅니다. 재무상태표에 부채라고 기록되어 있기는 하지만 우리가 알고 있는 실제 부채의 개념은 아닙니다. 매입채무 및 미지급금, 미지급비용이 많고, 단기차입금은 15조 원, 장기차입금은 2조 원입니다. 일반적으로 삼성전자처럼 재무구조가 안정적인 기업은 많지 않습니다. 부채비율로 판단했을 때 삼성전자는 투자하기 적합합니다.

다음으로 보유한 현금성 자산을 보겠습니다. 삼성전자의 유동자산 중 유동성이 높은 유동금융자산은 87조 원이고 현금 및 현금성자산은 32조 원으로 약 120조 원입니다. 전체 자산 410조 원 중에서 30%가 넘는 자산이 현금에 가까운 자산입니다. 이렇듯 현금성자산이 많기 때문에 삼성전자가 M&A(기업의 인수와 합병)를 통해서 새로운 투자처를 찾거나 주주를 위한 배당률을 늘릴 필요가 있다고 주장하는 것입니다. 현금은 안전하지만 주주나 기업을 위해서 어떠한 이익도 만들어 내지 못합니다.

마지막으로 삼성전자의 자본은 지속적으로 불어나고 있습니다. 자본금과 자본잉여금은 그대로지만 기업활동에서 발생하는 이익이 꾸준히 늘어나면서 이익잉여금이 증가하고 자본도 많아집니다. 커지는 자본을 통해 기업의 규모가 성장하고 있다는 사실을 확인할 수 있습니다.

부채, 현금성자산, 자본금은 재무상태표에서 반드시 확인해야 하는 부분입니다. 투자하기 전 주의 깊게 살펴보시기 바랍니다.

얼마 버는지 알고 싶다면, 손익계산서를 보라!

손익계산서income statement는 기업이 영업활동을 통해서 벌어들인 수익과 비용을 기록합니다. 일반적으로 '매출total revenue' '영업이익operating income' '당기순이익net income'으로 구성되어 있습니다. 영업활동으로 발생한 수익과 비용을 파악하여 수익성을 알 수 있습니다. 기업은 이윤을 추구하기 위해 모인 집단입니다. 손익계산서는 기업이 목적과 소임을 다하고 있는지를 명확하게 알려 주는 수단이 됩니다. 손익계산서를 통해 적자가 나는 기업만 피해도 큰 손실을 면할 수 있습니다.

손익계산서에서는 매출과 영업이익, 당기순이익 세 가지를 중점적으로 봐야 합니다. 매출에서 비용을 차감해 나가면서 순이익을 구합니다. 매출에서 영업과 관련된 비용인 판매비와 관리비를 빼면 영업이익이 나옵니다. 영업이익에서 금융비용과 같이 영업과 관련 없는 비용을 차감하면 세전순이익입니다. 세전순이익에서 법인세를 제하고 나면 당기순이익을 구할 수 있습니다.

손익계산서를 볼 때는 추이가 핵심입니다. 한 해 순이익이 반짝 좋은 기업보다 꾸준히 이익이 발생하는 기업을 찾아야 합니다. 사업보고서를 직접 찾는 게 번거롭다면 HTS에서 제공하는 자료에서라도 3년

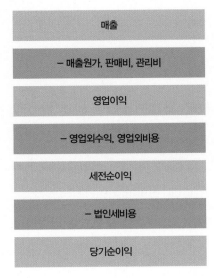

매출
− 매출원가, 판매비, 관리비
영업이익
− 영업외수익, 영업외비용
세전순이익
− 법인세비용
당기순이익

간 꾸준히 수익을 내고 있는지 확인해 볼 필요가 있습니다. [2-16] 리노공업(058470)의 손익계산서를 보면 3년 동안 매출과 이익이 꾸준하게 증가합니다. 리노공업은 2018년 5만 6,700원이었던 가격이 2021년 1월 말 19만 8,300원까지 250% 상승했습니다.

상장기업은 분기 단위로 실적을 발표합니다. 분기 실적을 확인하는 이유는 계절에 따라 이익이 달라지는 기업 때문입니다. 예를 들어 스마트폰 부품주는 애플이나 삼성전자의 신제품이 나오는 분기에 실적이 크게 증가하고 그 외에는 고전을 면치 못합니다. 이러한 영향력을 판단하기 위해 분기 단위로 실적을 나누기도 합니다.

2-16 리노공업 손익계산서

IFRS(개별)	2018/12	2019/12	2020/12	2021/12	전년동기	전년동기(%)
매출액	1,504	1,703	2,013	2,802	2,013	39.2
매출원가	824	962	1,126	1,489	1,126	32.3
매출총이익	680	742	888	1,312	888	47.8
판매비와관리비	105	100	109	141	109	29.7
영업이익	575	641	779	1,171	779	50.4
영업이익(발표기준)	575	641	779	1,171	779	50.4
금융수익	18	28	20	18	20	−12.1
금융원가	0	0	0	0	0	1.2
기타수익	58	58	46	223	46	381.4
기타비용	20	17	110	23	110	−79.1
종속기업, 공동지배기업 및관계기업관련손익						
세전계속사업이익	631	710	736	1,389	736	88.8

[2-17]은 LG이노텍의 2016년 분기 실적입니다. 2분기에 300억 원이 넘게 적자가 났지만 4분기에는 1000억 원이 넘는 영업이익을 발표했습니다. 이유가 무엇이었을까요? LG이노텍의 주요 고객사인 애플의 아이폰 신제품 출시 시기 때문입니다. 4분기에 신제품을 발표 했기 때문에 실적이 올랐습니다. 그 외의 분기에는 비용만 반영되어 부진한 실적을 기록할 수밖에 없었습니다.

2-17 LG이노텍 2016년 분기 실적

단위: 억 원

	1Q16	2Q16	3Q16	4Q16
매출	11,950	11,204	13,845	20,547
영업이익	4	-340	206	1,178

매출과 영업이익, 당기순이익 중에 무엇이 가장 중요한지 궁금해 하는 투자자들이 많습니다. 전부 중요하고 각각의 역할이 있지만 실제로 기업이 벌어들이는 돈을 확인하려면 당기순이익을 봐야 합니다. 한 해 동안 발생한 모든 비용을 차감하고 남은 순수한 이익이 당기순이익이기 때문에 중요성이 매우 큽니다. 그러나 기업이 실제 영업활동으로 번 돈인지 아니면 가지고 있던 땅을 팔아서 돈이 늘어난 것인지 손익계산서 숫자만으로는 확인할 길이 없습니다. 그래서 저는 당기순이익보다 영업활동으로 벌어들인 영업이익을 좀 더 신뢰합니다.

매출에서 영업이익, 당기순이익으로 목록이 내려갈수록 영업과 관련 없는 다양한 요인이 끼어들기 때문에 회계 분식粉飾을 할 수 있는 요소들이 늘어납니다. 분식이란 가루 분粉, 꾸밀 식飾자를 써서 회계 데이터를 보기 좋게 치장한다는 의미입니다. 영업활동으로 돈을 벌지 못해서 몇 년간 적자였던 기업이 보유하던 토지를 매각해서 이익이 났다면 긍정적인 결과라고 할 수 있을까요? 오히려 회사가 위기에 처했다는 신호가 될 수 있습니다. 실제 벌어들인 당기순이익보다 영업활동을 통해서 벌어들인 영업이익이 기업을 판단할 때 더 요긴한 기준이 될 수 있는 이유입니다.

최근 들어 성장주들이 시장을 주도하면서 매출 증가가 중요한 요소로 꼽히고 있습니다. 많은 성장기업이 과감한 투자를 통해서 매출을 끌어올리고 어느 정도 시장에서 과점적 지위를 얻고 나면 이익률을 높이는 전략을 택합니다. 높은 점유율을 가진 기업의 경우 매출만 잘 증가하면 비용 통제cost control를 시작하여 언제든 이익을 창출할 수 있기 때문입니다.

매출은 순이익이나 영업이익보다 속이기 어렵습니다. 결국 살펴봐야 하는 항목은 매출과 영업이익입니다. 매출이 꾸준하게 증가하는 기업의 영업이익이 흑자전환 하거나 크게 늘기 시작하는 시점을 파악하는 게 우리의 목표입니다. 성장의 대표 주자라 할 수 있는 아마존의 최근 10년간 매출과 영업이익을 보면 이해하기 쉽습니다.

2-18 아마존 2011~2021년 매출과 영업이익 변화

단위: 천 달러

	매출	매출 증감률(%)	영업이익	영업이익 증감률(%)
'11	48,077		862	
'12	61,093	27	676	−22
'13	74,452	22	745	10
'14	88,988	20	178	−76
'15	107,006	20	2,233	1,154
'16	135,987	27	4,186	87
'17	177,866	31	4,106	−2
'18	232,887	31	12,421	203
'19	280,522	20	14,541	17
'20	386,064	38	22,899	57
'21	469,822	22	24,879	9

아마존의 연간 매출과 영업이익 성장률에는 차이가 있습니다. 매출은 20, 30%가량 꾸준히 증가하지만, 영업이익은 적게는 76%나 감소했다가 1,154% 증가하는 등 변화가 무척 심했습니다. 이익은 매년 변하지만 매출은 꾸준히 성장하고 있습니다. 당장의 이익보다는 매출 성장에 더 신경을 쓰는 것이 보입니다. 주가도 이익보다는 매출에 영향을 많이 받았습니다.

[2-19]에서 보면 매출성장률이 20% 아래로 감소한 2014년과 2019년에는 주가도 부진한 모습을 확인할 수 있습니다. 2015년 이전 아마존은 매우 고평가된 주식이었습니다. 매출은 높지만 이익이 크지 않은 PER이 200배 이상 되는 매우 비싼 종목이었습니다. 하지만 2015년에 이익이 10배 이상 급성장하면서 PER은 정상수준으

2-19 **아마존 장기차트**

로 낮아지기 시작했습니다. 이에 따라 주가도 빠르게 상승했습니다. 2015년 이후 6년간 10배 넘는 상승을 기록했습니다. 성장주 관점으로 손익계산서를 본다면 이익보다는 매출의 증가가 더 중요하다는 것을 아마존의 예시를 통해 알 수 있습니다.

또 하나 대표적인 사례는 테슬라(TSLA)입니다. 테슬라가 적자에서 흑자전환 되기 시작한 2020년 한 해 동안 주가가 600% 이상 상승했습니다. 물론 유동성이나 시장 상황 등을 다양하게 고려해야 하지만 매출이 꾸준하게 증가하여 적자에서 흑자로 전환되는 시기가 성장주의 투자 타이밍이란 점에는 이견이 없을 듯합니다.

손익계산서에서 순이익은 중요한 항목이지만 매출과 영업이익이 더 중요합니다. 매출보다 영업이익이 중요하다는 것은 더 말씀드리지 않아도 될 듯합니다. 단, 성장주는 매출이 꾸준하게 증가해서 외형이 커지는지도 잘 보시기 바랍니다.

중요하지 않아 보이지만 중요한 현금흐름표

기업은 순이익과 현금흐름을 구분합니다. 재고자산을 평가하면서 손익이 발생하기도 하고, 감가상각비를 측정하여 기록해야 하기 때문입니다. 현금흐름표는 기업이 가지고 있는 현금이 얼마인지를 기록합니다. 현금흐름표는 '영업활동으로 인한 현금흐름' '투자활동으로 인한 현금흐름' '재무활동으로 인한 현금흐름'으로 구성되어 있습니다. 세

가지 현금흐름의 변화에 따라 기업의 이익이 증가하는지, 빚이 늘어나는지, 투자를 집행하며 성장하고 있는지를 알 수 있습니다.

현금흐름표는 재무상태표나 손익계산서와 비교했을 때 활용성이 떨어지지만 기업이 미래에 성장을 택하는지, 상태를 유지하는지 등의 방향성과 전략을 확인할 수 있는 재무제표이기 때문에 꼭 확인하고 넘어가야 합니다.

'영업활동으로 인한 현금흐름'은 당기순손익에서 현금 유출입이 없는 비용을 가감해 줍니다. 현금 유출입이 없는 비용이란 무엇일까요? 재무제표상의 비용 중 실제로 돈이 빠져나가지 않았지만 빠져나갔다고 처리하는 비용을 말합니다. 감가상각비*가 대표적입니다.

예를 들어 4000만 원짜리 차를 구매했을 때 5년을 사용한다고 가정하면 향후 5년간 매년 800만 원씩 비용처리를 합니다. 하지만 실제로 800만 원의 현금이 사라진 것은 아닙니다. '회계상으로만' 비용으로 처리한 것입니다. 이로 인해 회계상 비용과 현금흐름 사이에 차이가 발생합니다. 이러한 비용을 당기순이익에서 가감해 주면 실제로 영업을 통해서 벌어들인 현금을 계산할 수 있습니다.

감가상각비
설비된 시설이나 기계는 시간이 지나면서 노후화하여 가치가 하락한다. 이렇게 감소한 가치를 비용으로 처리하여 해당 회계연도에 부담하는 회계상의 처리이다.

영업활동으로 인한 현금흐름은 무조건 증가해야 좋습니다. 기업의 영업활동으로 인한 현금흐름이 장기적으로 감소한다면 장사를 하면 할수록 손해가 난다는 의미이기 때문에 투자해서는 안 됩니다.

'투자활동으로 인한 현금흐름'은 기업이 투자하면서 늘어나거나 줄어든 현금을 말합니다. 건물을 사거나 기계장치를 사면 투자활동으로 인한 현금흐름은 감소합니다. 반대로 가지고 있던 투자자산을 매각해서 현금을 확보했다면 투자활동으로 인한 현금흐름이 증가합니다. 기본적으로는 투자활동으로 인한 현금흐름이 감소하는 기업을 성장하는 기업이라고 볼 수 있습니다. 가지고 있는 건물이나 기계장치들을 팔아서 현금을 마련하는 기업은 쇠퇴기에 들어선 기업일 가능성이 있습니다. 현금이 증가한다고 무작정 좋아할 일은 아닙니다.

'재무활동으로 인한 현금흐름'은 기업의 재무활동을 통한 현금의 증감을 알려줍니다. 은행에서 자금을 빌리면 재무활동으로 인한 현금흐름이 증가하고, 은행에서 빌렸던 부채를 갚으면 재무활동으로 인한 현금흐름이 감소합니다. 재무활동으로 인한 현금흐름이 감소하면 기업의 재무상태가 좋아진다고 평가할 수 있고, 반대로 재무활동으로 인한 현금흐름이 증가할 때는 상황이 긍정적일 수도 부정적일 수도 있습니다. 은행에서 자금을 빌려 영업을 위한 투자를 한다면 긍정적인 것으로 볼 수 있습니다. 그러나 돈이 없어서 직원들 줄 급여를 빌리는 것이라면 큰일입니다. 재무활동으로 인한 현금흐름이 증가한다면 투자활동을 하고 있는지부터 확인해야 합니다.

현금흐름표를 보고 기업의 현재 상황을 파악해 보겠습니다. [2-20]상 투자 관점에서 긍정적인 기업은 2, 3, 4번입니다.

2번 기업은 본업에서 현금이 발생하고 필요 없는 설비를 매각해 차입금을 상환하거나 배당을 늘리는 기업입니다. 중기적으로 배당이 늘어날 가능성이 있는 안정적인 기업이라 긍정적인 투자처가 될 수 있

	영업	투자	재무	의미	특징
1	+	+	+	본업 양호, 유휴설비 매각, 증자 또는 차입	신사업 투자
2	+	+	−	본업 양호, 유휴설비 매각, 배당 또는 차입금 상환	배당주
3	+	−	+	본업 양호, 투자 진행, 차입 또는 증자	성장기업
4	+	−	−	본업 양호, 투자 진행, 차입금 상환	우량기업
5	−	+	+	본업 악화, 설비 매각, 차입 또는 증자	최악
6	−	+	−	본업 악화, 설비 매각, 배당 또는 차입금 상환	청산
7	−	−	+	본업 악화, 투자 진행, 차입 또는 증자	신생기업
8	−	−	−	본업 악화, 투자 진행, 배당 또는 차입금 상환	신사업 투자

습니다. 하지만 새로운 사업을 찾지 못해 본업의 수익성이 낮아지면 배당도 줄어들 수 있으므로 아주 좋다고 보기는 어렵습니다.

3번 기업은 본업도 양호하고 성장하고 있어서 차입을 통해서 투자를 지속해 나가는 기업입니다. 이 기업은 성장 중이기 때문에 중·장기적으로 투자하기 좋습니다.

4번 기업은 돈도 잘 벌고 투자도 진행하는데 그래도 현금이 남아 차입금까지 상환하는 기업입니다. 성장이 거의 끝나가는 우량기업의 현금흐름이 보통 4번의 모습을 보입니다.

그 외는 단점이 한두 개씩 보여서 투자가 망설여지는 기업입니다. 1번은 본업이 조금씩 쇠퇴해서 설비를 매각했습니다. 투자현금흐름이 증가하고, 재무현금이 증가하는 것으로 보아 신新사업에 투자하는 것으로 보입니다. 신사업 성공 여부에 따라 기업의 연속성이 보장될 것입니다. 5번 기업은 최악의 기업으로 피해야 합니다. 본업에서 손실이 발생하고 현금이 필요하여 보유 설비도 매각했습니다. 돈이 필요해 차입까지 늘어나는 그야말로 손대면 안 되는 기업입니다. 그 외에는 청산절차를 진행하는 기업이거나 신생기업인데 본업이 부진하다는 점이 투자를 결정하는 데 방해요인이 됩니다.

재무제표를 통달하기란 어렵습니다. 하지만 기초에만 충실해도 큰 위험은 면할 수 있습니다. 재무상태표에서 부채가 동종 기업에 비해 많은 것은 아닌지, 손익계산서에서 적자가 나지는 않는지, 현금흐름표에서는 [2-20]의 2~4번에 해당하는 종목인지 살펴본다면 후회하는 일은 벌어지지 않을 것입니다.

사업보고서 파헤치기:
기업의 자기소개서를 보면 기업이 보인다

사업보고서는 그 어떤 애널리스트의 보고서보다 더 훌륭하다!

투자를 결정하기 전 사업보고서도 확인해야 할 것 중 하나입니다. 사업보고서는 주식을 발행한 기업이 사업내용과 재무상태에 관한 내용을 작성하고 정기적으로 제공하여 투자자들이 합리적인 의사 결정을 할 수 있도록 도와줍니다.

차트 검색을 통해 투자할 만한 기업을 고르고 난 후 그 기업에 대한 정보를 수집하기 위해서 재무정보를 분석하며 시장에서 기업의 가치가 어떻게 평가되는지도 알았습니다. 그다음으로는 기업만의 특색 있는 정보가 필요합니다. 주가가 오르고 있고 재무적으로 안정적이더라도 그것만으로는 부족합니다. 어떤 사업으로 수익을 내고 사업 전망은 어떤지까지 알려면 사업보고서를 봐야 합니다.

증권사에서 발간한 분석 리포트는 대부분 대형주를 다룹니다. 중·소형주는 없는 경우가 많습니다. 걱정하지 않아도 됩니다. 사업보고서를 꼼꼼히 읽으면 기업의 현재 상황과 미래를 알 수 있습니다. 만약 읽으면서 궁금한 내용이 있었다면 미리 질문을 준비하여 기업 IR investor relations * 담당자와 통화를 해볼 수도 있습니다. 사업보고서 분석만으로 기업에 대한 이해도를 크게 높일 수 있습니다.

> **IR**
> 기업설명활동. 기업이 시장에서 정당한 평가를 얻기 위하여 투자자들을 대상으로 실시하는 홍보 활동을 말한다. 기업의 경영 활동이나 관련된 각종 정보를 제공하며 우량성을 확보한다.

사업보고서 읽기

기업의 사업보고서는 '금융감독원 전자공시시스템dart.fss.or.kr'에서 누구나 검색할 수 있습니다. [2-21]은 전자공시시스템의 홈 화면입니다. 기업 이름을 입력하고 '정기공시'를 선택하면 메뉴가 확장됩니다. '사업보고서' '반기보고서' '분기보고서'를 선택하고 검색 버튼을 누르면 최근 접수일자 순서로 보고서가 나오는 것을 볼 수 있습니다. 가장 최근의 보고서를 선택합니다.

처음 사업보고서를 마주하면 거부감부터 듭니다. '사업보고서라니요?! 목차는 왜 이렇게 긴지, 단어는 왜 이렇게 어려운 것인지, 숫자를 보니 너무 어지럽습니다. 무엇이 중요한지도 잘 모르겠고요. 자세히

본 적은 없지만 어려울 것 같습니다.' 이렇게 생각하는 초보 투자자들이 많을 것입니다. 그래서 저의 경험에 비추어 꼭 봐야 할 부분만 짚어드리겠습니다. 사실은 모든 내용이 중요해서 처음부터 끝까지 일독을 권하고 싶습니다. 시간적 여유가 허락되지 않는 분들을 위해서 그래도 이 정도는 꼭 보셨으면 하는 부분만 말씀드리겠습니다.

사업보고서는 'Ⅰ. 회사의 개요' 'Ⅱ. 사업의 내용' 'Ⅲ. 재무에 관한 사항 순서'로 작성되어 있습니다. 기업은 금융감독원이 요구하는 내용에 반드시 부합하도록 보고서를 작성합니다. 따라서 어떤 기업의 보고서이든 목차의 구성은 같습니다. 보고서를 통해서 우리가 꼭 확인해야 할 사항은 두 가지입니다. ① 신규로 발행될 주식이 있는지, ② 어떤 사업을 영위하는 기업인지 봅니다. 다른 내용은 HTS로도 간편하게 확인할 수 있지만 이 두 가지는 사업보고서가 가장 자세히 말해 주므로 놓쳐서는 안 됩니다.

회사의 개요에서는 오버행 이슈를 본다!

'Ⅰ. 회사의 개요'에는 주소, 연혁, 계열사 현황과 함께 주식발행수에 대한 내용이 들어 있습니다. 우리가 중요하게 볼 내용은 [2-22]에서처럼 회사의 개요 3번 항목인 '자본금 변동사항'입니다. 사업보고서를 찾은 이유는 일차적으로 기업을 깊이 이해하기 위해서이지만 증권사에서 주목하지 않는 작은 종목을 스스로 분석하기 위한 목적이 가장 큽니다.

만약 기업 규모가 작은 종목에 전환사채 CB. convertible bond *나 신주인수권부사채 BW. bond with warrant *가 발행되어 있다면 재무상태가 좋지 않은 기업일 가능성이 큽니다. 일반적으로 채권시장에서 채권을 발행할 때 재무상태가 좋지 않아 이자를 많이 지급해야 하는 기업이 있습니다. 이때 기업은 이자 비용을 줄이기 위해서 일정 기간이 지나면 주식으로 지급한다는 조

전환사채
사채의 성격과 주식의 성격 모두를 가진 채권이다. 일정 기간이 지나 채권의 만기가 도래하면 주식으로 전환할 수 있는 권리가 생긴다. 주식으로 전환하기 전에는 사채로서 이자를 얻고, 주식으로 전환한다면 주가와 차이로 이익을 얻을 수 있다.

신주인수권부사채
미리 정해진 가격으로 일
정액의 신주(새로 발행한
주식)를 인수할 수 있는
권리가 붙은 채권이다. 전
환사채CB는 주식으로 전
환하면 사채가 소멸되지
만, 신주인수권부사채는
인수권 행사로는 인수권
만 소멸되고 사채 부분은
계속 효력을 갖는다.

건을 달고 낮은 이자율로 전환사채나 신주인수권부
사채를 발행합니다. 추후 사채가 주식으로 전환되면
서 시장에 유통되는 주식 물량이 늘어나면 주식 가
격이 내려가는 등 기존 주주 가치가 훼손될 수 있습
니다. 그래서 전환사채나 신주인수권부사채 발행을
한 기업은 될 수 있으면 피하는 게 좋습니다.

2020년 해상 및 육상 운송 업계도 코로나19의 영
향을 피하지 못했습니다. 그러나 다른 업계와 반대로
해운 운임이 급속도로 인상되면서 주가가 크게 상승했습니다. 이때
우리나라 해운기업인 HMM(011200)의 주가도 변동이 있었습니다.
주가가 오르면서 HMM이 발행한 전환사채와 신주인수권부사채가 주
목을 받았습니다. 과거 구조조정 과정에서 자금이 부족했던 HMM은
전환사채와 신주인수권부사채를 발행하여 자금을 조달했는데 주가가
오르자 문제가 되기 시작한 것입니다. 저가에 발행한 전환사채와 신
주인수권부사채가 주식으로 전환되면서 주가 하락을 유발했기 때문
입니다.

[2-22]는 HMM 2020년 사업보고서 중 전환사채를 발행한 내역
입니다. 전체 전환사채는 5억 7800만 주나 발행되어 있었고 2021년
6월 30일 자로 만기가 돌아오는 전환사채가 6000만 주나 됐습니다.
당시 유통되고 있던 주식수가 3억 2600만 주였기 때문에 유통주식보
다 훨씬 많은 5억 7800만 주의 전환사채는 주가에 부담이었습니다.
2021년 6월 HMM의 최고가는 5만 1,100원이었습니다. 그런데 신규

2-22 HMM 2020년 사업보고서 자본금 변동사항 중 전환사채 발행 내역

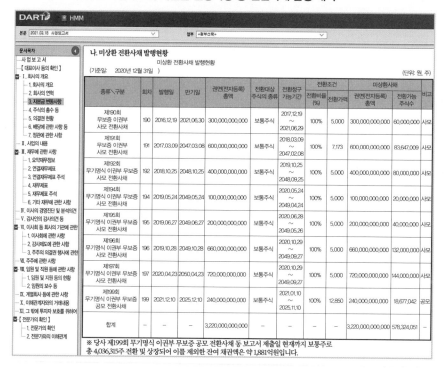

나. 미상환 전환사채 발행현황

미상환 전환사채 발행현황

(기준일: 2020년 12월 31일)

(단위: 원, 주)

종류\구분	회차	발행일	만기일	권면(전자등록) 총액	전환대상 주식의 종류	전환청구 가능기간	전환조건 전환비율 (%)	전환조건 전환가액	미상환사채 권면(전자등록) 총액	미상환사채 전환가능 주식수	비고
제190회 무보증 이권부 사모 전환사채	190	2016.12.19	2021.06.30	300,000,000,000	보통주식	2017.12.19 ~ 2021.06.29	100%	5,000	300,000,000,000	60,000,000	사모
제191회 무보증 이권부 사모 전환사채	191	2017.03.09	2047.03.08	600,000,000,000	보통주식	2018.03.09 ~ 2047.02.08	100%	7,173	600,000,000,000	83,647,009	사모
제192회 무기명식 이권부 무보증 사모 전환사채	192	2018.10.25	2048.10.25	400,000,000,000	보통주식	2019.10.25 ~ 2048.09.25	100%	5,000	400,000,000,000	80,000,000	사모
제194회 무기명식 이권부 무보증 사모 전환사채	194	2019.05.24	2049.05.24	100,000,000,000	보통주식	2020.05.24 ~ 2049.04.24	100%	5,000	100,000,000,000	20,000,000	사모
제195회 무기명식 이권부 무보증 사모 전환사채	195	2019.06.27	2049.06.27	200,000,000,000	보통주식	2020.06.28 ~ 2049.05.26	100%	5,000	200,000,000,000	40,000,000	사모
제196회 무기명식 이권부 무보증 사모 전환사채	196	2019.10.28	2049.10.28	660,000,000,000	보통주식	2020.10.29 ~ 2049.09.27	100%	5,000	660,000,000,000	132,000,000	사모
제197회 무기명식 이권부 무보증 사모 전환사채	197	2020.04.23	2050.04.23	720,000,000,000	보통주식	2020.10.29 ~ 2049.09.27	100%	5,000	720,000,000,000	144,000,000	사모
제199회 무기명식 이권부 무보증 공모 전환사채	199	2021.12.10	2025.12.10	240,000,000,000	보통주식	2021.01.10 ~ 2025.11.10	100%	12,850	240,000,000,000	18,677,042	공모
합계	–	–	–	3,220,000,000,000					3,220,000,000,000	578,324,051	–

※ 당사 제199회 무기명식 이권부 무보증 공모 전환사채 등 보고서 제출일 현재까지 보통주로
총 4,036,315주 전환 및 상장되어 이를 제외한 잔여 채권액은 약 1,881억원입니다.

로 발행될 주식의 전환가액은 5,000원으로 현재가의 10% 수준밖에
되지 않아서 주식이 신규로 상장되면 주가에 충격을 줄 수밖에 없었
습니다.

오버행overhang은 언제든지 주식시장에 매물로 나올 수 있는 잠재적
인 과잉 물량 주식을 가리킵니다. 사업보고서를 통해서 잠재 매물인
오버행 이슈를 확인할 수 있습니다. 중·소형주는 재무상태가 우량하

지 못한 기업들이 많습니다. 따라서 중·소형주를 분석할 때는 오버행 이슈가 없는 종목을 우선순위로 두는 것이 좋습니다. 상승하던 주식이 신규로 발행될 수 있는 주식 때문에 언제든 급격하게 방향을 꺾을 수 있습니다. 사업보고서 '자본금 변동사항'을 통해서 언제, 얼마큼이나 주식으로 전환될 예정인지 반드시 확인하시기 바랍니다.

기업의 오늘과 내일 – 사업의 내용

'Ⅱ. 사업의 내용'은 설명할 내용이 많지 않습니다. 처음부터 끝까지 전체를 봐야 하기 때문입니다.

사업의 내용에는 기업이 속한 산업에 대한 설명과 기업만의 특화된 사업내용이 설명되어 있습니다. 이 부분만 읽어도 투자하려는 기업과 업계의 실정이 잘 이해됩니다. 사업의 내용은 일곱 가지 항목으로 구분됩니다. ① 사업의 개요, ② 주요 제품 및 서비스, ③ 원재료 및 생산설비, ④ 매출 및 수주상황, ⑤ 위험관리 및 파생거래, ⑥ 주요계약 및 연구개발 활동, ⑦ 기타참고사항입니다. 향후 기업의 투자계획까지도 상세하게 설명하는 등 얻을 수 있는 정보를 가장 많이 담고 있으니 여유를 가지고 꼼꼼히 읽어 보기를 권합니다.

좀 딱딱하게 느껴질 수 있는 내용이지만 몇 번 읽으면 패턴이 보입니다. 애널리스트의 리포트가 있더라도 사업보고서를 읽고 애널리스트 리포트를 보는 것과 그렇지 않은 것 사이에는 큰 차이가 있습니다.

① 사업의 개요: 기업이 속한 업계 현황을 알 수 있습니다. 산업을 이해하고 업계 동향과 흐름을 보면 기업의 성장 방향을 예측하는 데도 도움이 됩니다.

② 주요 제품 및 서비스: 기업의 경쟁력, 시장점유율MS. market share 등에 관한 정보가 담긴 기업의 자기소개서입니다. 주력 상품이 시장에서 얼마만큼의 수요가 있고, 매출액과 전체 이익에서 차지하는 비중은 어떤지 확인할 수 있습니다. 자회사가 있다면 자회사의 상황까지 파악할 수 있습니다.

③ 원재료 및 생산설비: 기업이 생산하는 제품의 가격 변동이나 원재료의 가격 변동 상황을 제공합니다. 매출과 매출원가를 구성하는 주요 항목이 제품 가격과 원재료 가격이기 때문에 원가의 변동으로 기업 실적을 판단하도록 직접적인 정보를 제공합니다.

④ 매출 및 수주상황: 현재 어떤 제품이 잘 팔리는지 수주상황을 통해 향후 미래에 얼마나 매출이 유지될 수 있는지를 알려줍니다. ②번의 자료를 항목별로 세세하게 설명합니다. 기존에 수주한 내용으로 계속 사업을 진행하는 것인지, 신규 수주가 지속적으로 발생하는지를 통해 기업의 성장성을 예측할 수 있습니다. 수주가 중요한 조선업이나 통신장비산업 같은 업종을 파악할 때 유용하게 사용됩니다.

⑤ 위험관리 및 파생거래: 기업이 투자하고 있는 파생상품, 환율위험, 금리위험 등 경영활동에서 발생할 수 있는 위험에 대해 알 수 있습니다. 수출로 영위하는 기업은 환율의 등락에 따라 실적

이 크게 달라지고 부채가 많은 기업은 이자율 변화에 따라 이익
이 변합니다. 환율 변동이나 금리 변동이 당기손익에 미치는 영
향을 알 수 있습니다.

⑥ 주요계약 및 연구개발활동: 기업이 연구개발_{R&D. research and development}에 사용한 비용이나 연구개발한 내용을 설명합니다. 향후 기
업이 성장을 준비하면서 어떤 연구를 진행하는지를 확인합니다.

숫자로는 볼 수 없는 디테일 - 주석

기업의 재무제표는 포털사이트나 HTS, 사업보고서 등 얻을 수 있는
경로가 비교적 다양합니다. 그러나 숫자만 봐서는 속사정까지 통 알
수가 없습니다. 이를 보완하기 위해 기업은 'Ⅲ. 재무에 관한 사항'의
'연결재무제표 주석' 또는 '재무제표 주석'에 필요한 내용을 낱낱이
밝혀놓았습니다. 회계 지식이 깊지 않은 투자자가 보기에는 복잡하고
어려운 내용이기 때문에 주석 내용 전부를 이해하려니 부담스럽게 느
껴집니다. 그렇다면 재무제표의 주석을 어떻게 효과적으로 활용할 수
있을까요? 예를 들어 보겠습니다.

2021년 하반기부터 금리가 오르기 시작했습니다. '금리 상승의 수
혜는 보험업종이 가져간다'라고 막연하게 알고 있는 투자자들이 많
습니다. 고객들이 납입한 보험금을 채권에 투자하기 때문에 이자율이
오르면 오를수록 이자를 많이 받을 수 있다고 생각합니다. 그러나 실

제로는 이자율이 올라가면 현재 가진 채권에서 평가손실*이 발생합니다. 이런 손해를 방지하기 위해 금리가 상승해도 채권평가손실*이 발생하지 않도록 회계 처리 방법에 차이를 둡니다.

보유하고 있는 채권을 만기까지 가져가기로 약속하면 금리가 상승해도 평가손실을 반영하지 않습니다. 채권을 매도가능 금융자산*으로 분류했는지 만기보유 금융자산*으로 분류했는지에 따라 달라집니다. 금리 상승기에 매도가능 금융자산으로 평가된 채권이 많다면 손실이 커질 것이기 때문입니다.

이럴 때 주석을 활용합니다. HTS에서 아무리 재무제표를 들춰 본다고 해도 채권의 평가방법까지 나오지는 않습니다. [2-23]은 DB손해보험(005830) 2021년 3분기 보고서의 주석 내용입니다. DB손해보험의 매도가능 금융자산은 약 18조 9000억 원이고 만기보유 금융자산은 약 6조 1000억 원입니다. 참고로 동종 업계인 현대해상(001450)의 매도가능 금융자산은 약 15조 7000억 원이고 만기보유 금융자산은 약 10조 7000억 원입니다. 만약 금리가 올라간다면 매도가능 금융자산으로 손실이 더 커질 수 있는 DB손해보험보다는 현대해상이 좀 더 유리할 수 있습니다. 재무제표의 주석은 이렇게 구석구석 활용할 수 있도록 도와줍니다.

평가손실
자산가격이 하락하면 하락한 가격으로 자산을 재평가하면서 금액이 장부가격보다 적어지는 손실이 발생한다.

채권평가손실
금리가 상승하면 은행 이자율이 상승하면서 상관관계가 반대인 채권의 가치가 하락한다. 확정금리인 채권도 금리 변동에 영향을 받아 가격이 변하면서 이로 인해 평가이익과 평가손실이 발생한다.

매도가능 금융자산
기업이 시세차익을 목적으로 매입한 현금, 주식, 채권 등 금융자산이다.

만기보유 금융자산
만기 시 지급 금액이 정해져 있고 기업이 만기까지 보유할 적극적인 의도와 능력이 있는 금융자산이다.

2-23 DB손해보험 주석

〈당분기말〉 (단위: 백만원)

구분	당기손익인식 금융상품	매도가능 금융상품	만기보유 금융상품	상각후원가 측정 금융상품	위험회피 파생상품	합계
금융자산 :						
현금및예치금	–	–	–	604,605	–	604,605
단기매매금융자산	1,096,739	–	–	–	–	1,096,739
매도가능금융자산	–	18,869,656	–	–	–	18,869,656
만기보유금융자산	–	–	6,096,104	–	–	6,096,104
대여금및수취채권	–	–	–	13,415,843	–	13,415,843
위험회피목적파생상품자산	–	–	–	–	6,962	6,962
합계	1,096,739	18,869,656	6,096,104	14,020,448	6,962	40,089,909
금융부채 :						
위험회피목적 파생상품부채	–	–	–	–	305,828	305,828
차입부채	–	–	–	995,835	–	995,835
기타금융부채	–	–	–	777,301	–	777,301
합계				1,773,136	305,828	2,078,964

　　투자를 하다 보면 기업의 세세한 내용까지 알아야만 하는 상황이 생기거나 알고 싶을 때가 있습니다. 이때 사업보고서의 '주석'에서 힌트를 낚는 법을 알지 못한다면 원하는 걸 잡아 올릴 기회를 놓치고 맙니다. 사업보고서 주석에 없는 내용은 기업의 IR 담당자와 통화하여 알아내면 됩니다.

　　사업보고서에서 중점적으로 확인해야 할 내용만 소개했습니다. 처음이 어렵지 두 번, 세 번 읽다 보면 어떤 부분이 중요하고 무엇을 중심으로 살펴야 하는지 깨닫게 됩니다. 자신이 보유하고 있는 종목의 사업보고서를 읽는 투자자는 얼마나 될까요? 이 책을 통해 종목을 발굴하는 분들은 반드시 보유 종목의 사업보고서를 읽으시면 좋겠습니다.

　　혹시 읽어 보셨다면 감동했습니다. 종목 발굴 성공이 머지않아 보입니다. 좀 더 힘내시기 바랍니다!

어닝 시즌에는
개미도 바빠야 한다

가진 종목 방치 말고, 분기에 한 번 꼭 평가하자!

상장기업의 의무, 실적발표

상장 기업은 1년에 네 번 실적을 공시해야 할 의무가 있습니다. 성장 가능성이 충분하고 확장성 있는 신사업을 준비하더라도 결국 기업의 가치는 실적으로 정해집니다. 그러므로 투자자 역시 실적 발표 시기를 간과해서는 안 됩니다. 보유 종목의 실적을 확인하고, 예측하고, 새로 매수할 종목의 실적도 확인해야 합니다.

상장기업은 매 분기가 끝나면 의무적으로 한국거래소에 분기 실적을 공시해야 합니다. 12월에 한 해 자료를 결산하는 법인 기준으로 1,

2, 3분기가 끝나는 3월, 6월, 9월의 마지막 날 이후 45일 안으로 분기 또는 반기 보고서를 제출합니다. 1년의 실적을 종합해서 발표하는 공시는 대부분 기업의 결산 월인 12월이 지나고 90일 안에 하도록 정해져 있습니다.

혹시라도 문제가 발생하여 정해진 기한 안에 실적을 공시하지 못하는 기업은 상장 폐지까지 될 수 있습니다.

대기업의 경우 실적 발표 일정을 공지하는 경우가 종종 있습니다. 삼성전자는 분기가 끝나고 다음 달의 첫 번째 금요일에 잠정실적을 발표하고 넷째 주 목요일쯤 본 실적을 발표합니다. 현대차는 분기가 끝나고 다음 달 셋째 주에 실적을 발표합니다. 중·소형주는 언제 실적을 공시할지 알기 어렵습니다. 소규모 기업은 보통 기한이 종료되는 마지막 날에 분기 실적을 공시합니다. 보유한 기업의 실적 발표일을 꼭 알고 싶다면 기업 IR 담당자에게 문의하거나 작년과 재작년의 실적 발표일을 찾아봅니다. 비슷한 날짜에 진행하기 때문에 과거의

2-24 보고서 제출 기한(12월 결산 기준)

	공시 의무 기간	비고
1분기 보고서	45일	4월 1일부터 45일 이내 제출 마감일: 5월 15일
반기 보고서	45일	7월 1일부터 45일 이내 제출 마감일: 8월 15일
3분기 보고서	45일	10월 1일부터 45일 이내 제출 마감일: 11월 15일
사업보고서	90일	다음 해 1월 1일부터 90일 이내 제출 마감일: 3월 31일

실적 발표일을 참고하면 대략적인 일정의 예상이 가능해집니다. 그런데 공식적으로 실적을 일찍 발표해야 하는 경우가 생기기도 합니다. 이를 투자에 잘 활용하면 소위 대박이 터질 수도 있습니다.

매출 또는 손익구조 30% 변동 공시가 뜰 때

상장기업은 연간 재무제표(연결 또는 개별)에서 ① 매출, 영업이익, 순이익이 전년 대비 30% 이상 변동이 생긴 경우, ② 영업이익 또는 순이익이 흑자전환 하거나 적자전환한 경우 반드시 알려야 합니다. 자산총계 2조 원 이상인 대규모 법인은 30%가 아닌 15%만 변동해도 공시 의무가 발생합니다.

그러면 매출, 손익구조가 30% 이상 변경됐을 때 공시는 언제까지 해야 할까요? 상법상 연결재무제표*는 정기주주총회 4주 전까지, 별도재무제표*는 주주총회 6주 전까지 내부 결산을 완료하여 감사에 보고해야 합니다. 내부 결산이 완료된 후에는 공시해야 하지만 내부 결산이므로 지키지 않아도 패널티를 받지 않습니다. 하지만 주주총회 2주 전까지는 일정을 통지해야 하고, 주주총회를 통지하려면 결산이 완료되어야 합니다. 이를 종합했을 때 2주 전까지 완료된 결산보고서에 매출 및 손익구조 30% 변화가 있

연결재무제표
지배기업과 종속기업의 자산, 부채, 당기손익 등을 합쳐서 하나의 재무제표로 작성한다. 연결재무상태표, 연결포괄손익계산서, 연결자본변동표, 연결현금흐름표, 연결주석으로 구성된다. 독립적이어도 하나의 기업으로 간주하기 때문에 기업의 경제 실태를 파악할 수 있다.

별도재무제표
지배기업과 종속기업의 재무제표 중 지배기업만의 재무제표를 확인할 수 있다.

다면 공시해야 합니다.

결론적으로 보통 6주에서 4주 전에 공시하지만 주주총회 2주 전까지 공시를 완료했다면 문제될 것이 없습니다. 이러한 제도를 이용하여 흑자전환이나 적자전환 되는 기업의 실적을 먼저 알 수 있습니다.

만약 보유하고 있는 적자기업 주식이 올해 흑자전환을 예상했습니다. 그런데 3월 중순이 지나도록 실적 발표도 하지 않고 매출 또는 손익구조 30% 변동 공시도 없다면 이 기업은 적자가 지속된다고 판단

2-25 **전자공시시스템 매출액 또는 손익구조 30% 이상 변동 공시**

해야 합니다. 3월 중순이 지나도록 어떤 공시도 하지 않았다면 실적이 극적으로 개선되지도, 나빠지지도 않았다는 의미입니다.

그렇다면 이러한 보고서만 모아서 볼 수 있는 방법은 없을까요? 전자공시시스템에서 '공시서류검색'→'공시통합검색'으로 들어가서 '상세조건열기'를 선택하여 창을 펼친 후 보고서명에 '손익구조'를 검색하면 발표 기간에 실적이 크게 변화한 종목들만 따로 볼 수 있습니다.

애널리스트의 실적 추정

실적 발표 기간에는 투자자도 애널리스트만큼 바빠야 합니다. 앞서 말씀드린 것처럼 종목의 실적을 확인하고 저평가된 기업을 찾는 작업도 해야 하기 때문입니다. 이 작업에서 실적 추정을 빼놓을 수 없습니다.

그렇다면 실적 추정은 어떻게 해야 할까요?

가장 쉬운 방법은 애널리스트의 분석을 사용하는 것입니다. 애널리스트들은 [2-26]과 같이 보통 분기가 끝나는 3월, 6월, 9월, 12월 중순부터 본격적으로 실적 추정을 시작합니다. 이러한 실적 추정 자료를 어닝 프리뷰earning preview라고 합니다. 이것을 모아 평균을 낸 자료가 기업의 실적 컨센서스consensus가 됩니다. 기업의 컨센서스와 실제 발표치를 비교했을 때 컨센서스보다 실적이 10% 이상 높게 나오면 어닝 서프라이즈earning surprise, 10% 이상 낮게 나오면 어닝 쇼크earning shock입니다.

어닝 서프라이즈와 어닝 쇼크

기업이 실적을 발표하기 전에 애널리스트들이 실적을 추정한다. 애널리스트의 추정치보다 실제 발표된 실적이 높은 경우 어닝 서프라이즈라고 한다. 영업 실적이 예상보다 높아 주가 상승에 긍정적인 신호를 준다. 반대로 애널리스트의 추정치보다 실제 발표된 실적이 낮은 경우 어닝 쇼크라고 한다. 어닝 쇼크로 주가 하락을 예상한다.

기업이 경영 실적을 발표하는 4월, 7월, 9월, 다음 해 1월, 2월을 어닝 시즌이라고 합니다.

전년 동기 대비 이익이 많아도 추정치(컨센서스)보다 실적이 부진하면 기업의 주가는 하락할 수 있습니다. 컨센서스보다 실적이 잘 나왔더라도 실적 발표 기간에 이미 값이 반영되어 주가가 미리 오른 종목은 실적 발표 당일 하락하는 경우도 있습니다. 그렇지만 실적 좋은 기업의 주가가 오르는 것은 변함없는 진리입니다. 주가는 단기적으로 흔들릴 수 있지만 장기적으로는 결국 제 가치를 찾아갑니다. 혹시 자료를 찾아야 하는 것이 걱정이라면 근심을 내려놓으셔도 좋습니다. 누군가가 미리 정리해둔 자료를 활용할 수 있으니 말입니다. 투자하기 참으로 좋은 세상입니다.

2-26 어닝 시즌 KB증권에서 발간한 현대차 프리뷰

모르면 손해다! 한국상장회사협의회

분기 실적 공시가 끝나는 즉시 한국상장회사협의회에서는 국내 상장 사 자료를 파일로 업로드합니다. ① 매출액이나 영업이익, 순이익 상 위/하위 20개 사, ② 매출액 또는 영업이익, 순이익 증감률 상위/하위 20개 사 등을 정리한 유용한 자료가 많습니다. 큰 노력을 들이지 않아 도 필요한 정보가 넝쿨째 굴러옵니다.

결산자료를 가지고 자신만의 기준으로 분석하는 연습이 투자 실력 을 크게 늘려줍니다. 복잡한 기준은 필요하지 않습니다. 단순하게 두 가지 기준만 적용해도 됩니다. 예를 들어 2개 분기 이상 실적이 증가

2-27 한국상장회사협의회 보도자료에 실린 「2021년도 상반기 결산실적」

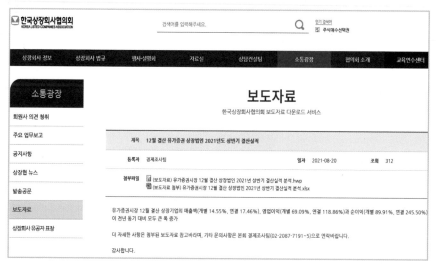

하고 부채비율이 100% 미만인 종목 중에 고르기만 해도 적자 기업, 부채가 많아서 위험한 종목을 피할 수 있습니다.

매 분기 이익을 추적하다 갑자기 실적이 급증하는 종목을 발견했는데 종목의 실적이 주가에 반영되지 않았다면 그때 쾌감은 상당합니다. 삼성전자 같은 대형주들은 보는 눈이 많아서 시장 대비 저평가가 어렵지만 중·소형주들은 시장의 관심에서 벗어나 있어서 의외로 저평가된 경우가 종종 있습니다. 어닝 시즌 코스피·코스닥 시장 전체 종목의 실적을 분석하여 저평가된 종목 찾기에 도전해 보시기 바랍니다.

새 종목을 찾기 전에 자신이 현재 투자 중인 종목의 실적이 잘 나왔는지 확인하는 것이 먼저입니다. 내가 보유하는 종목이 계속 보유할 만한 가치가 있는 종목인지 평가하는 시간을 적어도 1년에 네 번은 가져야 합니다. 수익성이 줄어들어 보유할 가치가 없어진 종목은 팔고, 더 나은 종목으로 교체할 중요한 시기이니 어닝 시즌에는 남들보다 조금 더 부지런할 필요가 있습니다.

경제적 해자 vs 강제적 해자

누구나 바라지만 아무나 될 수 없게 만드는 무엇이 곧 경쟁력이다!

경제적 해자란?

지금까지 우리는 기업의 재무상태를 파악하여 투자하기에 좋은 기업을 고르는 법을 알아냈습니다. 앞에서 배운 내용 외에도 좋은 기업을 가려내는 기준은 시장을 바라보는 눈만큼 존재합니다. 그 조건 중 하나로 '경제적 해자埃子'를 가진 기업을 꼽기도 합니다.

1980년대 워런 버핏의 버크셔 해서웨이 연례보고서에 최초로 등장한 이후, 투자자들이 좋은 기업에 관해 언급할 때면 어김없이 경제적 해자가 인용됐습니다. 해자는 적의 침입을 방어하기 위해 성벽 밖

규모의 경제
생산량이 늘어나면서 평
균 비용이 줄어드는 현상
이다. 예를 들면 산출량이
기존보다 두 배로 증가했
지만 생산비용은 두 배보
다 덜 증가했을 경우 규
모의 경제라고 한다.

을 둘러 파놓은 연못을 말합니다. 경제 분야로 개념을 옮겨 보면 다른 기업이 쉽게 영역을 침범하지 못하도록 만든 진입장벽을 의미합니다.

무형자산, 특허, 규모의 경제[*], 비용 절감 등이 경제적 해자의 조건이 될 수 있습니다.

이중 가장 강력한 해자는 무형자산입니다. 브랜드 가치는 무형자산을 설명하기에 적합합니다. 브랜드 가치는 소비자가 인지하는 가치이므로 고객의 인식에서부터 자라납니다. 까만 바탕에 새겨진 흰색의 스우시 swoosh 로고 하나로 시장에 압도적인 지배력을 행사하는 나이키(NKE)의 영향력 또한 해자라고 말할 수 있습니다. 애플의 아이폰은 비슷한 기능을 가진 LG전자(066570) 휴대폰과 비교했을 때 더 비쌌지만 그럼에도 불구하고 엄청난 판매량을 보였습니다. 이 역시 초창기에 만들어진 '혁신'의 이미지가 다른 기업의 침입을 막는 해자 역할을 하는 것입니다.

잘못된 강제적 해자

그러나 이 해자에 대해 종종 오해가 생깁니다. 강제적인 해자를 경제적 해자로 오해하고는 합니다. 어떤 의미일까요? 경제적 해자는 강제적으로 만들어 내지 못합니다.

특허, 규모의 경제, 독점적 권한 등은 시간이 지나고 정책이 변하면 위험에 노출됩니다. 대표적인 독점기업인 한국전력(015760)이나 보툴리눔 독신 제제 허가로 진입장벽을 세웠던 메디톡스(086900)와 휴젤(145020)의 분쟁으로 이 말을 쉽게 이해할 수 있습니다.

한국전력은 우리나라에서 전력 사업을 독점적으로 운영합니다. 기업에 전기를 판매하는 몇몇 전력사업자를 제외하고 개인에게 전기를 판매하는 사업자는 한국전력이 유일합니다. 그러나 정부에서 받은 독점적인 판매 권한은 시장 논리에 따라 전기요금을 산정하지 못하도록 강제했고 오히려 한국전력의 사업에 지장을 주었습니다.

에너지 가격이 오르면 전기를 생산하는 가격도 오르는 것이 당연하지만 정부는 물가에 영향을 준다는 이유에서 전기요금 인상을 인위적으로 억제합니다. 에너지 가격 인상을 반영하지 못하는 한국전력은 원가 부담이 커져서 에너지 가격 상승기에는 실적이 더욱 악화 될 수밖에 없습니다. 정부에서 부여한 독점적 사용권의 단점입니다.

메디톡스는 주름 개선에 효과가 있는 보툴리눔 독신 제제 일명 '보톡스Botox'를 생산하는 기업입니다. 보톡스 원료가 되는 보툴리눔 독신 균주가 가진 강력한 독성은 생화학무기로 사용될 수 있어서 국제적으로 균주 이동이 제한되어 있습니다. 이론상으로는 신규 균주를 구할 수 없다고 알려졌지만 보톡스 시장이 성장하면서 신규 균주를 확보하는 기업들이 생겨났습니다. 메디톡스가 주장하는 균주의 독점적 권한이 사라지면서 기업은 심각한 타격을 입었습니다.

장기간 기업 성장에 도움이 되는 경제적 해자는 견고한 가치가 덧입혀졌을 때 힘을 발휘할 수 있습니다.

진정한 경제적 해자

누구에게나 개방된 환경에서 압도적인 결과를 낼 수 있는 '그 무엇'을 기업의 진정한 해자라고 말합니다. 진정한 경제적 해자로는 '브랜드 가치'와 '네트워크 효과'가 있습니다.

첫 번째 브랜드 가치입니다. 코카콜라(KO)나 애플은 아주 적절한 예가 될 수 있습니다. 펩시(PEP)나 우리나라에서 만든 815 콜라의 경우 색이나 맛이 비슷했어도 결코 코카콜라의 점유율을 빼앗지는 못했습니다. 대중에게 각인된 브랜드 영향력 때문입니다. 브랜드 가치를 보유한 기업은 능력 있는 CEO가 필요하지 않습니다. 우리는 테슬라 CEO 일론 머스크Elon Musk가 누군지 알지만 코카콜라 CEO는 잘 모릅니다. 오직 코카콜라라는 브랜드만 알 뿐입니다. 펩시나 하위 브랜드가 선택한 가격 할인 등의 마케팅 전략이 아니더라도 판매율은 꾸준히 유지됩니다. 브랜드 가치가 이를 가능하게 합니다.

21세기 가장 유능한 CEO가 누구인지 물으면 많은 사람이 애플의 스티브 잡스Steve Jobs를 말합니다. 잡스 손을 떠난 지 오래지만 애플은 여전히 승승장구하고 있습니다. 21세기 최대의 발명품이라 불리는 아이폰이 뒤집어 놓은 문화의 판도가 소비자에게 깊숙하게 각인되어 있기 때문입니다.

두 번째는 네트워크 효과입니다. 어떤 상품의 사용자가 모이고 모여 사용자 간의 연결고리가 형성되면 상품을 공급하는 기업은 독점적 지위를 갖게 됩니다. 네트워크를 교체한 소비자는 기존 네트워크에 대한 접근성을 잃어버립니다. 네트워크 효과를 가진 대표적인 기업은 카카오와 네이버입니다.

스마트폰 시대로 전환되면서 한글 70자 이내로 주고받던 문자 메시지 대신 카카오톡KakaoTalk이라는 새로운 메신저 애플리케이션을 거의 모든 사람이 사용하기 시작했습니다. 네이버는 이에 대항하여 라인LINE이라는 메신저로 카카오톡의 아성을 깨뜨리려 했지만 카카오톡만큼 사용자가 많지 않다 보니 라인 사용자는 라인뿐만 아니라 카카오톡을 같이 사용해야 했습니다.

당연히 라인의 수요는 지속되지 못했습니다. 카카오톡은 네트워크 효과로 독점적인 메신저로 발돋움하며 카카오톡 플랫폼을 통해 사업을 확장했습니다. 택시, 금융, 미디어, 게임, 음악 등 다양한 분야로 진출할 수 있는 발판이 마련된 셈이었습니다. 구글(GOOG)이나 네이버가 인터넷 검색 기능으로 획득한 지위를 통해 디지털 광고 시장을 지배하고 있는 것도 마찬가지입니다. 교체하기 힘든 네트워크는 다른 기업이 쉽게 침범할 수 없도록 해자 역할을 합니다.

진정한 해자를 지닌 기업을 판단할 수 있는 안목은 주식시장에서 매우 유용하게 사용됩니다. 해자에 대한 올바른 이해를 통해서 제 2의 코카콜라나 애플 같은 주식을 찾아보시기 바랍니다.

장기투자의 조건
'안정적인 실적'

장기투자, 화려한 기업보다 변함없는 기업에 투자하는 것

"장기투자는 화려한 종목이 아닌 장기간 꾸준한 실적을 쌓는 종목을 사는 것이다."

제가 장기투자를 설명할 때 많이 인용하는 기업 중 하나는 LG생활건강(051900)입니다. 이 기업은 2015년 화장품업종이 시장을 주도했던 시기를 제외하고는 사람들의 관심에서 벗어난 매우 따분하게 느껴지는 종목이라는 평을 듣습니다. 장기투자하려면 이익이 안정적인 기업을 고르는 것이 첫 번째입니다. 부채가 많고 경기 상황에 이익의 변동이 심하면 투자자들은 불안해서 장기간 투자하기가 어려워집니다. 이런 시각에서 봤을 때, LG생활건강만큼 장기투자를 설명하기 좋은

기업은 없습니다.

LG생활건강은 화장품으로 시장에서 유명해졌지만 화장품뿐만 아니라 샴푸, 치약, 세제 같은 생활용품과 코카콜라를 수입해 판매하는 등 세 개의 사업부로 나누어져 있습니다. 물론 화장품의 매출 비중이 절반 이상을 차지하지만 생활용품과 음료 사업부의 안정적인 실적은 경기 불황이나 코로나19 같은 위기에서 빛을 발합니다.

화장품 사업은 꾸준히 실적을 내고 있지만 2015년 중국인 관광객이 절정일 때와 비교하기에는 어려운 수준이 되었습니다. 2015년에는 화장품 사업부의 영업이익이 전년 대비 30% 이상 고성장했지만 2021년에 와서는 2020년 대비 5%대로 성장률이 크게 떨어졌습니다. 2020년에는 코로나19의 여파로 영업이익이 역성장하기도 했습니다. 화장품 판매의 큰 축을 담당하는 면세점이 타격을 입었기 때문입니다.

하지만 화장품 사업의 부진을 생활용품 사업부가 일부 만회했습니다. 2020년 코로나19 특수로 인해 생활용품 사업부의 영업이익은 63%나 성장하게 됩니다. 아모레퍼시픽(090430)처럼 화장품 단일 사업만 하는 기업과 차별화된 점이라고 할 수 있습니다.

LG생활건강은 2002년에 영업이익 767억 원을 기록한 이후 단 한 번도 영업이익이 줄어들지 않았습니다. 2020년 영업이익은 무려 1조 2200억 원으로 18년 동안 15배 상승했습니다. 심지어 2008년 금융위기에도 매출과 영업이익이 줄어들지 않았습니다. 2008년에는 삼성전자의 영업이익도 9조 원에서 6조 원으로 크게 감소한 시기였습니다. LG생활건강의 2008년 영업이익은 1535억 원으로 2007년 영업

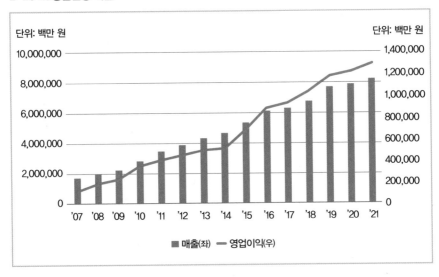

2-28 LG생활건강 매출

단위: 백만 원

단위: 백만 원

매출(좌) ── 영업이익(우)

이익 1264억 원보다 21.4% 더 늘어났습니다.

　장기투자에서 이익의 안정성은 그 무엇보다 중요합니다. LG생활건강의 제품을 보면 불황이든 호황이든 관계없이 사용하거나 먹을 수밖에 없는 제품들입니다. 금융위기가 와도 화장품이나 샴푸, 치약은 필요합니다. 경제 위기에 비싼 와인은 장바구니에서 퇴출당하지만 콜라는 마실 수 있습니다. 이렇게 생활에 꼭 필요한 제품은 물가 상승에 맞춰 제품가격을 올리기도 쉽습니다. 화장품 가격이 하락하는 경우는 거의 없습니다. 이러한 품목들은 인플레이션 inflation을 방어하기에 용이합니다. LG생활건강의 생활용품과 음료 사업부의 영업이익률은

2011년이나 2021년이나 큰 차이가 없이 10%를 꾸준히 유지하고 있습니다.

반대로 생각하면 장기투자하기에 전기·전자 업종만큼 적합하지 않은 업종이 없습니다. 우리나라 주요 수출품이 반도체이다 보니 IT, 전기·전자 업종의 기업을 좋아하는 투자자들이 많습니다. 그러나 삼성전자를 제외하면 괜찮은 기업 찾기가 어렵습니다. LG생활건강과 LG전자의 20년 장기 차트를 비교해 보면 어디에 투자해야 할지 명확해집니다.

브라운관 TV가 대세였던 시절, 평면 TV가 출시됐을 때 세상은 깜짝 놀랐습니다. 시대가 변하면서 브라운관을 생산하던 기업은 주식시장에서 사라졌습니다. 완전 평면 TV가 출시된 건 겨우 20년 전입니다. 좀 더 시간이 지나면 평면 TV도 곧 사라질지 모릅니다.

기술에 투자하지 않으면 금방 도태되는 전기·전자 업종은 끊임없이 개발과 설비투자에 돈을 부어야 합니다. 제품을 많이 팔아도 연구개발에 많은 금액이 지출됩니다. 설비투자 사이클이 돌아오면 기업이 가진 이익은 투자하는 데 쓰이지만 투자액 전부가 이익으로 연결되는 것은 아닙니다. 투자를 결정하기에는 상황이 위협적으로 느껴집니다. 때문에 전기·전자 업종에 속해 있는 기업들은 이익 변동성이 심합니다.

제품의 가격도 시간이 지나면 하락합니다. 제가 2012년에 결혼하며 400만 원을 주고 구입한 LED 평면 TV의 현재 가격은 50, 60만 원에 불과합니다. 기술이 진보하면 과거 기술로 만들어진 제품의 가격은 진부해질 수밖에 없습니다. 인류에게 혁신이나 마찬가지였던 컴퓨터나 스마트폰을 생각해 봐도 20년 전이나 지금이나 가격 차이는 별반 나지 않습니다. 2003년 제대하고 컴퓨터를 구입했을 때 150만 원을 썼는데 요즘도 같은 값이면 꽤 괜찮은 사양의 컴퓨터를 조립할 수 있습니다. 2010년 아이폰4가 출고될 당시 32기가 모델의 가격은 94만 6000원이었고 2021년 출시된 아이폰13 미니 128기가 모델의 출고 가격은 95만 원이었습니다. 생활용품이나 음식료 제품과는 달리 인플레이션을 전혀 방어하지 못한다는 것을 알 수 있습니다.

장기투자의 핵심은 시간이 지나도 제품가격과 제품에 대한 수요가 안정적이어야 한다는 것입니다. 투자하는 동안에 시장 상황이 변하더라도 꾸준히 이익을 유지할 수 있는 기업이어야 합니다. 그런 측면에서 철강이나 화학 같은 사이클 산업도 장기투자에 적합한 업종이 아닙니다. 경기가 좋아지면 많이 벌고 경기가 안 좋아지면 적자가 나는 기업은 안정성으로 평가했을 때 높은 점수를 받을 수 없습니다.

재무구조가 탄탄하지 못한 기업은 경기 하락 기간이 길어지기라도 하면 도산할 가능성이 큽니다. 실제로 많은 경기민감주들이 2011년 이후 경기 침체 시기에 사라져버렸습니다. 세계 7위 해운사로 자리매김했던 한진해운도 파산하여 이제는 주식시장에서 찾아볼 수 없게 됐습니다.

중국인 관광객이 몰려오던 2014년부터 LG생활건강의 화장품 사업부 매출은 빠르게 증가했습니다. 2010년대 초반까지는 세 개의 사업부가 비슷한 비율로 매출을 유지했지만, 현재는 전체 매출의 50%를 화장품 사업부가 담당합니다. 2016년 중국의 사드 보복 전까지

LG생활건강의 주가는 100만 원대를 유지했습니다. 안정적인 제품군 포트폴리오와 더불어 화장품이라는 성장 요소까지 갖추게 되어 2015년에는 PER이 30배가 넘는 비싼 기업이라 평가되기도 했습니다. 기존의 사업과 성장 사업의 시너지를 생각하면 당연한 결과였습니다.

안정적인 종목은 보통 수익 면에서 따분하게 느껴집니다. 그렇지만 LG생활건강 같은 매출 구조의 기업은 장기투자자에게 매력적인 기회가 될 수 있습니다. 화려한 기업보다 꾸준한 기업을 찾아보시길 바랍니다.

성장 사이클로 좋은 기업 찾기
(feat. 삼성전자)

영원한 성장은 없다. 잘 나갈 때 조심하자

기업, 태어나고 성장하고 쇠퇴하고 사라지고

기업은 인간과 같은 활동 주기를 거칩니다. 태어나서 성장하고 성숙한 뒤 쇠퇴기에 접어들어 사라집니다. 성숙기에 접어든 기업은 투자하기 적당한 기업이 아닙니다. 현재 벌어들이는 돈보다 점점 수익이 줄어들 일만 남았기 때문입니다. 하지만 인간과 달리 기업은 새로운 성장 아이템을 찾는다면 성숙기에서 쇠퇴기로 접어들지 않고 다시 성장기에 진입할 수 있습니다.

주식을 매수할 때 해당 기업의 활동이 어느 단계에 와 있는지도 놓처서는 안 될 부분입니다. 성숙기에 있는 기업은 수익성이 좋아서 주가가 저렴해 보일 수 있습니다. 그러나 성숙기를 지날수록 수익성은 점점 낮아지고, 쇠퇴기에 접어들면 주가가 장기간 하락할 수 있습니다.

삼성전자의 지난 15년간 실적을 가지고 기업의 성장 사이클이 왜 중요한지 확인해 보겠습니다.

[2-29]를 보면 삼성전자의 매출은 2006년부터 2013년까지 꾸준하게 증가합니다. 삼성전자는 다양한 사업 확장을 통해 안정성을 확보했습니다. 가전이 잘 안 팔린 해에는 스마트폰이 잘 팔렸고 스마트폰이 안 되던 해에는 반도체가 잘 되었습니다. 그러나 영업이익은 등락이 뚜렷합니다. 이익의 증가와 감소는 사업 아이템의 성장 및 쇠퇴

2-29 **삼성전자의 매출과 영업이익 추이**

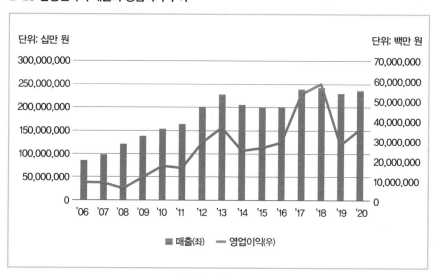

와 관련성이 큽니다.

2008년부터 2010년까지 2년간 영업이익이 증가하는 구간에서 삼성전자의 디스플레이 사업이 선전했습니다. 2007년부터 2009년까지 디스플레이 사업부의 영업이익은 5조 2000억 원으로 반도체 사업부의 영업이익인 4조 5000억 원보다 높았습니다. [2-30]에서 2008년 금융위기 이후에도 삼성전자의 영업이익이 개선되는 것을 볼 수 있는데 이는 디스플레이 사업의 이익이 전체 영업이익 성장에 기여했기 때문입니다.

2011~2013년도 두 번째 상승 구간에서는 스마트폰 사업이 전체 영업이익에 크게 기여했습니다. 2010년 이후 삼성전자의 갤럭시 시리즈가 세계적으로 흥하면서 삼성전자의 이익이 한 단계 성장했습니다. 그 당시 아이폰과 대적할 수 있는 스마트폰은 갤럭시 시리즈밖에 없었습니다. 스마트폰이 대중화되기 시작한 2010년부터 점유율을 높이며 스마트폰 사업부는 성장기에 들어섰지만 2013년 이후에는 전 세계에 스마트폰 보급이 완료되면서 이익이 급격하게 줄어들었습니다. 삼성전자의 이익도 이후 2016년까지 3년간 정체되었습니다.

그런데 2017년에서 2018년 사이에 세 번째 폭발적인 성장이 나타났습니다. 반도체 슈퍼사이클 때문입니다. 아마존, 마이크로소프트(MSFT) 같은 글로벌 빅테크big tech* 기업들이 서버를 증설하면서 반도체 수요가 폭발적으로 증가했던 시기였습니다. 메모

빅테크
규모가 큰 IT 기업을 가리키는 말이다. 미국 정보 기술 산업에서 가장 크고 지배적인 5개 기업 아마존, 애플, 구글, 메타, 마이크로소프트를 의미한다. 우리나라에서는 네이버, 카카오 등 대형 온라인 플랫폼 제공 기업이다.

리반도체 시장은 치킨게임 chicken game *을 마치고 다시 성장기에 들어선 참이었습니다. 이 시기 삼성전자의 이익은 반도체가 견인했습니다.

[2-30]에서 삼성전자 핵심 사업부의 실적을 자세히 들여다보겠습니다. 반도체, 디스플레이, 스마트폰 사업부의 영업이익을 그래프로 나타낸 것입니다. 2011년에는 스마트폰 이익이, 2017년에는 반도체 이익이 기업을 이끌었음을 확인할 수 있습니다. 아쉽게도 2008년 디스플레이 이익은 크게 증가하지 못했지만 금융위기에서 반도체 사업의 영업이익이

치킨게임
두 사람 중 어느 한쪽이 포기하면 다른 쪽이 이득을 보게 되는 게임이론이다. 각자는 최적의 선택을 하지만 승패는 상대방의 행위에 달렸다. 만약 마주 보고 달리는 자동차 시합에서 핸들을 꺾는 사람이 패자라고 할 때 어느 누구도 핸들을 꺾지 않으면 둘 다 죽는다. 하나가 핸들을 꺾으면 다른 운전자가 승리하고 둘 다 살지만 핸들을 꺾은 쪽은 패자가 된다.

2-30 **삼성전자 사업부별 이익 추이**

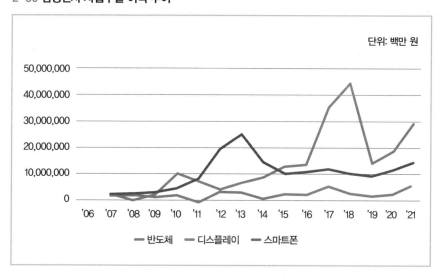

2007년 2조 2000억 원에서 2008년 1300억 원으로 줄어들었던 것을 감안하면 디스플레이 사업부의 이익은 대단한 것이었습니다.

2007년 영업이익 2조 1156억, 2008년 2조 3460억으로 증가한 LCD 사업은 그 당시 삼성의 새로운 성장 동력이었습니다.

금융위기 이후 삼성전자의 주가는 7배 상승했습니다. [2-31]은 2009년 디스플레이 사업, 2011년 스마트폰 사업, 2017년 반도체 사업이 아이템별로 성장, 성숙, 쇠퇴를 거치면서 기업의 이익과 주가를 끌어올린다는 것을 잘 보여줍니다.

삼성전자는 다행히도 다양한 사업 아이템을 활용하여 사이클의 변화에 대응한 덕분에 이익을 얻고 가치를 높일 수 있었습니다. 만약 삼성전자가 아닌 다른 기업에 투자했다면, 특히 2010년에 디스플레이

2-31 삼성전자 장기 차트

만 전문으로 생산하는 기업에 투자했거나 2014년 스마트폰 부품만 전문으로 생산하는 기업에 투자했다면 계속 기다렸어도 만족스러운 결과를 얻게 되지 못했을 것입니다.

영원히 성장하는 산업은 없습니다. 너무 좋을 때도 경계해야 하는 것이 주식시장입니다. 남들보다 한발 빠르게 움직여야만 살아남을 수 있는 곳에서 다양한 생존 전략을 보유한 종목을 찾아보시기 바랍니다.

○ 업종을 발굴하는 데 필요한 충분한 지식을 쌓았더라도 시장에는 여러 변수가 도사리고 있습니다. 가능성이 희박한 엉뚱한 종목에 시간과 자산을 낭비한다면 투자의 의미는 무색해지고 맙니다. 경제 상황에 따른 업종 특성을 고려하고, 전방산업과 후방산업을 업종 현황과 연결하면 지금 이 종목에 투자해야 할지 말지 판단이 한결 쉬워질 것입니다.

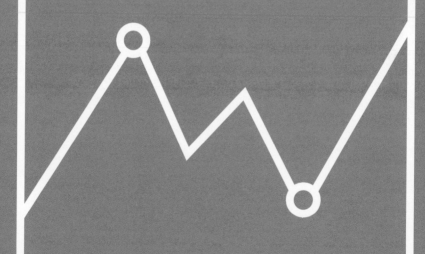

PART 3

업황으로
핵심 포트폴리오
종목 선별하기

종목을 선택할 때 기업의 사업적 특성과 밸류에이션만으로는 부족하다고 느껴질 때가 있습니다. 성장주는 비싸도 주가가 오르는데 성장이 멈춘 산업은 아무리 싸도 주가가 오르지 않습니다.

종목을 고르는 방법에는 톱다운top down과 보텀업bottom-up 두 가지가 있습니다. 톱다운 방식은 경제를 분석하고 경제 상황에 맞는 업종을 고른 후 그 업종 안에서 상대적으로 좋은 종목을 알아냅니다. 큰 범위에서 작은 범위로 점점 좁혀 나갑니다.

보텀업은 반대입니다. 종목부터 고르고, 업종을 분석하고 경제 상황을 살핍니다. 작은 범위에서 시작해 점차 확장해 나갑니다.

우리는 보텀업 방식으로 종목을 골라내고 있습니다. 차트상으로 의미 있는 지표를 발견하고 기업의 재무상태를 파악하여 종목을 선택했다면 다음에는 종목의 산업적 특성을 경제 상황과 비교하는 과정이 필요합니다. 그리고나서 최종적으로 매매를 결정합니다.

업종 특성을 고려하지 않는다면 심각한 실수를 범할 수 있습니다. 기본값이 저평가인 산업의 종목을 저렴하다고, 또는 고평가인 산업의 종목을 비싸다고 오해하여 놓치는 경우가 생깁니다.

업종을 잘 알면 투자는 한결 쉬워집니다. 업종의 특징을 이해한다면 진입과 청산의 타이밍이 보입니다. 업종에 관한 공부도 소홀히 해서는 안 됩니다.

반도체:
비쌀 때 사서 쌀 때 파는 전략

반도체는 고PER에 사서 저PER에 판다! 장기투자는 소부장이다!

1956년 유가증권시장이 개장한 이래 코스피 역사에서 가장 오랜 기간 시가총액 1위를 차지해 온 기업은 어떤 곳일까요? 이미 아시는 것처럼 삼성전자입니다. 2위 자리는 경제가 성장하면서 여러 기업이 위상을 달리했지만, 삼성전자는 압도적인 격차를 보이며 1위 자리를 지켰습니다. 삼성전자의 주력 기술이 발전하면서 이와 관련된 반도체 기업들이 나타나고 자연스럽게 지수에서 차지하는 비중도 커졌습니다. 반도체가 우리나라를 대표하는 수출 품목이 되는 건 당연한 수순이었습니다.

반도체산업은 크게 세 가지로 분류할 수 있습니다.

첫 번째는 삼성전자 SK하이닉스처럼 반도체 설계 공정과 제조 공정 사업이 양립 가능한 종합반도체 업체IDM, integrated device manufacturer입니다. '종합'이란 말에서 알 수 있듯이 반도체와 관련한 사업 전체를 총괄할 수 있는 기업입니다. 해외에는 인텔(INTC)이 있습니다.

두 번째는 반도체 설계와 개발만 담당하는 팹리스fabless 기업입니다. 제조나 설비를 의미하는 단어 '패브리케이션fabrication'에 없는의 의미를 뒷받침하는 '리스less'를 붙였습니다. 우리나라의 대표적인 팹리스 기업은 LX세미콘(108320)입니다. 우리가 잘 아는 애플도 팹리스 업체입니다. 애플은 AP*를 개발하여 생산을 위탁합니다. 외주 제작에 따른 제조원가의 상승은 감수해야 하지만 공장의 유지와 기계 설비의 보수 부담 없이 시스템반도체의 핵심 사업만 전개하므로 고부가가치를 창출합니다.

세 번째는 팹리스에서 설계도를 받아 제품을 만들어 주는 파운드리foundry 기업입니다. 반도체 설계 기업이 파운드리 기업에게 생산을 위탁합니다. 우리나라 기업 중 DB하이텍이 파운드리 사업을 합니다. 앞서 밝힌 것처럼 종합반도체 업체는 기본적인 생산설비를 갖추고 있기 때문에 파운드리 사업도 할 수 있습니다. 해외에는 세계적인 기업 TSMC(TSMC34. SA)가 있습니다. 소품종 대량 생산이 가능한 메모리반도체와 달리 파운드리에서 생산하는 시스템반도체는 설계가 매우 다양하다는 제품의 특성 때문에 다품종 소량 생산 방식을 채택하고 있습니다. 이 외에도 반도체 소재·부품·장비 업체도 있습니다.

AP
자체 모바일 애플리케이션 프로세서application processor. AP는 컴퓨터의 CPU처럼 스마트폰의 기기 작동에 필요한 기능을 모아놓은 칩이다.

▶ 반도체 글로벌 밸류체인

IDM 종합반도체	설계, 생산, 판매까지 전 과정을 수행. 대부분의 메모리, 아날로그 업체가 해당	삼성전자, 인텔, SK하이닉스, TI, STMicro, 마이크론
팹리스 Fabless	칩 설계만 전문적으로 하는 업체로 파운드리 업체에 제조 및 조립을 위탁	엔비디아, 퀄컴, 미디어텍, AMD, 브로드컴, 자일링스
파운드리 Foundry	팹리스 업체들의 설계를 바탕으로 반도체를 제조, 대부분 시스템반도체	TSMC, 삼성전자, 인텔, 글로벌파운드리, SMIC, UMC
IP전문 Chipless	R&D를 통해 IP(Intellectual Property, 지식재산권)사업을 영위하는 업체	ARM, 램버스, 시놉시스, Cadence, Ceva, Lattice

비메모리 Non-memory				
다기능 IC 반도체	아날로그		기온, 온도, 습도, 압력 등 실생활의 자연신호를 전자신호로 변환하는 기능	TI, NXP반도체, ADI, 인피니온, ON세미콘덕터
	MCU		입출력모듈을 하나로 묶어 특정 목적에 맞는 연산/저장 기능을 구현	TI, NXP반도체, ADI, 인피니온, ON세미콘덕터
*데이터 연산, 제어정보처리 기능 수행	Logic	CPU	중앙처리장치: 명령 실행 및 통제를 가능하도록 제어하는 기능을 수행	인텔, AMD
		GPU	그래픽처리장치: 비디오 및 데이터 프로세싱 등 연사에 최적화된 반도체	엔비디아, AMD
		AP	CPU와 GPU가 결합된 형태의 칩으로 모바일 기기에 주로 탑재	퀄컴, 애플, 삼성전자, 미디어텍, 하이실리콘

메모리 memory			
*기본 연산 수행 데이터 저장 기능	D램	휘발성메모리: 데이터 연산 고속 작업, 데이터 입출력 병목현상을 해소 가능	삼성전자, SK하이닉스, 마이크론, 난야, 윈본드
	낸드	비휘발성메모리: 데이터 저장을 위한 스토리지 기능 수행	삼성전자, SK하이닉스, 마이크론, 키옥시아, WDC

반도체 장비 및 제조 공정

전공정 핵심공정: AMAT, ASML, 램리서치, 도쿄일렉트론, KLA Tencor, 히타치, 북방화창, 섬코, 실트로닉스, 세메스   후공정: ASE, Amkor, JCET, SPIL, ChipMOS

| ① 웨이퍼 제조 | ② 산화 | ③ 포토 | ④ 식각 | ⑤ 증착&이온 주입 | ⑥ 금속배선 | ⑦ EDS 공정 OSAT | ⑧ 패키징 공정 |

자료: 신한금융투자

▶ 글로벌 반도체산업 국가별 비중

단위: %

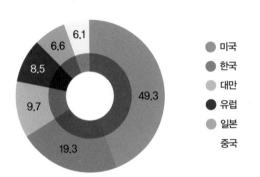

- 미국 49.3
- 한국 19.3
- 대만 9.7
- 유럽 8.5
- 일본 6.6
- 중국 6.1

자료: 대만 디지타임즈리서치

▶ 글로벌 반도체 업체 순위

기준: 2021년
단위: 십억 달러

순위	기업명	반도체 매출	전사매출	전사영업이익	시가총액
1	인텔	82.23	79.0	19.5	190.7
2	삼성전자	79.02	243.9	45.0	356.7
3	TSMC	56.83	56.8	23.3	558.9
4	퀄컴	33.38	36.0	11.1	184.5
5	마이크론	27.71	29.6	8.0	96.6
6	브로드컴	27.45	27.5	8.5	233.5
7	SK하이닉스	27.05	37.5	10.8	74.9
8	ASML	27.05	23.2	7.5	261.1
9	AMAT	21.30	23.1	6.9	114.5
10	TI	18.43	18.3	9.0	154.5

자료: 신한금융투자

반도체는 메모리반도체와 비메모리반도체(시스템반도체)로 나뉩니다. 메모리반도체는 D램과 낸드NAND처럼 정보 저장을 담당합니다. 비메모리반도체는 정보를 처리하는 목적에서 컴퓨터의 성능을 좌우합니다.

우리나라는 메모리반도체 분야에서 점유율 1위를 차지하고 있습니다. 삼성전자와 SK하이닉스, 미국의 마이크론 테크놀로지(MU)까지 세 개의 기업이 시장을 과점하고 있습니다. 국내 반도체 시장에 투자할 때 마이크론의 실적과 전망이 매우 중요한데 그 이유는 마이크론의 실적 발표 일정이 우리나라 업체(삼성전자)보다 조금 앞서기 때문입니다. 삼성전자보다 2, 3주 정도 먼저 실적을 발표하기 때문에 마이크론의 실적을 보면 메모리반도체 업황과 전망을 예상할 수 있어서 유용합니다.

비메모리반도체 분야에서는 미국 기업들의 힘이 셉니다. 인텔, AMD, 엔비디아 등이 장악하고 있습니다. 하지만 최근에는 애플이나 테슬라도 직접 비메모리반도체를 설계해서 사용합니다. 비메모리 분야는 앞으로 독자적인 기술을 보유한 글로벌 테크 기업들의 각축장이 될 것입니다. 삼성전자 역시 비메모리반도체 사업 확장을 위해 노력 중입니다. 삼성전자는 엑시노스Exynos라는 AP를 생산하여 2022년 2월, 유럽에서 출시된 갤럭시S22에 탑재했습니다.

하지만 비메모리칩 자체 생산이 가능하다는 점은 파운드리 산업 관점에서 삼성전자 성장에 방해가 되는 요소이기도 합니다. 파운드리 산업에서 압도적인 점유율을 차지하고 있는 대만의 TSMC는 오로지

▶ D램 점유율

기준: 매출액

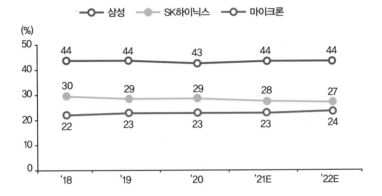

자료: TrendForce, 이베스트투자증권 리서치센터

▶ 낸드 점유율

기준: 매출액

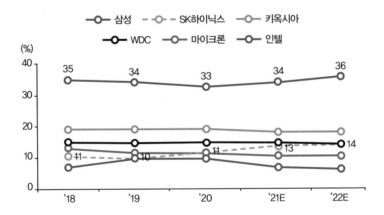

자료: TrendForce, 이베스트투자증권 리서치센터

파운드리 사업만 합니다. TSMC의 경영 원칙은 '고객과 경쟁하지 않는다'입니다. 설계도를 믿고 맡겨야 하는 팹리스나 다른 설계 위탁 업체에게 이처럼 믿음이 가는 말이 없습니다. 그렇다고 삼성이 설계도를 빼돌린다는 이야기는 아니지만 위탁하는 업체 입장에서는 혹시나 하는 의심을 지우기가 어렵습니다. TSMC의 가장 큰 고객인 애플은 삼성과 스마트폰 분야에서 점유율 경쟁을 하고 있습니다. 스마트폰 칩의 핵심 설계도를 삼성 파운드리에 넘기는 일은 애플 입장에서 뭔가 찝찝한 일이 아닐 수 없습니다.

반도체산업 전반에 대해 잠시만 돌아봐도 삼성전자가 막강한 지분을 차지하고 있음을 알 수 있습니다. 설계와 파운드리 사업을 영위하며 메모리반도체 분야에서는 점유율 1위를 차지하고, 파운드리 업계에서도 TSMC 다음으로 세계 2위를 차지하고 있습니다. 비메모리 분야에서도 분발하여 엑시노스라는 자체 모바일용 AP를 제작해 갤럭시 시리즈에 적용을 확대해 나가고 있습니다. 반도체 분야에서 진행하는 사업은 없는 게 없을 정도입니다.

우리나라 주식시장을 이해하기 위해서는 반도체산업에 대한 이해부터 해야 합니다. 시가총액의 가장 많은 부분을 차지하고, 당분간 캐시카우 역할을 할 산업이기 때문에 증시에 미치는 영향이 큽니다.

우리나라 반도체산업의 PER은 삼성전자와 비슷하게 흘러갑니다. 삼성전자의 시가총액, 이익 비중과 관련이 있습니다. 그런데 삼성전자는 종합반도체 기업인 동시에 스마트폰과 가전을 생산하고 자회사 삼성디스플레이까지 있어서 꼭 반도체만 가지고 평가할 수는 없는 기업입니다. 시가총액이 높으면 코스피 평균 밸류에이션에 영향을 받습니다. 외국계 패시브 자금이 시장에서 빠지면서 시가총액이 가장 큰 삼성전자를 팔지 않을 수 없으니 결론적으로 펀더멘털에 관계없이 외국인 수급이 주가에 영향을 줍니다. 따라서 삼성전자를 평가할 때는 삼성전자의 실적과 외국인이 국내 시장에서 이탈하는지 아닌지도 중요하게 봐야 합니다.

반도체산업은 사이클 산업이기 때문에 실적이 업황에 영향을 많이 받습니다. 그리고 반도체산업 사이클은 수요보다는 공급에 영향을 받습니다. 컴퓨터나 모바일의 수요가 늘어난다고 호황이 오는 것이 아니라 공급이 부족하면 호황이 오고, 반대로 시설 증설로 공급이 많아지면 가격경쟁이 심화되면서 반도체 가격이 하락하고 실적도 부진해집니다.

따라서 반도체 기업에 투자할 때는 설비투자 사이클을 잘 보아야 합니다. 반도체 가격이 정점을 찍을 때는 공급이 가장 부족한 시점입니다. 수요는 점진적으로 증가하지만 공급은 공장을 지을 때마다 계단식으로 증가합니다. 수요가 늘어나면서 공급이 부족해지고 반도체 가격이 오르면 반도체 기업들은 설비투자를 계획합니다. 하지만 공장을 짓는다고 해서 당장 공급이 늘어나는 것은 아닙니다. 공장을 짓고 설비를 들이기까지 1, 2년이 소요됩니다. 그동안 반도체 가격은 더 오르고 기업의 실적은 더 좋아집니다. 공장이 완공되어 대규모 공급이 시작되면 그때부터 반도체 가격이 하락하면서 실적 또한 영향을 받고 하락하는 순서를 밟습니다.

이러한 특징 때문에 반도체에 투자할 때는 '고PER에 사서 저PER에 팔라'는 말이 생겨났습니다. 실적이 가장 좋을 때 반도체 기업의 PER은 가장 낮아집니다. 주가 상승보다 이익의 상승이 더 빠르기 때문입니다. 설비 증설이 끝나면 실적이 유지되기 어렵다는 것을 알고 있는 투자자들은 아무리 실적이 좋더라도 이후에 하락 사이클을 예상하며 차익 실현에 나섭니다. 반도체 가격이 하락하면 실적은 주가보다 더 빨리 하락해서 PER이 매우 높아집니다. 고PER 시기가 오면 바닥을 찍고, 반도체 가격이 오르며 다시 매수 타이밍이 옵니다.

반도체 가격이 오르기 시작하면 삼성전자에 투자하는 것이 유리합니다. 그때는 반도체 가격 상승 추세가 이어질 것이라는 확신이 부족

3-1 반도체 수요와 공급 사이클

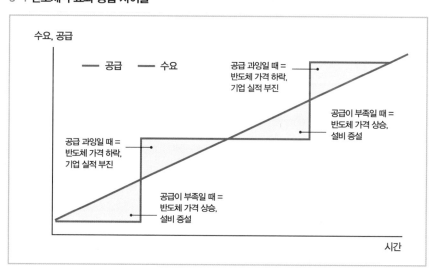

하여 조금 더 안정적인 삼성전자로 수급이 몰립니다. 그러나 본격적인 반도체 가격 상승이 확인되면 SK하이닉스가 탄력적으로 반응합니다. 앞서 말씀드렸던 사업구조 때문입니다. 삼성전자는 반도체 외에도 스마트폰, 가전 등 다른 사업부에서도 매출을 기대할 수 있는 반면에 SK하이닉스는 반도체에 매출 의존도가 높습니다. 즉 기업 매출에 큰 영향을 주어서 가격 변화에 민감할 수밖에 없습니다. 그러므로 사이클 산업인 반도체는 가격을 확인하는 게 몹시 중요해집니다.

메모리반도체 가격을 볼 때는 두 가지를 따져야 합니다. 소매 시세인 '현물가격'과 도매 시세인 '고정거래가격'입니다. 현물가격은 개인 소비자가 D램을 구매할 때의 가격입니다. 소매시장은 수요와 공급에 따라 즉각적으로 가격이 반영된다는 장점이 있습니다. 그렇지만 반도체 판매량의 10%밖에 차지하지 않습니다. 더 중요한 것은 고정거래가격입니다. 고정거래가격이란 반도체 시장에서 큰손들이 분기 단위로 필요한 물건을 거래할 때 계약된 가격을 말합니다.

예를 들어 PC 조립업체가 삼성전자와 2021년 1분기에 16기가바이트 D램을 개당 4달러에 계약했다면 1분기에는 4달러로 반도체를 사고팝니다. 2분기에 16기가바이트 D램 가격이 4달러 40센트로 오른다면 반도체 시장은 급등합니다. 그렇다면 반도체 현물가격은 전혀 의미가 없을까요? 그렇지도 않습니다. 현물가격이 움직이고 난 후에 고정거래가격이 시차를 두고 같은 방향으로 움직이는 경우가 많으므로 현물가격의 움직임도 필수적으로 보아야 합니다.

반도체산업은 현재 우리에게 매우 중요하지만 무엇이든 영원히 지속될 수는 없습니다. 삼성전자나 SK하이닉스도 단점은 있습니다. 엄청난 이익을 내는 만큼 다시 사업에 투자해야 합니다. 중국을 포함한 다른 후발 주자가 따라오지 못하도록 비용을 들여서 연구개발을 하고 설비에 힘써야 합니다.

2021년, 삼성전자는 2030년까지 비메모리반도체 분야에 170조 원을 투자하겠다고 밝혔습니다. 대규모 투자가 계속적으로 집행되어야 사업을 유지할 수 있다는 의미입니다. 많이 벌어서 주주에게 나눠주지 않고 번 만큼 재투자해야 사업이 유지된다면 주주 입장에서는 매력이 떨어지는 일일 수도 있습니다. 과도한 설비투자는 반도체 가격의 하락으로 이어질 수 있고 투자에 들어가는 비용을 빠르게 회수하기 어려워질 수도 있다는 점을 고려해야 합니다.

반도체산업도 과거 10년 전 철강·조선·자동차처럼 결국에는 쇠퇴해 갈 것입니다. 그렇다면 우리는 어떻게 투자해야 맞는 것일까요?

반도체는 미국에서 시작되어 일본으로 주도권이 넘어갔고 현재는 우리나라와 대만이 장악하고 있더라도 주요 소재와 장비는 일본과 미국에 의존할 수밖에 없었습니다. 미세화 공정에서 가장 중요한 EUV 장비(극자외선을 사용하여 반도체를 생산)는 ASML(ASML)이라는 네덜란드 기업밖에 만들지 못합니다.

2019년 일본은 반도체에 들어가는 주요 소재의 수출을 금지하겠다고 발표하면서 우리와 각을 세웠습니다. 세계 메모리반도체 생산량의 75%를 차지하는 1, 2위 기업 삼성전자와 SK하이닉스가 일본산을 제외하면서 가장 큰 고객사를 잃게 된 일본의 소재 기업들은 실제로

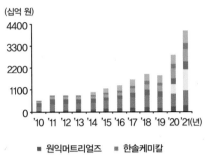

▶ 국내 장비 업체 매출 추이

(십억 원)

4400
3300
2200
1100
0

'10 '11 '12 '13 '14 '15 '16 '17 '18 '19 '20 '21(년)

■ 원익IPS　　■ 유진테크
■ 테스　　　　■ 주성엔지니어링
■ 피에스케이　■ 한미반도체
■ 이오테크닉스

▶ 국내 소재 업체 매출 추이

(십억 원)

4400
3300
2200
1100
0

'10 '11 '12 '13 '14 '15 '16 '17 '18 '19 '20 '21(년)

■ 원익머트리얼즈　■ 한솔케미칼
■ 솔브레인　　　　■ 후성
■ 원익QnC　　　　■ 하나머티리얼즈
■ 해성디에스

자료: Quantiwise, 신한금융투자

위기를 맞이할 뻔했습니다.

이를 바탕으로 생각해 보면 한국 반도체산업의 미래는 소부장 기업에 있다는 걸 알 수 있습니다. 아직 미국과 일본에 뒤처지지만 달리 말하면 성장 가능성이 크다는 의미도 됩니다. 정부의 육성 의지도 높아서 기술은 더 발전할 것입니다.

삼성전자가 매년 설비투자를 늘려서 반도체 생산량이 증가하면 반도체 장비와 소재의 수요 역시 지속적으로 늘어날 것입니다. 삼성전자의 기술 발전을 고려했을 때 소부장 기업 중에서 삼성전자와 함께 세계적인 기업이 탄생할 가능성이 크므로 국내의 소부장 기업에 주목해 보시기 바랍니다.

인터넷:
승자 독식의 세계

독점은 숙명, 반독점 규제를 받는 기업에 주목하라!

네이버와 카카오 없이 살아가기 매우 불편한 세상이 되었습니다. 인터넷 기업이 우리 생활에서 차지하는 비중만큼 주식시장에서의 존재감 또한 매우 거대해졌습니다. 닷컴 버블 이후 많은 인터넷 기업이 사라졌지만 살아남은 기업은 시장을 독점하고 세계를 독식했습니다. 국내에는 네이버와 카카오가 대표적입니다.

2000년대 초반 라이코스Lysos, 야후Yahoo!, 네이트nate 등 많은 포털사이트가 있었지만 현재는 네이버가 시장을 거의 차지했습니다. 11번가, 옥션, G마켓 등은 존재감이 미비합니다. 모바일 메신저 시장도 크게 다르지 않습니다. 카카오톡을 제외하고 이렇다 할 성과를 내는 기업이 없습니다. 인터넷산업은 무한한 확장성을 가지고 있지만 승자가 시장을 독식하는 형태입니다. 네이버와 카카오 두 종목을 이해하는 것이 곧 인터넷산업을 이해하는 것과 같습니다. 두 기업을 통해 인터넷산업에 대해 알아보겠습니다.

그들의 주요 수입원은 광고입니다. 포털사이트나 메신저의 기능을 무료로 제공하는 대신 광고를 노출하여 수익을 얻습니다. 광고로 수익을 내려면 최대한 많은 사람을 모아서 점유율을 높이는 것이 핵심입니다. 2010년 카카오톡이 처음 나왔을 때 사람들은 무료 서비스에 대해 의아해했습니다. SMS(문자)를 주고받을 때 건당 20원의 사용료를 지불해야 했는데 무료로 메시지, 이모티콘, 사진, 동영상을 전송할 수 있다니 사용자가 매력을 느끼지 않을 수 없었습니다. 결국, 전 국민이 사용하는 메신저가 됐고 사용자 수에 따른 광고 효과도 엄청났습니다.

그 후 독점적 지위를 확보하고 플랫폼을 기반으로 은행, 택시, 게임, 음악, 웹툰 등 다양한 분야로 사업을 확장하면서 2019년, 카카오톡 채팅 목록 탭 상단에 비즈보드(톡비즈) 광고를 시작했습니다. 2021년 기준 월간 활성 사용자수가 4566만 명으로 확인된 카카오톡에 광고한다는 것은 전 국민에게 광고하는 효과를 낸다는 측면에서 대단한 수익을 불러들였습니다. 출시한 지 1년 만인 2020년 12월에는 일평균 10억 원의 매출을 기록하기도 했습니다.

검색 광고에서는 네이버가 압도적입니다. 네이버는 검색 및 디스플레이 광고가 매출의 절반을 차지합니다. 디지털 광고시장에서 웹 포

▶ 국내 온라인광고 세부시장별 규모 전망

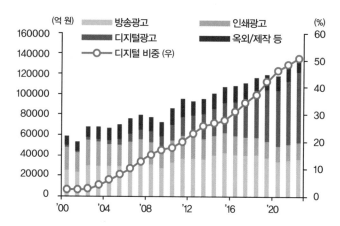

▶ 국내 온라인광고 세부시장별 비중 전망

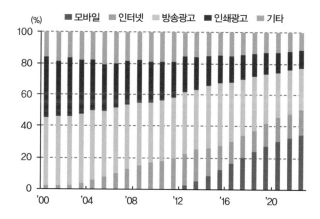

자료: 현대차증권

털은 네이버가, 모바일은 카카오가 점령하고 있습니다.

네이버는 우리나라 포털사이트 점유율 1위 기업입니다. 압도적인 검색 점유율을 바탕으로 커머스 사업이 빠르게 성장했습니다. 검색에서 결제까지 한 번에 해결할 수 있는 네이버페이는 기존 인터넷 쇼핑의 불편함을 획기적으로 개선했습니다. 인터넷 쇼핑몰에서 물건을 사려면 필요한 물건을 검색한 후 물건을 판매하는 쇼핑몰 사이트에 방문하여 물건을 주문했습니다. 쇼핑몰 사이트에 일일이 가입하고, 결제 정보를 입력하는 등 번거로움이 컸습니다.

네이버는 이러한 불편함을 단번에 정비하여 상품 정보 페이지에서 네이버페이 버튼 하나로 손쉽게 물건을 가질 수 있도록 만들었습니다. 이러한 편리함이 인터넷 쇼핑 점유율 1위를 굳히는 원동력이 됐습니다. CJ대한통운(000120)과 손을 잡고 신선식품 시장까지 빠르게 영역을 넓히고 있습니다. 물론 쿠팡을 비롯한 하위권 업체의 투자 확대가 위험 요인으로 작용하겠지만 온라인 쇼핑의 규모도 계속 증가할 것이기 때문에 1위 업체의 선점 효과를 무시하기가 어렵습니다.

내가 검색했던 제품이 포털사이트나 모바일에서 광고로 뜨는 것을 자주 보셨을 것입니다. 구글이나 네이버 같은 업체들은 고객이 검색한 자료를 바탕으로 개인 맞춤 광고를 제공합니다. 고객이 '언제' '무엇'을, '어디'에서 결제했는가는 광고주들에게는 매우 훌륭한 재료입니다. 소비자가 무엇을 필요로 하는지 알면 상품을 추천할 수 있고 직접적인 성과로 연결될 수 있습니다. 즉 커머스 사업의 성장은 광고 사업의 성장으로 이어집니다. 정보가 돈이 되는 직접적인 예입니다.

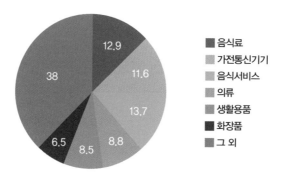

▶ **온라인 쇼핑 항목별 매출액 구성**

기준: 2021년

단위: %

- ■ 음식료
- ■ 가전통신기기
- ■ 음식서비스
- ■ 의류
- ■ 생활용품
- ■ 화장품
- ■ 그 외

자료: 통계청

다음은 콘텐츠 분야입니다. K-콘텐츠의 성공은 국내 인터넷 기업의 글로벌 진출에 교두보 역할을 할 것입니다. 글로벌 시장 진출을 염두에 둔 네이버와 카카오는 콘텐츠 사업에 많은 돈을 쏟아붓고 있습니다. 초기에는 고객 유인을 위한 수단이었지만 이제는 어엿한 수익 모델입니다. 한류는 국내 콘텐츠의 글로벌 성공을 확신할 수 있는 뚜렷한 증거이며 이미 해외에서도 성과를 내고 있습니다.

네이버의 라인망가LINE MANGA, 카카오의 픽코마ピッコマ는 만화 강국 일본에서 점유율 1, 2위를 기록하는 만화플랫폼으로 성장했습니다. 북미 시장으로 타깃을 넓혀 네이버는 캐나다의 웹소설 플랫폼 왓패

드_{Wattpad}를 인수했고, 카카오는 웹소설 플랫폼 래디시_{Radish}와 웹툰 플랫폼 타파스_{Tapas}를 인수했습니다. 인터넷 기업들은 국내에서만 성과를 얻는다는 한계가 있었지만 웹 기반 콘텐츠를 통해 글로벌 시장에 진출하며 더 큰 성장을 보일 수 있게 되었습니다. 네이버가 인수한 왓패드의 월 사용자 수는 9400만 명입니다. 우리나라 인구의 거의 두 배에 달합니다. 국내와 일본 시장의 경험을 살린 유료화 전략을 통한 수익의 다각화가 관건이 되겠지만 잠재력만은 대단하다고 볼 수 있습니다.

이 외에 클라우드 서비스에 많은 인터넷 기업들이 투자하고 있습니다. 네이버는 아마존, MS, 구글, 알리바바(BABA)에 이은 국내 클라우드 사업 5위 업체입니다. 네이버 외에 KT와 더존비즈온(012510), 한글과컴퓨터(030520) 등의 기업이 클라우드 사업을 진행하고 있습니다. 글로벌 기업과 경쟁해야 하는 어려움이 존재하지만 국내 점유율 증가와 아시아태평양 지역의 틈새시장을 노린다면 새로운 성장 동력이 될 수 있습니다.

인터넷산업의 성공은 독점력에 달려 있습니다. 쿠팡이 매년 천문학적 손실을 감수하면서 저렴한 가입 비용만 받고 무료 배송 서비스를 하는 이유도 커머스 시장에서 독점적인 지위를 달성하고자 하는 의도입니다.

고객에게 세상에 없던 차별화된 서비스 제공할 때 기업의 장악력이 커집니다. 문자보다 편한 카카오톡, 네이버페이로 한 번에 결제를 선택한 소비자들은 편의를 포기할 이유가 없습니다. 물론 시장의 독점에

3-2 카카오엔터테인먼트 사업구조

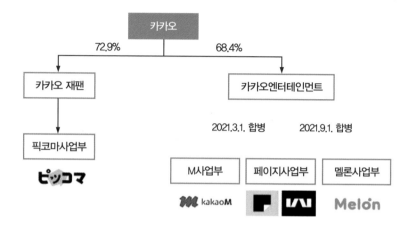

3-3 네이버웹툰 사업부 조직도

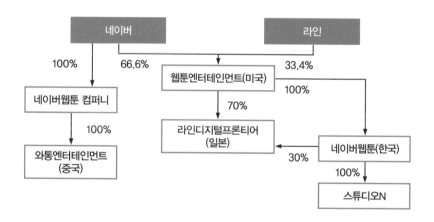

자료: 하나금융투자

관한 정부의 제재에 영향 받지 않을 수 없겠지만 시장을 차지한 이상 상승 흐름은 유지될 것입니다. 그로 인한 주가의 움직임도 결국 기업이 독점적인 지위를 가질 만한 대단한 경쟁력이 있다는 의미입니다.

따라서 인터넷산업을 살펴볼 때는 해당 종목이 독점적이기까지 한 점유율을 확보한 기업인지 따지면 투자하기가 수월합니다. 네이버가 인터넷 검색과 커머스 시장을 차지하고, 카카오가 모바일에서 카카오톡이라는 메신저를 활용하여 기반을 확보한 것처럼 압도적인 점유율을 차지한 기업이 이를 기반으로 다양하게 사업을 확장해 나가면서 더욱 덩치를 키울 것입니다. 초기에는 실적이 좋지 않을 수밖에 없습니다. 벌어놓은 돈을 다시 투자하기 때문에 매출은 늘어나지만 수익은 늘지 않는 형태를 보입니다.

PER 같은 지표로 설명할 수 없는 주가가 형성될 때는 PSR이 대안이 될 수 있습니다. 시장점유율이 늘어나면서 매출도 증가하는 기업은 원할 때 이익을 만들어 낼 수 있습니다. 이익이 나기 시작하면 주가의 상승보다 이익이 늘어나는 속도가 더 빨라지므로 PER 같은 이익 지표는 제자리를 찾습니다. 독점적인 지위를 가진 기업의 매출이 늘어나고 아직 이익은 나지 않아 높은 밸류에이션 평가를 받을 때가 인터넷 기업 투자의 적기입니다.

선택 기준은 의외로 간단합니다. 독점적인 경쟁력을 가진 기업은 몇 개 없습니다. 앞으로 그들이 모든 것을 장악할 것입니다.

자동차:
싼 게 비지떡

미래 차에 투자하라. 비싼 건 이유가 있다

우리나라에서 가장 중요한 산업이 무엇인지 묻는다면 대부분 반도체 산업을 꼽습니다. 그런데 시선을 약간만 달리하면 답이 달라질 수도 있습니다. 바로 고용 문제라는 필터를 씌우는 것입니다. 그러면 자동차산업은 반도체보다 더 중요해집니다. 반도체산업은 대부분 자동화되어 있어서 고용 유발 효과가 크지 않은 반면, 수만 개의 부품이 필요한 자동차산업은 약간 과장하여 노동집약적 산업이라고까지 할 수 있습니다. 현대차와 관련된 수십만 명의 1차, 2차, 3차 벤더 노동자들을 떠올려 보면 쉽게 상상할 수 있습니다.

수익 면에서 반도체보다 미미하지만 고용 효과를 생각한다면 자동차산업이 어려워질 경우 내수 경제에 심각한 영향을 미칠 수 있습니다. 이를 반대로 하면 자동차산업이 호황일 경우에는 내수 경제에도 긍정적으로 작용한다는 의미입니다. 한때 울산에서 '현대' 로고가 붙은 점퍼만 입고 돌아다녀도 모든 술집에서 외상이 가능했다는 소문이 있었을 정도로 지역 경제에 미치는 영향도 상당합니다.

현대자동차그룹의 2021년 글로벌 자동차 판매량은 세계 4순위였습니다. 토요타그룹Toyota, 폭스바겐그룹Volkswagen, 르노닛산Renault-Nissan-Mitsubishi 다음이 현대차그룹이었습니다. 주식투자자 입장에서는 테슬라나 LG에너지솔루션(373220) 같은 기업들이 먼저 생각납니다. 완성차 업체의 성장은 멈춘 지 오래고 전기차 업체들이 그 자리를 차지하고 있어서 일 것입니다.

현대차는 2008년 금융위기 이후 경기 회복과 함께 빠르게 성장했지만 한국전력 부지를 낙찰 받은 2014년 자기자본이익률이 급격히 하락했습니다. 당시 한국전력에서 삼성동 부지를 매각하며 제시한 금액인 3조 3000억 원보다 3배 많은 10조 5500억 원에 매입을 결정하여 주주들에게 많은 원성을 샀습니다. M&A나 주주환원에 이용하여 기업가치를 크게 올릴 수 있는 돈으로 서울의 노른자 땅을 샀던 것입니다. 주주들의 낙담과 실적 부진, 중국의 사드 보복까지 겹치면서 오랜 기간 주가는 하락하고 시가총액 순위도 내려갔습니다.

2009~2012년은 현대차그룹의 전성기였습니다. 몇 가지 좋은 기회가 있었습니다. 금융위기로 망가진 미국 자동차 업계를 대신하여 시장점유율을 빠르게 높여 나갔습니다. 당시 피폐해진 미국 시장은

비싼 차보다 가성비가 좋은 차를 선호했고 저가 브랜드 포지션이었던 현대차그룹이 점유율을 높이기에 좋았습니다. 2011년 동일본 대지진으로 일본 자동차 업계가 큰 타격을 입어서 한국 자동차는 일본과 경쟁하지 않고 점유율을 빠르게 늘릴 수 있었습니다.

한참 경제가 성장하던 중국 시장에 진출하면서 중국 시장에서도 판매량이 급성장했습니다. 세계에서 가장 큰 두 개의 시장에서 선전하면서 현대차그룹이 성장했는데, 미국 시장은 미국, 일본 자동차 업계가 충격에서 회복하면서 가격 경쟁력이 오래가지 못했고, 중국 시장은 2014년 사드 배치에 대한 경제 보복으로 실적이 몰락한 이후에 아직도 회복하지 못하고 있습니다. 과거 중국 시장은 선진국 시장에서 잘 안 팔리던 차를 밀어내는 시장이었습니다. 중국 시장의 판매율이 저조하다보니 미국 시장의 재고를 감당하지 못하게 되었고 딜러에게 보조금을 더 많이 지불하게 되면서 이익의 감소로 이어졌습니다.

이러한 악순환은 경영진의 실책이었습니다. 자동차 회사는 차를 잘 만들어야 합니다. 차를 잘 만든다는 의미는 '멋있는 차'보다 '고객이 원하는 차'를 만들어야 한다는 것입니다.

과거 도산했다 기사회생한 기아차는 K-시리즈가 성공하면서 살아났고, 현대차도 그랜저와 소나타 판매가 2010년대의 성공을 이끌었습니다. 안타깝게도 여기서 끝이었습니다. 경영진이 성공에 도취되면 시대의 변화를 따라가지 못합니다. 대표적인 실패 사례가 '아슬란'입니다. 제네시스 브랜드를 분리해 낸 현대차는 그랜저로는 뭔가 좀 아쉬웠던 모양입니다. 당시 벤츠 e클래스와 BMW 5시리즈의 판매 순위가 높아서 그랜저보다 좀 더 고급화된 제품 전략을 구상했을 것입니다. 그러나 SUV가 전 세계적으로 시장을 휩쓸던 시기였습니다. 현대차의 대형 SUV급인 베라크루즈가 단종된 상태에서 그나마 판매량을 책임지던 싼타페마저 지붕에서 물이 새는 일이 발생해 '수타페'라는 오명을 뒤집어쓰고 SUV 시장에서 고전했습니다. 기아차는 오랜 기간 신형이 나오지 않았고, 모하비로는 고객의 니즈를 채우기 힘들었습니다. 쏘렌토는 잘 팔렸지만 단일 상품으로 매출을 메우기에는 역부족이었습니다.

그러던 차에 2019년 기아차가 텔루라이드로 미국에서 대박을 터트립니다. 출시된 지 3년이 지난 2021년에도 9만 3705대를 판매하는 등 좋은 실적을 이어갔습니다. 각성한 현대차는 펠리세이드를 가성비 좋게 국내에 출시합니다. 캠핑 열풍으로 대형 SUV에 목말랐던 한국 소비자들은 환호했고, 미국 시장에서도 텔루라이드만큼의 반응은 아니지만 나름 유의미한 결과를 얻게 되었습니다.

미국 시장에서 신차 판매량이 증가하는 것보다 더 긍정적인 신호는 따로 있습니다. 딜러보조금이 줄어드는 것입니다. 딜러보조금이란 차량을 판매하는 딜러에게 주는 일종의 인센티브입니다. 딜러보조금이 늘어나면 차가 인기가 없어 잘 안 팔린다는 말이고, 그에 따른 비용이 증가하여 수익성이 낮아집니다.

현대차와 기아차 등 완성차 투자에 관심 있는 투자자들은 판매 데이터도 물론 중요하게 살펴야 하지만 딜러보조금 지급 내용도 빼놓지 말아야 합니다. 밀어내기로 판매량은 증가할지라도 딜러보조금이 같

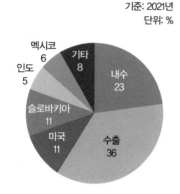

▶ 기아차 지역별 매출 비중

기준: 2021년
단위: %

멕시코 6
인도 5
기타 8
내수 23
슬로바키아 11
미국 11
수출 36

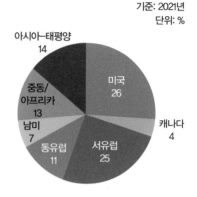

▶ 기아 수출 지역별 매출 비중

기준: 2021년
단위: %

아시아-태평양 14
중동/아프리카 13
남미 7
미국 26
캐나다 4
동유럽 11
서유럽 25

자료: 대신증권 리서치센터

이 늘어나면 수익성에 타격이 큽니다. 매월 공시하는 판매 데이터와 함께 딜러보조금도 꼭 같이 챙겨 보기를 바랍니다.

이제는 자동차를 몇 대 팔았는지보다 한 대를 팔아서 이윤을 얼마나 남길 수 있는지가 더 중요해졌습니다. 현대차 영업이익률은 절망적인 수준이었습니다. 많이 팔리다 보니 이익도 많은 것처럼 보이지만 대규모 리콜 사태가 일어나기라도 하면 수익성은 급격히 낮아집니다.

2020년 테슬라의 영업이익률은 6%를 넘겼습니다. 불과 1년 전만 해도 적자로 고전을 면치 못하던 차였습니다. 2021년에도 영업이익이 크게 성장하면서 영업이익률은 무려 12%를 기록했습니다. 이에 비해 현대차는 2011년에 영업이익률 10%를 반짝 달성했을 뿐입니다.

테슬라는 고객이 원하는 차를 만듭니다. 가격이 비싸더라도 조건이
충족된다면 소비자는 얼마든지 지불할 용의가 있습니다. 2021년 초
애플카 사태가 벌어졌을 때 주가가 그렇게 강하게 오른 것도 아이폰
같은 기대감이 실렸기 때문입니다. 소비자의 높은 기대감을 충족시켜
이익으로 끌어올 수 있어야 합니다.

2020년 자동차 업계가 사양산업의 초입으로 들어가는 듯 보였습
니다. 쌍용자동차가 망하고 현대차그룹의 실적은 점점 악화되기만 했
습니다. 부품 업체들은 말할 것도 없었습니다. 판매량이 줄어들면서
고정비를 감당하지 못하는 부품사들이 심각한 적자에 허덕였습니다.

코로나19 이후 자동차 업계에 변화가 생기기 시작했습니다. 미국

3-4 **현대차, 기아, 테슬라 영업이익률 추이**

테슬라는 현대기아차가 넘지 못하는 영업이익률 10%를 흑자전환 2년 만인 2021년에 돌파했다.

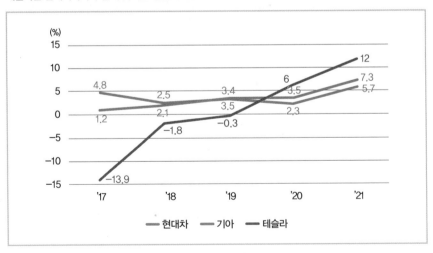

시장의 SUV 판매량이 증가하고, 제네시스가 국내에서 자리를 잡고 있습니다. 신차 효과로 매출이 개선되고 판매량도 늘고 있는데 이러한 실적을 이어갈 만한 전략이 있어야 장기투자로 이어질 수 있습니다. 그룹이 미래 차를 위한 연구개발에 안정적으로 투자할 수 있는지가 중요해집니다.

사양산업이란 막다른 골목에서 회복한다는 것은 다시 성장 사이클로 진입하고 있다는 뜻이기도 합니다. 전기차, 자율주행차, 수소차 등 미래 자동차 시장에서 경쟁력을 갖춘다는 전제가 필요합니다. 그럴 수 있다면 지난 10년간 시장에서 저평가되었던 자동차 및 자동차 부품 업체들의 밸류에이션이 한 단계 높아질 것입니다.

자동차 업종에 투자할 때는 두 가지 중요한 문제를 고민해야 합니다.

▶ **자율주행차 관련 업체**

완성차 및 전장	자율주행 플랫폼	자율주행 관련 서비스	스타트업
GM, Audi, TESLA, Volkswagen, VOLVO, TOYOTA, HYUNDAI, Continental Automotive Systems, NISSAN, RENAULT, HONDA, MAGNA, BOSCH	intel, NVIDIA, DELPHI Innovation for the Real World, Apple, MOBILEYE, Google	TESLOOP, DiDi, Uber, lyft, RideCell	ZOOX, ZMP, TRILUMINA, nuTonomy, PILOT, swift NAVIGATION

첫 번째, 그동안 내연기관 생산을 책임졌던 곧 좌초자산이 될 기존 설비를 얼마나 효율적으로 전기차로 전환할 수 있는지가 향후 완성차 업체의 순위를 좌우할 것입니다. 지금 당장 전기차가 부문이 급성장하고 있지만 여전히 시장에서의 점유율이 높지 않은 상황입니다. 현재는 내연기관차가 캐시카우 역할을 하면서 미래 차로의 전환이 이루어져야 합니다. 테슬라를 제외한 기존 완성차 업체의 가장 큰 위험은 기존 설비입니다.

완성차 업체는 오랜 하락 사이클을 지나 미래 차라는 새로운 성장 사이클에 도착했습니다. 현재는 테슬라가 가장 앞서 나가지만 그 뒤를 따르는 업체는 기존에 높은 시장점유율을 보였던 토요타나 폭스바겐이 아닐 수도 있습니다. 당장 중국의 전기차 업체가 빠른 속도로 중국 시장을 점령하고 있고 경험과 자본력을 바탕으로 세계 시장의 문을 두드리고 있습니다. 새로운 사이클에 생각지 못한 강자가 출연할 수 있습니다. 글로벌 시장에서 새로운 평가를 받을 수 있는 절호의 기회입니다. 어떻게 전기차를 잘 만들고 내연기관을 잘 정리하는가에 따라 운명이 결정될 것입니다.

두 번째, 자동차 부품 업체의 변신입니다. 완성차 업체는 전기차 생산으로 새로운 기회를 얻을 수 있지만 부품 업체는 경우가 다릅니다. 자동차에서 엔진·미션 계통의 부품이 사라지면 관련된 부품 수 역시 크게 줄어듭니다. 지금 당장 저평가된 것처럼 보이는 자동차 부품주 중 살아남을 수 있는 기업을 찾아야 합니다.

우리나라 자동차 부품주의 최대 약점은 현대차그룹에 의존도가 높다는 점입니다. 현대차그룹에만 의존하다 보니 아무리 뛰어난 기업도 높은 이익을 가져가기가 힘듭니다. 현대차의 영업이익률이 5%인데 하청업체의 영업이익률이 20%라면 단가 인하 압력을 받아 높은 이익을 이어가기가 힘듭니다. 상대적으로 자본력이 부족한 업체들은 미래 차를 대비할 여력이 부족하고 또 지속되던 불황으로 4, 5년 앞을 내다 보고 투자하기가 어렵습니다. 미래 차로의 급속한 전환으로 많은 기업이 운명을 달리할 수 있습니다.

2021년 가장 뜨거웠던 주제는 2차전지 소재주였습니다. 에코프로비엠(247540), 엘앤에프(066970), 천보(278280) 등의 기업을 2차전지 소재 업체로 구분할 수 있습니다. 저렴한 기존 내연기관 부품을 생산하는 기업에 투자하기보다는 비싸도 미래에 성장성이 큰 부품 기업에 투자하는 것이 장기적으로 도움이 됩니다.

바이오:
이제는 꿈이 아닌 현실

바이오, 꿈을 좇지 말고 현실을 볼 타이밍

우리나라 성장산업의 대표주자는 바이오산업입니다. 다른 나라에 비해 시작은 조금 늦었지만 빠른 발전 속도를 보이고 있습니다. 업종 및 업황과 관련된 기술 자체에 대한 설명은 언급되지 않아서 자칫 내용이 복잡하고 어려워 보입니다. 기술을 익힌다기보다는 큰 흐름을 짚어보고 투자를 하는 방법과 업종을 대하는 태도에 대해 알아간다고 생각해 주시기를 바랍니다.

한국 바이오산업의 두 축, 바이오시밀러와 CMO

특허가 끝난 의약품을 구조적으로 동일하게 제조하여 만든 의약품을 복제약이라고 합니다. 그리고 의약품 중에서 화학적으로 합성하지 않고 생물학적 기법으로 개발한 의약품을 바이오의약품이라 합니다. 바이오시밀러는 바이오의약품에 대한 복제약입니다. 바이오의약품은 화학식을 통해 합성한 복제약과는 달리 세포를 이용해 만들기 때문에 매우 복잡합니다. 복제약이라고 하더라도 완전히 같은 약품으로 만들 수는 없어서 시밀러 similar라는 표현을 사용합니다.

왜 화학적 복제가 아닌 세포를 이용하여 복제약을 만들까요? 특정 단백질에만 반응하기 때문에 효과가 뛰어나고 기존 화학의약품에 비해 부작용이 적기 때문입니다. 바이오시밀러는 오리지널 약에 비해 상대적으로 저렴하다는 장점이 있지만 기존 화학적 복제약보다 제조하기 어렵고 임상을 거쳐 허가를 받아야 합니다.

특허가 끝난 약을 아무나 복제할 수 있다고 생각해서는 안 됩니다. 바이오시밀러 산업도 기술의 난이도가 심화되면서 진입장벽이 높아지고 있는데 국내 업체들이 초기부터 선전하면서 우리나라의 새로운 성장 산업으로 자리를 잡고 있습니다.

CMO contract manufacturing organization는 바이오의약품을 위탁생산하는 의약품 전문 생산 사업을 가리킵니다. 반도체 업계에서는 파운드리, 전자 업계에서 OEM이라고 말하는 주문자 상표 부착 생산과 유사한 개념이라 생각하면 조금 쉽습니다. 코로나19 이후 국내 CMO 기업이

▶ **의약품 분류**

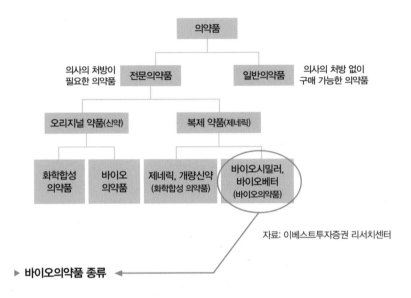

자료: 이베스트투자증권 리서치센터

▶ **바이오의약품 종류**

자료: 이베스트투자증권 리서치센터

세계적인 관심을 받고 있습니다. 2021년 한·미 정상회담 이후 모더나(MRNA)사의 mRNA 백신 CMO 수주를 삼성바이오로직스가 맡기로 하면서 세계적인 이목이 쏠렸습니다. 아스트라제네카(AZN)는 국내 SK바이오사이언스(302440)와 CMO 계약을 체결했고, 러시아의 스푸트니크V는 휴온스글로벌컨소시움이 수주했습니다. 팬데믹 상황으로 우리나라 바이오 기업의 CMO 기술력을 인정받는 계기가 된 것입니다.

　신약 개발 업체들은 신약에 집중할 수 있고, 바이오의약품 생산을 위해서는 GMP 기준good manufacturing practices(우수 의약품 제조 및 품질관리 기준)에 부합하는 까다로운 생산설비가 필요한데 CMO를 이용하면 생산설비를 구축할 필요가 없습니다. 그러나 신약 개발 사업과 병행하는 회사는 고객사들로부터 기술 유출에 대한 의심을 받을 수도 있습니다. 파운드리 산업에서 TSMC의 전략을 가져가느냐 삼성전자의 전략을 가져가느냐의 문제인데 신약 개발은 그야말로 낙타가 바늘구멍을 통과하는 것만큼 어렵습니다. 개발된 약만을 생산하는 것이 좀 더 안정적인 이익구조를 유지할 수 있습니다.

　우리나라에서 제약산업이 뜨거웠던 시기는 2015년입니다. 그전까지 리베이트 금지법, 일괄 약가 인하 등의 영향으로 주목을 받지 못하다가 한미약품을 비롯한 대형 제약사들이 기술수출을 하기 시작했습니다. 기존에 보지 못했던 수출 금액으로 주가는 수직 상승하였습니다. [3-5]에는 과거 10년 동안의 제약·바이오산업의 중요한 이벤트들이 잘 정리되어 있습니다.

3-5 제약사 시가총액 및 누적 기술수출 금액

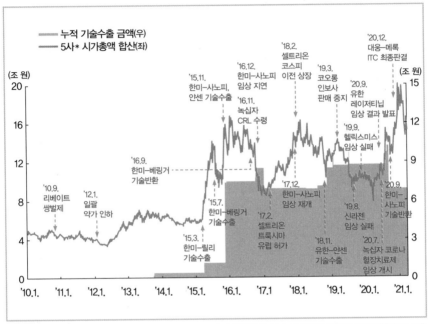

*5사: 유한양행, 녹십자, 한미약품, 종근당, 대웅제약 합산 시총
자료: Quantiwise, 대신증권 리서치센터

　　2015년 폭발적으로 상승한 바이오 기업의 주가는 2년 만에 위기를 맞게 됩니다. 이전된 기술이 신약 개발에 실패하면서 반환되었고 주가도 하락했습니다. 실적이 없는 업체들의 기술이전 또는 임상에 대한 기대감으로 주가가 급등했는데 그러다 보니 바이오 업종 밸류에이션 자체가 매우 높거나 수익성으로는 가치를 계산하기 어려운 지경이었습니다. 당연하게도 신중한 투자자는 쳐다보기 힘든 업종이 되었습

214

니다. 실적을 통해 가치를 계산하지 못한다면 기술을 이해하면 되는데 그게 더 어려운 일입니다. 기업 발표만 들으면 곧 약이 시판될 것 같지만 임상3상까지 통과하는 일이 정말 쉽지 않습니다. 높은 기대감으로 오른 주가만큼이나 임상 실패에 따른 결과는 참혹했습니다.

다행스러운 점은 우리나라 바이오산업의 평균 PER이 낮아지고 있다는 것입니다. 꿈을 먹고 살아가던 업종에서 이제는 돈을 벌어들이고 있다고 말할 수 있습니다. 미국은 우리나라보다 훨씬 먼저 바이오산업이 성장했고 블록버스터 의약품을 판매하면서 기술과 꿈만 가지고 올라가던 주가가 아닌 실적이 반영되기 시작했습니다.

업황 KEY POINT

▶ 신약 개발 단계

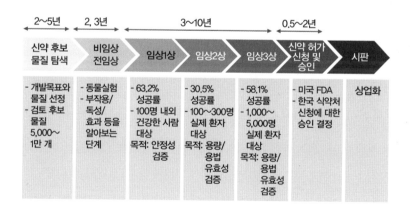

2~5년	2, 3년	3~10년			0.5~2년	
신약 후보 물질 탐색	비임상 전임상	임상1상	임상2상	임상3상	신약 허가 신청 및 승인	시판
- 개발목표와 물질 선정 - 검토 후보 물질 5,000~ 1만 개	- 동물실험 - 부작용/독성/효과 등을 알아보는 단계	- 63.2% 성공률 - 100명 내외 건강한 사람 대상 목적: 안정성 검증	- 30.5% 성공률 - 100~300명 실제 환자 대상 목적: 용량/용법 유효성 검증	- 58.1% 성공률 - 1,000~ 5,000명 실제 환자 대상 목적: 용량/용법 유효성 검증	- 미국 FDA - 한국 식약처 신청에 대한 승인 결정	상업화

자료: 이베스트투자증권 리서치센터

미국 바이오 업종의 밸류에이션은 한국보다 훨씬 낮습니다. 미국의 대표 바이오 기업인 화이자(PFE)의 2019년 PER은 13.7배에 불과합니다. 우리나라 대표 바이오 기업인 삼성바이오로직스의 2019년 PER은 80배, 셀트리온은 60배가 넘습니다(코로나 영향을 배제하기 위해서 2019년 PER 비교). 2018년 고점을 형성한 바이오산업의 밸류에이션이 점점 낮아진다는 말은 바이오산업이 돈을 벌고 있다는 말도되지만 동시에 성숙해지고 있다는 뜻입니다. 예전처럼 폭발적인 성장성은 아니더라도 실적에 따라 안정적인 주가 흐름을 보여준다면 기관투자자나 외국인 투자자들의 수급뿐 아니라 가치투자자들의 시각도많이 달라질 것입니다.

바이오산업은 우리나라의 새로운 먹거리로 부상하며 정부에서 육성 의지를 갖고 있습니다. 하지만 장점만 있는 것은 아닙니다. 기술에대한 이해가 어렵고, 기술이 상용화되기까지 기업의 실적이 부진합니다. 흔히 가치평가 지표로 사용되는 PER과 PBR을 놓고 따지면 투자하기가 어렵습니다. 바이오 기업 투자에 성공하기 위해서는 뽑기를 잘해야 한다는 것인데 그건 도박과 다르지 않습니다. 이슈에 따른 변동성도 매우 커서 오를 땐 좋지만 내릴 땐 큰 손실을 볼 수도 있습니다.

따라서 바이오산업에 투자할 때는 분산투자를 하는 게 중요하고 직접 종목에 투자하기보다는 바이오 관련 ETF에 투자하는 것이 더 안전합니다. 또는 바이오산업의 대표 주자 그리고 기술만으로 주가가오른 기업보다는 기술이 이익으로 연결되기 시작하는 기업에 투자하는 것이 조금 더 안전한 방법일 것입니다. 2015년에 이미 꿈만 좇는 바이오 투자는 끝났습니다. 과거 닷컴 버블이 꺼진 이후에 네이버 같은 '진짜'가 나왔듯이 바이오도 산업 성장을 이끌어 낼 대단한 기업이 출현할 텐데 실적이 뒷받침되지 않고는 영영 불가능합니다.

우리나라의 산업 구조가 빠르게 변화하고 있습니다. 시가총액 상위 기업에서 점차 제조업이 사라지고 있습니다. 인터넷, 친환경, 바이오 등이 빈자리를 새롭게 채우면서 이러한 흐름에 발맞춰 정부도 지원을 확대하고 있습니다. 한국은 세계에서 가장 빠르게 고령화되는 국가입니다. 과거부터 실버산업의 성장을 예상했지만 편하게 즐길 수 있는 은퇴 자산이 많지 않은 것이 현실입니다. 하지만 의료비는 다른 영역입니다. 앞으로 제약·바이오산업이 고령화 사회의 가장 큰 수혜를 받을 것으로 보입니다.

▶ **바이오의약품 시장 규모 전망**

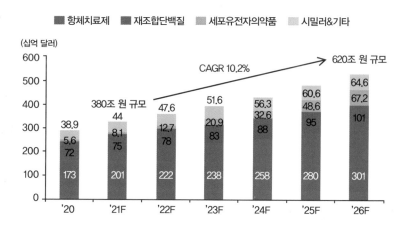

자료: Evaluate Pharma

게임:
메타버스라는 차세대 엔진 장착

게임 성공, 예측하기보다 실제 순위를 확인하라

게임산업은 2010년대 스마트폰의 보급 이후 빠르게 성장하며 주식시장에서도 각광을 받았습니다. 2011년 정부의 규제에 막혀 잠시 주춤하다 최근 게임에 대한 인식이 새로운 문화 중 하나로 전환되면서 규제가 완화되는 분위기입니다. '청소년 셧다운제'로 알려진 「청소년 보호법 제 26조(심야시간대의 인터넷 게임 제공시한 제한)」는 만 16세 미만의 청소년에게 자정부터 오전 6시까지 인터넷 게임을 제공해서는 안 된다는 내용을 담고 있습니다. 2011년 시행 이후 효과가 없다는 것이 증명되면서 2022년 1월부터 폐지됐습니다.

우리나라 게임산업이 셧다운제로 10년간 규제를 받으며 성장이 멈춘 동안 중국산 게임의 경쟁력이 빠르게 성장했습니다. 인터넷산업이 매우 발달해 있는 중국은 인구수만큼 게임 시장의 규모도 엄청난데 2020년 기준 47조 원 규모로 세계 최대입니다. 10년 전까지만 해도 엔씨소프트(036570), 웹젠(069080), 위메이드(112040) 등 국내 게임산업의 개발력이 중국 업체를 압도했지만 현재는 동등하거나 중국 업체의 경쟁력이 더 높아졌다고 보는 시각도 많아졌습니다. 국내 게임 시장은 정부의 게임산업 규제 영향을 받았고, 2016년 사드 보복 이후 중국 게임 시장의 판호(게임 출시 허가) 발급이 중단되면서 중국 시장 내 한국 게임의 경쟁력이 급격히 위축됐습니다.

최근 중국 시장에 조금씩 변화가 일어나고 있습니다. 2020년 12월, 컴투스(078340)의 '서머너즈워' 판호가 발급됐고, 2021년 6월에는 펄어비스(263750)의 '검은사막M' 판호가 발급됐습니다. 2021년 2월 '룸즈: 불가능한 퍼즐'에 이어 4개월 만에 발급된 판호입니다. 폭력적이라는 이유 등으로 판호 발급을 제한했던 국산 게임에 대한 견제가 완화되어서인지 다른 개발사들의 주력 게임도 판호를 받을 수 있을 것이라는 기대감이 시장에 조성되었지만 중국 현지의 셧다운제로 여전히 불안함은 남아 있습니다.

2021년 8월, 중국은 미성년자 온라인 게임 규제를 발표했습니다. 18세 미만 청소년의 게임 시간을 금요일, 토요일, 일요일과 법정 공휴일 저녁 8시에서 9시까지 한 시간만 이용할 수 있도록 했습니다. 10년 전 우리나라의 전철을 그대로 밟고 있는데 중국에 진출하려는 국내 게임 업체 입장에서는 심리적으로 불안한 소식이 아닐 수 없습니다.

2020년에는 코로나19의 대표적인 수혜주로 게임 종목이 주목을 끌었습니다. 사회적 거리두기를 하며 집에 있는 시간이 많아지면서 자연스럽게 게임에도 관심이 쏠렸고 인기는 높아졌습니다. 2020년 닌텐도 '동물의 숲 에디션'이 출시 됐을 때는 물건이 없어서 웃돈을 얹어주고 사는 진풍경이 벌어지기도 했습니다. 다른 업체들도 앞다투어 대작을 발표하면서 게임 시장 반응에 따라서 주가의 흐름도 달라졌습니다. 넷마블(251270) '제2의 나라: 크로스월드'와 카카오게임즈 '오딘' 그리고 엔씨소프트의 '트릭스터M' '블레이드&소울2' 등이 공개됐습니다. 제2의 나라에 일본의 유명 애니메이션 제작사인 지브리 스튜디오가 그래픽 작업으로 참여했다는 소식은 발매 전 관심을 끌기에 충분했지만 막상 공개되고 나자 결과는 전혀 기대에 미치지 못했습니다.

반전은 카카오게임즈의 MMORPG 게임 오딘이 구글 플레이 Google Play와 앱스토어 App Store 양대 마켓에서 매출 순위 1위를 기록하면서 일어났습니다. 영원할 것 같던 리니지의 아성에 금이 간 순간이었습니다. 20년 동안 린저씨(리니지 하는 아저씨)들의 지갑을 쥐고 있던 엔씨소프트가 1위를 내주었다는 사실이 업계에서는 크나큰 충격이었습니다. RPG 시장이 포화된 상태에서 리니지2M이 출시됐을 때 카니발리제이션 cannibalization [*]에 대한 우려가 있었습니다. 출시 이후에도 리니지M의 매출이 줄어들지 않았고 나란히 매출 1, 2위를 기록하며 기우였음이 판명됐는데 오딘이 기존 리니지의 점유율을 가

카니발리제이션
기업의 신제품 발매로 해당 기업에서 판매하던 기존 제품의 수익이나 점유율이 감소하는 현상이다. 자기잠식과 같은 의미이다.

▶ 게임사 PER 밸류에이션　　　　　　　　　　　기준: 2022년 추정치

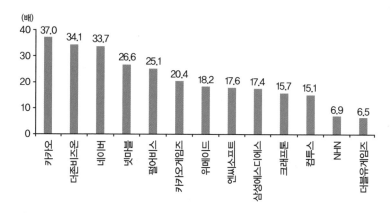

자료: Quantiwise, 한화투자증권 리서치센터

▶ 플랫폼별 글로벌 매출 비중　　　　　　　　　기준: 2022년 추정치

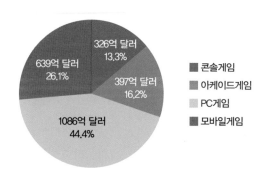

자료: PwC(2021), Enterbrain(2021), JOGA(2021), iResearch(2021), Play Meter(2016), NPD(2021)

저가기 시작한 것입니다. 엔씨소프트가 새로 출시한 '블레이드&소울 2'가 흥행에 참패하면서 게임 시장의 지형도가 RPG에서 캐주얼 게임으로 이동할 가능성도 제시되고 있습니다. RPG 게임은 비용과 시간이 소요되기 때문에 유저들의 부담이 큽니다. 해외에서는 특히 카지노 게임이 대세를 이루는데 우리나라만 유독 RPG 게임을 선호하는 경향을 띕니다. 향후 게임 시장의 지각 변동을 예측하는 전문가들이 늘어나면서 캐주얼 게임 업체가 수익에 비해 상대적으로 저평가를 받고 있는 점이 매력으로 작용하고 있습니다.

게임산업의 새로운 도전, 메타버스 그리고 P2E

—

2021년 3월, 미국 게임 회사 로블록스(RBLX)가 주식시장에 상장하면서 메타버스metaverse 열풍이 불기 시작했습니다. 1992년 미국 SF 소설에 처음 등장한 개념으로 가상이나 초월을 의미하는 메타meta와 우주 universe를 의미하는 단어를 합성하여 현실과 비슷한 가상 세계를 말합니다. 2021년 3분기에는 많은 게임 업체가 NFT non-fungible token* 개념을 게임에 도입하며 새로운 비즈니스를 시작할 계획이라고 밝혔습니다. 세상에 하나뿐인 디지털 아이템을 만들 수 있다는 NFT 특성을 바탕으로 국내 게임 회사는 게임을 하면서 돈도 벌 수 있는 P2E play to earn 사업을 추진하고 있습니다.

NFT
대체 불가능한 토큰. 희소성을 가진 디지털 자산을 대표한다. 블록체인의 각 토큰마다 고유값이 있어 다른 것으로 교환, 대체, 위조가 불가능한 가상자산이다.

P2E 사업은 위메이드의 '미르4'가 전 세계적으로 성공을 거두면서 본격적으로 주목받기 시작했습니다. 미르4는 게임 속 가상 아이템을 위믹스wemix 코인을 이용하여 실제 화폐로 전환할 수 있도록 만들어졌습니다. 돈을 쓰기만 했던 기존의 게임과는 다른 패러다임을 제시하면서 시장의 폭발적인 반응을 이끌어냈습니다.

현재 우리나라에서는 P2E 게임을 이용할 수 없습니다. 제대로 된 법안이 없고, 게임물관리위원회에서는 사행화 우려로 NFT 기반 게임에 대해 등급을 부여하지 않고 있습니다.

따라서 미르4의 P2E는 다른 국가에서 이용할 수 있습니다. 제도적으로 뒷받침되어야 하는 부분들이 많아 불확실성이 높은 것은 사실이지만 메타버스와 현실을 연결해 줄 수 있는 가장 명확한 방식이 될 것으로 보입니다. 메타버스 안의 부가 현실의 부로 옮겨질 가능성이 큽니다.

유튜브가 여타 플랫폼보다 크게 성장할 수 있었던 이유는 계정 운영을 통해 수익 창출이 가능했기 때문입니다. 확실한 수익 모델을 가진 크리에이터들이 유튜브로 유입되었고 영상 콘텐츠 시장을 장악하기에 이르렀습니다. 마찬가지로 유저들이 게임을 하면서 수익을 얻을 수 있다는 점은 크리에이터가 유튜브에 기대한 것 만큼이나 매력적일 것입니다. 지금부터 누가 성공하고 실패할지를 결정하기에는 정보가 몹시 부족합니다. 업계 전체가 NFT 기반 게임을 개발하겠다고 나서는 상황에서 닷컴 버블의 참패를 잊지 말아야 합니다.

NFT와의 결합으로 게임산업은 재도약의 시기가 열릴 것입니다. 제도적인 부분에서 난관이 예상되지만 셧다운제 폐지처럼 시간이 해결해 줄 문제입니다. 방향을 헛짚은 규제가 산업의 성장을 얼마나 쉽게 망쳐 놓을 수 있는지 지난 10년을 통해 분명히 배웠습니다. 2020년 정부는 BBIG bio. battery. internet. game 을 성장산업으로 지정하고 지수를 만들었습니다. 정부의 산업 육성 의지가 엿보이는 대목입니다.

게임산업에서는 신작 게임의 성공 여부가 가장 중요합니다. 돈을 쓴 만큼 성공이 보장된 것도 아니고 '포켓몬고'처럼 갑작스럽게 떠올랐다가 식을 수도 있습니다. 결과가 가장 중요하기 때문에 구글 플레이와 앱스토어를 잘 확인해야 합니다. 대형 게임일수록 신작 출시 일정이 뒤로 밀리는 경향이 있으니 너무 앞서 나가는 것도 위험합니다. 변동성이 큰 성장산업은 긍정적인 면에만 집중하여 이상을 좇기 때문에 상상에 휩쓸리기보다 현재 상황을 샅샅이 따져 투자해야 합니다.

▶ 2022년 주요 게임사 신작 출시 일정

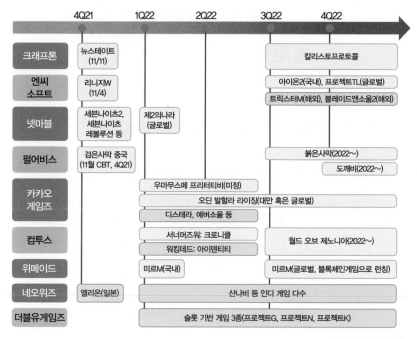

자료: 신한금융투자

엔터와 콘텐츠: 세계로 진출한 K-문화

해외에서 먹히는 아티스트와 드라마가 핵심

아시아태평양 지역에 국한되었던 한류가 전 세계적인 주목을 받고 있습니다. 방탄소년단BTS이 미국 빌보드Billboard에서 1위를 기록하고 그래미 어워드Grammy Award, 아메리칸 뮤직 어워드American Music Awards, 빌보드 뮤직 어워드Billboard Music Awards 등 미국의 3대 음악 시상식에 노미네이트 되며 음악 시장을 휩쓸었습니다. K-팝은 '강남스타일' 이후 10년간 말 그대로 어마어마한 성장을 했습니다.

1990년 음반 시장이 전성기였을 때 김건모, 신승훈 같은 스타들은 100만, 200만 장의 앨범을 판매했습니다. 우리나라의 음반 판매 기네스 기록은 1995년 330만 장이 팔린 김건모의 '잘못된 만남'이었습니다. 2020년 BTS의 '맵 오브 더 솔: 7'이 411만 4,000여 장을 팔아 치우며 기록을 경신했습니다. 스트리밍이 음악 재생의 주를 이루는 시대에서 음반 판매량 411만 장이 가지는 의미는 적지 않습니다. 2016년까지 역성장하던 음반 판매량은 2017년부터 빠른 회복을 보이며 새로운 기록을 써나가고 있습니다. 세계 시장에서의 성공 없이는 불가능합니다.

비단 엔터산업에 국한된 이야기만은 아닙니다. 미디어 시장에서도 한류는 이어집니다. 참신한 발상에 작품성까지 겸비한 한국 콘텐츠는 OTT 시장의 성장과 함께 본격적으로 주목받기 시작했습니다. 영화 「기생충」이 2020년에 아카데미 시상식 4관왕을 휩쓸었습니다. 넷플릭스 오리지널 시리즈 '킹덤' '스위트홈' '오징어게임'의 흥행은 아시아권역뿐 아니라 세계 시장에서 K-콘텐츠가 통한다는 증거입니다.

코로나19는 엔터와 미디어산업에 큰 변화를 가져왔습니다. 사회적 거리두기로 공연이 금지되면서 큰 타격을 입을 것 같던 엔터산업의 수익이 급증했습니다. 공연 티켓을 살 비용이 음반 구매로 대체되었기 때문입니다.

여기에 메타버스도 큰 역할을 했습니다. 실제 공연은 장소, 무대, 수용 인원 등에 한계가 있습니다. 온라인 공연은 투입되는 비용이 오프라인에 비해 적을 뿐만 아니라 인터넷이 연결되기만 하면 누구나 쉽게 접근할 수 있어서 실제 공연의 물리적 장벽을 전부 뛰어넘을 수 있습니다. 국내 대표적인 메타버스 플랫폼 '제페토'에서 열린 블랙핑크BLACKPINK의 팬 사인회에 전 세계 4300만 명의 팬이 몰린 것만 봐도

▶ 전 세계 음악 시장 규모

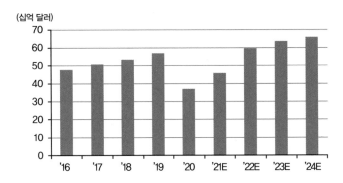

자료: 콘텐츠진흥원, 유안타증권 리서치센터

▶ 전 세계 공연 시장 규모

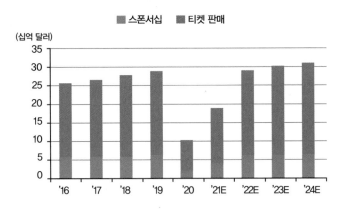

자료: 콘텐츠진흥원, 유안타증권 리서치센터

특성이 극명하게 드러납니다. 팬들은 이렇게 절감된 비용을 아티스트에게 온전히 사용하며 높은 구매력으로 이어졌습니다. 2021년 엔터 사업의 수익성이 급격하게 좋아진 이유도 앨범 판매량 증가 덕분입니다. 음반을 제작할 때 필요한 고정비를 지출하고 나면 그다음부터는 팔리는 만큼 전부 이익이 됩니다.

음반 판매량의 74%가 와이지엔터테인먼트(122870), SM(041510), JYP Ent.(035900), 하이브(352820)에 집중되어 있습니다. 국내 아티스트의 전 세계적인 흥행과 팬덤 문화를 감안했을 때 현재 판매량이 유지될 가능성이 큽니다.

코로나19는 미디어산업의 판도도 바꾸어 놓았습니다. 집에서 머무

▶ **엔터 4사 연간 영업이익 추이 및 전망**

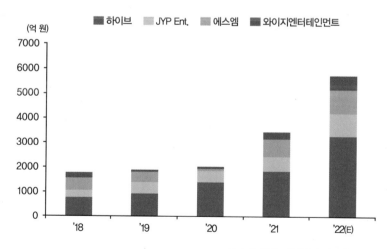

참고: 2022년도 실적은 유안타 추정치 기준
자료: 유안타증권 리서치센터

는 시간이 길어지면서 OTT 서비스의 신규 가입자수가 급격히 늘었습니다. 실적이 좋아짐과 동시에 경쟁도 심해졌습니다. 해외 플랫폼뿐만 아니라 국내에서도 웨이브, 시즌, 티빙, 쿠팡 등 각축전이 벌어졌습니다. 서비스 플랫폼이 많아질수록 콘텐츠를 제작하는 미디어 기업의 몸값은 높아질 수밖에 없습니다. 얼마나 양질의 콘텐츠를 제공할수 있는지가 곧 경쟁력이기 때문입니다.

코로나19로 가장 큰 수혜를 입은 기업은 넷플릭스입니다. 북미와 유럽 등 서구권을 중심으로 성장해 온 넷플릭스가 계속 시장을 장악하려면 지금껏 해왔던 것과 차별화된 콘텐츠가 필요합니다. 아시아 문화권의 콘텐츠가 돌파구가 될 수 있습니다. 넷플릭스는 그 돌파구로 우리나라를 선택했습니다. 2021년 한 해만 5000억 원이 넘는 돈을 투자했습니다. 오징어게임으로 한국의 콘텐츠가 아시아뿐 아니라 전 세계에서 통한다는 것까지 확인했으니 다른 OTT 기업들의 러브콜도 점점 늘어날 것입니다.

메타버스에 현실감을 더해줄 VFX(시각 특수효과) 업체에 대한 투자도 보다 더 활발해질 것입니다. 메타버스의 핵심은 콘텐츠와 IP(지적재산권)입니다. 메타버스 이용자를 증가시키려면 콘텐츠를 충분히 활용할 필요가 있습니다. 하이브, SM, 엔씨소프트는 자사 메타버스 플랫폼을 이용하여 아티스트와 팬이 소통하고 있습니다. 하이브의 위버스 플랫폼은 구독자가 640만 명에 달합니다. SM의 디어유는 2020년 2월 아티스트와 일대일 프라이빗 채팅을 할 수 있는 플랫폼 버블을 런칭해 120만 명의 유료 구독자를 확보했습니다. 인당 4,500원의 정기구

▶ 국내 OTT 가입자 수

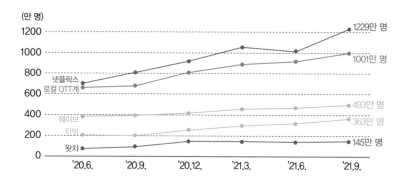

(만 명)

- 1200
- 1000
- 800
- 넷플릭스
- 600 로컬 OTT계
- 400 웨이브
- 200 티빙
- 0 왓챠

'20.6. '20.9. '20.12. '21.3. '21.6. '21.9.

1229만 명
1001만 명
493만 명
363만 명
145만 명

자료: 방송통신위원회 「2021 연차보고서」

▶ 전 세계 OTT 사용자 수　　▶ 전 세계 OTT 플랫폼 사용자 점유율 현황

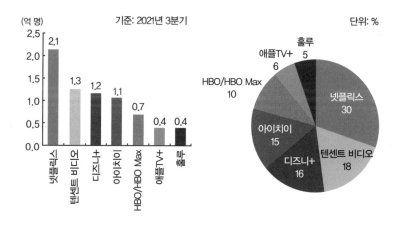

(억 명)　기준: 2021년 3분기　　단위: %

- 2.5
- 2.0　2.1
- 1.5　1.3　1.2　1.1
- 1.0
- 0.5　　　　　　0.7　0.4　0.4
- 0.0

넷플릭스 / 텐센트 비디오 / 디즈니+ / 아이치이 / HBO/HBO Max / 애플TV+ / 훌루

훌루 5
애플TV+ 6
HBO/HBO Max 10
아이치이 15
디즈니+ 16
넷플릭스 30
텐센트 비디오 18

자료: 대신증권 리서치센터

독 시스템으로 구독 유지율이 90%에 달하고 글로벌 이용자 비중은 72%에 달합니다. 사용자 공간을 아티스트의 사진으로 꾸밀 수 있고 이를 NFT로 사고팔 수도 있습니다. 과거 팬클럽 활동에서는 돈을 쓰기만 했다면 앞으로는 NFT를 통해 거래하며 돈을 벌 수도 있습니다.

이미 생활 방식은 변했고 코로나19가 종식된다고 하더라도 예전과 같지 않을 것입니다. 중국인들의 해외여행이 활발해지면서 화장품 산업이 성장했고 제약·바이오 업체들이 기술수출을 하면서 바이오산업이 성장했듯이 엔터와 미디어산업은 전 세계 시장 공략에 성공하면서 우리나라 새로운 성장산업의 새로운 축으로 자리했습니다.

온라인 매출과 앨범 판매 실적은 해외 진출 성과에 따라 격차가 크게 벌어질 것입니다. 강력한 IP와 자체 플랫폼을 보유한 기업에 투자

3-6 엔터 4사 시가총액 추이와 성장 키워드

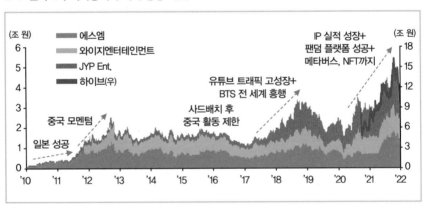

자료: QuantiWise, 신한금융투자

해야 성과를 볼 수 있습니다. 엔터 기업은 사람이 곧 돈입니다. 요새 대세 아티스트는 누구인지 유행하는 콘텐츠는 무엇인지에 관한 관심이 투자로 이어집니다.

　미디어 기업도 다르지 않습니다. 제작비를 들인 만큼 성공하리란 보장은 없습니다. 오징어 게임의 제작비는 200억 원이었습니다. 회당 22억 원이 큰돈으로 보이지만 해외 넷플릭스 오리지널 제작비에 비하면 많지 않습니다. 「브리저튼」은 회당 700만 달러(약 89억 원), 「기묘한 이야기」는 회당 1200만 달러(약 154억 원)를 들였습니다. 흥행작이 될 수 있는지 없는지는 아무도 모릅니다. 이미 대형 제작사에게는 많은 의뢰가 들어갔습니다. OTT 업체의 수와 제작해야 할 콘텐츠 수를 생각하면 소화하기 어려운 물량입니다. 중·소형 제작사까지 빼놓지 말고 잘 살펴보시기 바랍니다. 생각지도 못한 곳에서 기회가 나타날 수 있습니다.

경기민감주:
변화하지 않으면 죽음뿐

변신에 성공하는 경기민감주 찾기

10년 전 포스코는 우리나라 최고 기업 중 하나였습니다. 2000년대 초반 철강산업이 빠르게 성장하면서 시가총액 2위까지 올라갔습니다. 당시 포스코는 단일 기업으로 철을 가장 많이 생산하는 세계 1위 기업이었습니다. 워런 버핏의 포트폴리오에도 포스코가 있었을 정도로 대단했지만 중국의 저가 물량에 밀려 실적이 나빠지기 시작했습니다. ESG 열풍과 탄소배출 비용으로 철강산업은 존폐의 기로에 섰습니다.

산업의 패권은 일본에서 한국 그리고 중국으로 넘어가고 있습니다. 철강산업도 과거에는 일본이 앞섰지만 낮은 인건비와 정부의 지원을 등에 업은 포스코가 세력을 넓혔고 이제는 중국이 세계에서 철을 가장 많이 생산하는 국가입니다.

2000년대 초반에는 철을 생산하기 좋았습니다. 전방산업*인 조선업과 자동차산업이 빠르게 성장하고 있었고, 경기가 좋아서 수요도 뒷받침되었습니다. 그러나 가만히 있을 중국이 아니었습니다. 중국이 철강산업에 투자를 크게 늘리면서 제품 가격의 하락으로 이어졌습니다. 과잉 설비 여파로 포스코는 10년간 구조조정이 진행되면서 철강산업이 장기 침체에 빠졌습니다. 2021년 포스코 시가총액 순위는 10위권 밖으로 밀려났고 2010년 40조 원이었던 시가총액은 2021년 20조 원 대로 거의 반토막이 났습니다.

최근 탄소배출이 화두가 되면서 중국의 철강 생산량이 줄어들고 있습니다. 유럽은 탄소를 많이 배출하는 품목에 탄소세를 매기기로 했습니다. 전 세계적으로 탄소세가 부과되면 가격경쟁력을 무기로 성장한 중국 기업들은 경쟁력을 잃을 수밖에 없고 현재 느리게 진행되고 있는 구조조정의 속도가 자연스럽게 빨라질 것입니다.

탄소중립은 우리나라 철강산업의 반등 조건이 될 수도 있고 리스크가 될 수도 있습니다.

철강산업은 열연, 냉연, 봉형강, 강관 업체로 구분합니다. 열연은 철의 가장 기본으로 쇳물을 녹이고 얇게 펴서 재가공하기 편하게 만든 것입니다. 냉연은 상온에서 열연을 재가공한 것으로 자동차나 가전제품을 만들 때 사용됩니다. 봉형강은 건설이나 토목 공사에 사용되는데 건설 수주가 많거나 정부의 사회간접자본 투자 규모에 따라 수요가 결정됩니다. 강관은 송유관, LNG터미널, 해상풍력용 등에 사용됩니다. 철을 사용하는 산업-건설, 자동차, 조선-은 경기와 관련이 깊습니다. 철강산업에 투자하려면 경기 사이클을 봐야 합니다.

철의 수요는 경기 사이클과 연관되어 있고 철의 공급은 중국 생산량과 연관되어 있습니다. 중국이 과잉 공급하면서 철강산업의 하락이 시작되었습니다. 중국의 과잉 설비는 공급 과잉을 일으켰고 철강 제품의 가격 하락으로 이어지는 것이 당연했습니다. 중국과의 가격 경

▶ **철강제품 계통도**

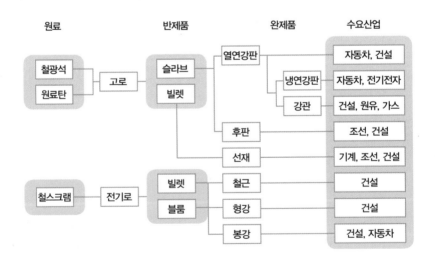

쟁력에서 밀린 국내 업체의 실적이 하락했습니다. 철강 업종에 투자하기 전 중국의 내수 철강 가격이 상승세인지 하락세인지를 확인해야 대처할 수 있습니다.

전 세계가 탄소중립에 문제에 집중합니다. 미국 증권거래위원회에서는 상장기업이 기후변화에 관련된 정보를 공시하는 규칙 초안을 제안했습니다. EU는 탄소국경조정제도의 도입을 시도하고 있습니다. 수입되는 제품의 탄소 배출량이 EU의 제품보다 많으면 배출량의 차이만큼 세금을 부과하겠다는 의미입니다. 우리나라도 탄소배출권 거래제도가 2015년부터 시행되고 있습니다. 2019년 기준 철강산업의 온실가스 배출량은 1억 1700만 톤으로 우리나라 전체 탄소 배출량의 16.7%를 차지합니다. 포스코가 8148만 톤의 탄소를 배출하며 국내에서 가장 많은 탄소를 배출한 셈이 되었는데 이로 인한 탄소배출 부채도 1143억원이나 기록했습니다.

철강산업이 향후 탄소를 어떻게 획기적으로 줄여나가는지 지켜봐야 합니다. 포스코와 현대제철은 수소 기업으로의 변신을 꾀하고 있습니다. 철을 만들 때 발생하는 부생수소를 재활용하거나 철을 녹일 때 사용하는 코크스 대신 수소를 사용하는 수소환원제철 기술을 개발하고 있습니다. 기술전환에 따른 비용이 만만치 않을 것입니다. 그러므로 철강 업종에 투자할 때는 경기 사이클과 제품가격, 탄소배출 감소 계획도 살펴야 합니다.

화학·정유 업종도 경기민감주에 속합니다. 경기가 좋으면 소비가 늘어나 화학제품과 휘발유의 사용량이 늘어납니다. 화학 산업은 원가가 상승하면 제품가격에도 빠르게 반영합니다. 유가 변화에 따른 제품가격의 움직임보다 원재료와 제품가격의 차(-)인 스프레드가 중요합니다. 따라서 화학 종목에 투자하려면 기업의 가중평균 스프레드 추이를 봐야 합니다. 수요가 좋은 구간에서는 스프레드가 벌어지고 수요가 나쁜 구간에서는 스프레드가 좁아집니다.

정유 업종도 다르지 않습니다. 원유를 수입하여 정제한 뒤에 판매하는데 유가가 낮더라도 정제마진이 높으면 이익이 증가합니다. 국제유가는 정유주 실적에 영향을 미치고 이는 기업의 재고자산 평가 손익에 영향을 미칩니다. 정제마진을 많이 남겼더라도 유가가 하락하면 정유기업이 가진 재고자산이 줄어들게 되고 실제로 현금 유출이 일어나는 손실까지는 아니더라도 실적에는 반영되기 때문에 순이익이 줄어들어서 밸류에이션이 높아집니다. 화학 기업이 스프레드에 영향을 받는다면 정유기업은 정제마진과 국제유가에 영향을 받습니다.

화학 업종을 공부하려면 먼저 화학제품 계통도부터 보는 게 좋습니다. 어디서 무엇을 생산해 내는지를 미리 정리해 놓으면 기업을 분석하기 편합니다. 천연가스에서 에틸렌을 생산할 수도 있고, 석탄이나 석유에서 에틸렌을 생산할 수도 있습니다. 원유에서 에틸렌과 프로필렌, 벤젠이 생산되는데 여기서도 다양한 화학제품이 파생되어 또 만들어집니다. 증권사에서 발간하는 화학 업종 보고서를 통해서 계통도와 용어를 정리해 놓으면 각 기업의 특징을 파악하는 데 도움이 됩니다.

최근 화학 업계도 조금씩 변하고 있습니다. 친환경 바람은 철강 업종에만 부는 것이 아닙니다. 전 세계가 플라스틱으로 골머리를 앓고 있습니다. 스타벅스(SBUX)를 비롯한 카페는 일회용 빨대를 종이 빨대로 대체하고 있고 비닐봉지는 유상으로 제공됩니다. 주요 화학 업체들도 장기 계획을 세워 변화를 꾀하고 있습니다. CJ제일제당은 생분해 플라스틱을 개발 중입니다. LG화학(051910), SK이노베이션(096770), 롯데케미칼(011170) 등은 2050년 넷제로net zero* 달성을 위해 재생에너지 전환과 그린 사업을 확대하기 위한 장기 계획을 발표했습니다.

넷제로
탄소중립이라고도 한다.
기업이나 개인이 발생시킨
이산화탄소를 모아서 실질
적인 배출량(순純배출량)을
0으로 만드는 것이다.

친환경 전환에는 많은 비용이 수반됩니다. 탄소 절감을 위한 전 세계적인 움직임은 휘발유나 경유의 사용량을 감소시키는 방향입니다. 정제마진이 좋아진다고 하더라도 사용량이 줄어든다면 실적은 역성장할 수밖에 없습니다.

우리나라 대표 화학 기업인 LG화학은 2차전지 대표기업이기도 합니다. LG화학은 2021년 2차전지를 생산하는 LG에너지솔루션 물적분할 이슈로 한바탕 홍역을 치렀습니다. 따지고 보면 LG화학의 실적 중 LG에너지솔루션 실적이 기여하는 부분은 매우 미미합니다. 2차전지 성장성을 높이 산 투자자들은 LG에너지솔루션을 물적분할한다는 데 분노하며 분할을 반대했습니다.

화학산업은 아직 돈을 벌고 있지만 친환경 정책의 비중이 커질수록 지는 산업이 될 수밖에 없습니다. 줄어드는 실적을 보완할 만큼 성장성 높은 사업을 준비하는 기업만이 살아남을 것입니다. 앞으로 화학 업체에 대한 주가와 밸류에이션은 원가와 제품가격의 스프레드 차이

▶ 석유/화학제품 생산 계통도

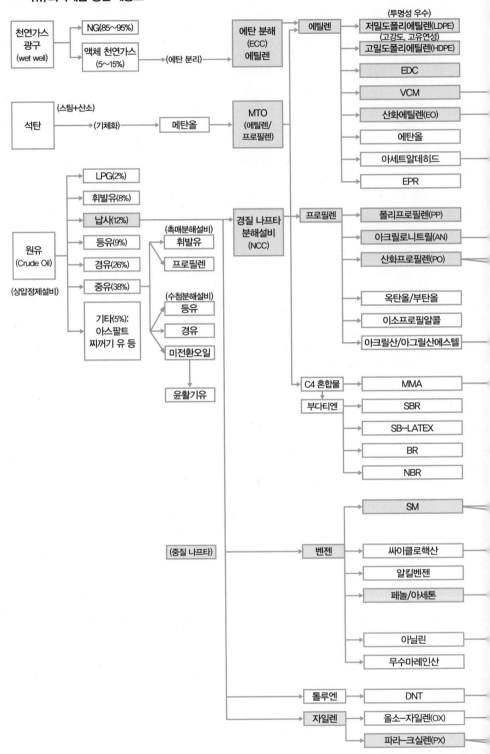

자료: 유안타증권 리서치센터

제품	용도	생산업체
	농업용필름, 전선피복, 사출성형	LG화학, 한화케미칼
	성형제품(플라스틱 용기), 필름, 파이프	LG석화, 롯데케미칼, SK종합화학
	합성수지, 용제, 의약품	LG화학, 한화케미칼
PVC	파이프, 필름	
EG(MEG, DEG, TEG)	폴리에스터섬유, 부동액	롯데케미칼, LG화학
	인쇄잉크, 용제	삼성Total, 대한유화
초산에킬	초산, 펜타, 용제	
	타이어, 성형제품, 합성섬유	
	필름, 성형제품, 합성섬유	롯데케미칼 대한유화, SK종합화학
탄소섬유	아크릴섬유, 항공기 동체 소재	동서화학
PPG	아크릴섬유, ABS, AS, 우레탄수지	SKC, KPX케미칼
PG	폴리에스터수지, 계면활성제, 가소제, 용제	
		LG화학, 한화케미칼
	용제, 도료, 화공용	
아크릴레이트/SAP	아크릴섬유, 도료, 접착제, 기저귀	LG화학
PMMA	화학, 의료(인공뼈), 기계, 전기부품	LG화학, 제일모직
	타이어, 신발, 산업용품	금호석화
	접착제, 지가공제, 섬유처리	LG화학
	타이어, 신발, 산업용품	
	자동차부품, 전기부품, 접착체, 자동차 라이닝	
폴리스틸렌(PS)	전기용품, 케이스, 건축재	LG화학, 제일모직
ABS	전기/자동차부품, 잡화	동부하이텍
카프로락탐(CPL)	나이론섬유, 합성수지	한국카프로
	합성세제, 계면활성제	이수화학
BPA	PC, 에폭시수지	LG석화, 국도화학, 금호P&B
PC/Epoxy 수지	가전제품 내외장재, 방수용 도료	
MDI	우레탄수지	금호미쓰이, 한국 BASF
	합성수지, 도료, FRB	
TDI	우레탄수지	휴켐스, 한화케미칼, OCI
무수프탈산(PA)	가소제, 도료	애경유화
TPA	폴리에스터섬유, 합성수지	PX : SK종합화학, GS칼텍스, S-Oil
DMT	폴리에스터섬유, 합성수지	TPA : 롯데케미칼, SK케미칼, 삼남석화

로 결정되는 것이 아니라 성장성이 높은 친환경 사업으로의 전환 속도가 결정할 것입니다.

이익이 많이 나고 밸류에이션이 저렴한 기업이라도 친환경 전략이 없는 기업은 계속 낮은 밸류에이션을 받을 것이고, 밸류에이션이 높은 기업일지라도 친환경 기업으로의 전환 속도가 빠른 기업은 성장기업으로써 고평가를 유지할 가능성이 큽니다. 화학 기업에 투자하려면 과거의 평가 기준에서 벗어나야 합니다.

철강과 화학·정유 업종은 대표적인 경기민감주입니다. 중국의 성장, 우리나라의 산업 구조가 바뀌면서 경기민감주가 주인공인 시기는 지났습니다. 친환경 전환으로 새로운 기업들이 나타나기 시작했고 화학 업체에서 2차전지 업체로 개편하는 기업이나 에코프로비엠, 천보, 엘앤에프 같은 2차전지 소재 업체들이 시장의 주목을 받고 있습니다. 경기민감주는 경기에 따라 이익 변화가 심해 늘 점수가 깎였지만 시대의 요구에 맞춰 변신에 성공한 기업은 성장주로 재평가 받을 것입니다.

금융:
금리만 보면 답이 나온다

금리의 방향과 주식시장의 방향성을 보고 투자한다

은행들은 돈은 참 잘 벌고 배당도 많이 주는데 주가를 보면 별로라는 생각이 듭니다. 은행이 규제산업이기 때문입니다. 정부는 은행업의 허가를 엄격하게 관리합니다. 따라서 은행에게 정부 지침은 절대적입니다. 돈을 많이 벌면 규제가 문제이고, 돈을 벌지 못하면 주가가 올라가기 어렵습니다. 그래서 은행업 주가는 항상 미적지근합니다.

　은행은 고객에게 예금을 받고 받은 예금을 돈이 필요한 사람들에게 대출해 줍니다. 예금을 맡긴 고객에게 지급하는 이자와 대출해 준 고객에게 받는 이자는 차이가 나는데 그 차이를 순이자마진 NIM. net interest margin이라고 합니다. 순이자마진과 대출의 규모가 은행의 수익을 좌우

▶ 은행별 2022E ROE vs. 2022E PBR

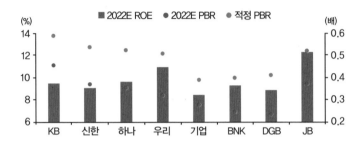

자료: FnGuide, 유안타증권 리서치센터

▶ 금융지주사 순이자이익, 증가율 추이 전망

* 22F"는 2022년에도 두 차례(50bp) 기준 금리 추가 인상을 가정한 순이자이익과 증가율

자료: 하나금융투자

합니다. 순이자마진은 금리가 올라갈 때 높아집니다.

예를 들어 예금 금리보다 10% 높게 대출 금리가 결정된다고 가정해 보겠습니다. 예금 금리가 3%이면 대출 금리는 3.3%가 됩니다. 이때 순이자마진은 0.3%입니다. 그런데 금리가 올라서 예금 금리가 10%이면 대출 금리는 11%가 되고, 순이자마진은 1%가 됩니다. 대출 규모가 같더라도 예대금리차가 올라가면 은행의 수익은 늘어나게 되는 구조입니다.

금리가 상승하면 은행주 주가가 오르는 이유가 여기에 있습니다. 대출의 총액도 영향을 미칩니다. 은행의 대출 비중 절반 이상을 가계 대출이 차지합니다. 가계 대출은 부동산 경기가 좋으면 늘어나기 때문에 부동산 경기와 대출의 총액은 서로 깊이 연관되어 있습니다.

은행주를 볼 때는 순이자마진과 함께 연체율 추이를 확인해야 합니다. 연체율은 빌려준 돈을 제때 갚지 않을 때 올라가는데 연체율로 은행이 안전한지 아닌지를 알 수 있습니다. 은행은 금리가 오르면 순이자마진도 오르기 때문에 이익이지만, 금리가 과도하게 오르면 은행에서 돈을 빌린 사람은 이자에 부담을 느끼기 시작합니다. 이자를 제때 갚지 못하는 경우가 발생하고 부실대출이 늘어나면서 은행의 건전성이 나빠질 수 있습니다.

정부에서 중금리대출을 확대하기 위해 인터넷전문은행 허가를 내주었습니다. 케이뱅크를 시작으로 카카오뱅크(323410), 토스뱅크까지 은행 산업에 새로운 경쟁자들이 나타났습니다. 애초 설립인가 목적은 중금리대출* 확대였지만 따져보니 신용도가 높은 사람을 대상

▶ **국내 은행지주 대출금 성장률과 순이익 증가율 비교**

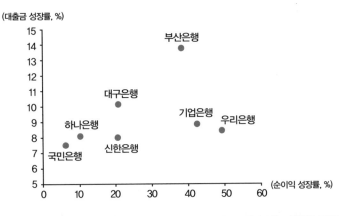

자료: 금융감독원, 키움증권 리서치센터

▶ **주요 금융지주의 자회사별 이익 구성**

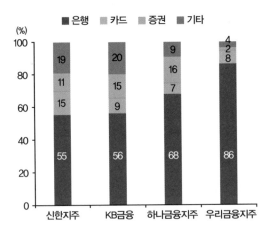

자료: 금융감독원, 키움증권 리서치센터

으로 대출이 이뤄지고 있었습니다. 2021년 3분기 기준 케이뱅크와 카카오뱅크의 중금리대출은 13% 정도에 불과했습니다. 한정된 시장 안에서 경쟁자만 늘어난 것입니다.

중금리대출
시중은행의 대출을 이용할 수 있는 고신용자와 저축은행·대부업체의 고금리대출을 쓸 수밖에 없는 저신용자 사이에 중간 정도 신용을 가진 이들(신용등급 4~6등급)이 대상인 신용대출이다.

은행주의 매력은 배당에 있습니다. 성장성이 높지 않고 설비투자를 해야 할 것은 없으면서 돈은 잘 법니다. 따라서 배당성향이 높다는 특징을 갖습니다. 우리나라 3대 금융지주사의 배당성향은 30%에 육박하고 시가 배당수익률은 6%가 넘어갑니다. 은행에 예금을 맡겨 이자를 받는 것보다 훨씬 높은 배당액을 받을 수 있어서 안정적인 배당을 목적으로 투자하기에 좋습니다.

예대금리차가 중요한 은행 업종과 달리 증권 업종은 코스피 지수와 함께 움직입니다. 주식시장이 활황일 때 같이 상승하고, 불황일 때는 같이 하락합니다. 과거 증권사 수익 대부분을 브로커리지brokerage* 가 차지했기 때문입니다. 대체투자와 관련된 IB investment bank 수익과 이자수익이 늘었고 브로커리지 의존도가 감소했다가 동학개미운동 이후 개인투자자들이 늘어나면서 다시 브로커리지 수익이 늘어나는 추세입니다. 2020년에는 2019년 대비 거래대금이 200% 이상 증가했고 빚투(빚을 내서 하는 주식투자)가 확대되면서 신용거래 융자도 140% 증가했습니다. 해외 주식 거래도 늘어났는데 국내 주식보다 상대적으로 수수료가 높아서 해외 주식이 증권사의 새로운

브로커리지
주식, 선물, 옵션 등 증권사가 위탁거래를 중개하고 받는 수수료를 말한다.

수익원으로 자리 잡고 있는 실정입니다. 그 외에 ELS 발행과 조기상환, 채권 트레이딩 손익 등이 다양하게 증권사 수익에 영향을 줍니다.

증권업에도 핀테크_{FinTech} 기업들이 진출하면서 시장의 경쟁이 심화되고 있습니다. 카카오페이가 MTS를 출시하면서 기존 증권사들의 점유율 축소가 불가피해졌습니다. 비대면 경쟁력이 높은 증권사가 향후 브로커리지 점유율 경쟁에서 우위를 차지하게 될 것입니다. 핀테크 업체들의 증권시장 진입은 기존 증권사의 리스크 요인입니다.

보험 업종은 은행과 마찬가지로 금리에 민감하게 반응합니다. 보험사들은 고객에게 받은 보험료를 대부분 채권에 많이 투자하는데 채권은 금리가 오르면 평가손실이 발생합니다. 또, 금리가 오르면 새로 투자할 채권의 이자가 늘어납니다. 그러나 금리가 오르면 좋고, 내리면 나쁘다를 판단하기 어려운 업종이 보험입니다.

사실 이 내용은 앞에서도 이야기한 바 있습니다. 보험 업종에 투자할 때는 사업보고서를 반드시 확인해야 한다는 것이었습니다. 재무제표 주석에 만기보유 금융자산 이자가 많은지 매도가능 금융자산 이자가 많은지 보고 금리 인상에 따른 손익을 따져야 하기 때문입니다. 만약 보유한 채권이 만기보유 자산이라면 금리가 오르더라도 채권 평가손실이 발생하지 않습니다. 이때는 새로 투자하는 채권에서 발생할 이자도 금리 상승의 영향을 받아 늘어나기 때문에 수익성이 개선됩니다. 그러나 보유하고 있는 채권이 매도가능 자산이라면 평가 손실이 발생할 수 있습니다.

또 한 가지 중요한 지표는 손해율입니다. 손해율은 보험료 지급 비율로 제조업체의 원가율을 생각하면 어렵지 않습니다. 손해율이 높으면 비용 지급이 높다는 의미이므로 기업의 이익 감소로 이어집니다. 즉 손해율의 증감에 따라 실적이 좌우됩니다. 가입자의 활동량이 증가할수록 손해율이 높아집니다. 코로나19로 인해 이동량이 크게 감소하면서 자동차 보험 업계의 손해율이 낮아진 결과 수익성이 좋아졌습니다.

은행과 증권, 보험 업종은 금리 방향에 따라서 수익성이 결정됩니다. 금리가 상승하는 시기에는 주식시장이 충격을 받습니다. 그렇지만 은행이나 보험 업계에서는 수익이 개선되는 신호로 인식되어 시장을 방어하는 역할도 합니다.

금융산업은 안정적인 수익을 내기 때문에 주가 높낮이가 다채롭지 않아 따분하게 느껴지고 밸류에이션도 낮습니다. 현재 은행주들의 PBR은 0.5배 미만인 기업이 대부분입니다. 돈도 잘 벌고 밸류에이션도 낮고 배당도 많이 주지만 주가가 잘 오르지 않는 것이 흠입니다. 시세 차익을 얻으려 하기보다는 배당을 받거나 주식시장 하락을 방어하는 의도로 투자해야 합니다.

단, 증권주는 주식시장과 같은 방향으로 움직이기 때문에 방어적 성격의 포트폴리오에는 맞지 않습니다. 증권주에 투자할 때는 금리보다는 주식시장이 상승할 때 투자해야 한다는 것을 기억하시기 바랍니다. 은행은 금리가 오를 때, 보험은 채권의 평가 방법에 따라, 증권주는 주가가 오를 때 긍정적인 투자 수단이 될 수 있습니다.

음식료:
5000만 내수는 적다! 해외로 가자!

세계 시장 진출에 성공한 음식료 기업에 투자한다

음식료 업종은 우리나라 주식시장에서는 비주류 업종에 해당합니다. 5000만 내수 인구만으로는 성장하기 어려운 구조이기 때문에 시장의 관심을 받지 못했습니다. 최근 공격적인 해외시장 공략이 성과를 내고 한국 문화가 세계로 전파되면서 국내 주식시장에서도 주목도가 높아지고 있습니다.

먹고 사는 데 들이는 비용은 줄이기 어렵습니다. 가전제품이나 의류는 경기가 좋지 않으면 매출이 크게 줄어들지만 이 문제는 다릅니다. 경기가 좋다고 해서 하루에 세 끼 먹던 음식을 다섯 끼로 늘리지 않고, 경기가 나쁘다고 해서 세 끼 먹던 것을 두 끼로 줄이지 않습니다. 다른 부분에서 지출을 줄이다가 가장 마지막에 식료품 지출에 손대기 때문에 음식료 업종의 실적은 매우 안정적입니다. 가격 변화에 따른 수요 변화도 크지 않습니다. 음식료 업종에 투자할 때는 세 가지에 주목해야 합니다.

첫 번째는 국제곡물가격입니다. 만약 소비자가격을 마음대로 올려서 마진율을 높인다면 어떨까요? 음식료 업체는 대부분 과점시장을 형성하고 있어서 제품가격을 올리면 점유율에 심각한 타격을 입을 수 있습니다. 음식료 업체가 가격을 올리는 시점은 국제곡물가격이 상승하는 시기입니다. 원재료인 소맥이나 원당 같은 곡물을 대부분 수입에 의존하기 때문에 국제곡물가격의 상승이 원가 상승으로 이어지고 음식료 업체 수익에 악영향을 미칩니다. 음식료 업체들은 담합 아닌 담합으로 제품가격을 올리며 원가 상승을 방어합니다.

두 번째는 환율입니다. 앞서 언급한 수입에 의존하는 대부분의 원재료 때문에 원화가 강세일 때는 수혜를 받고, 원화가 약세일 때는 피해를 받습니다. 원달러 환율이 올라가면 음식료 업체 주가는 하락하고, 원달러 환율이 내려가면 주가는 상승하는 경향을 보입니다. 전과 달리 해외 매출 비중이 높아지면서 환율 변화에 따른 이익 변동이 줄어들기는 했지만, 음식료 업종은 전통적으로 원화 강세 수혜주로 인식됩니다.

세 번째는 계절성 가축 전염병입니다. 가을·겨울철이 되면 조류독감, 아프리카 돼지열병으로 육계나 돈육 관련주들이 타격을 입고 반대로 수산업 관련 주가는 올라갑니다. 전염성 질병이 발생해서 닭고

▶ 가격 인상 사이클과 코스피 지수 흐름

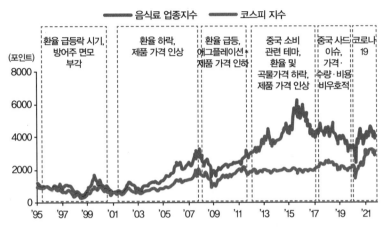

━━━ 음식료 업종지수 ━━━ 코스피 지수

* 애그플레이션: 농업 '애그리컬처 agriculture'와 '인플레이션'의 합성어. 곡물가격이 상승하여 일반 물가까지 상승하는 현상.

자료: Quantiwise, 신한금융투자

▶ 주요 업체 해외 매출 비중

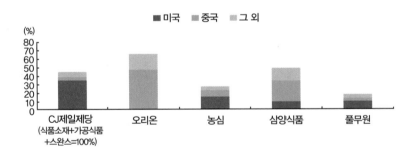

■ 미국 ■ 중국 ■ 그 외

자료: NH투자증권 리서치본부

기나 돼지고기 수요가 줄어들고 대체제인 수산물의 수요가 늘어난다는 논리인데 실제로 수산 업체의 실적이 증가하는 모습을 찾아보기는 어렵습니다. 테마성 움직임에 그치기 때문에 장기적으로 투자하기에는 무리가 있습니다.

내수에만 의존하기는 너무나 적은 인구로 한계를 느낀 음식료 업종은 해외 진출 방향을 모색하기 시작했습니다. 15년 전 중국 상하이에 놀러 갔을 때 농심(004370)이 신라면의 현지화를 위해 노력 중이었는데 최근 한국의 문화가 해외에 소개되면서 그 결실을 맺고 있습니다.

세계 시장 진출에 성공한 대표적인 기업은 오리온(271560)입니다. 초코파이는 국내 매출보다 해외 매출이 더 많을 정도입니다. 해외 진출은 기업의 체질을 바꾸어 놓았습니다. 오리온 초코파이는 중국 파이류 점유율 1위입니다. 14억 인구 시장의 점유율 1위는 오리온이란 기업을 평가하는 데 프리미엄으로 작용했습니다.

또 유튜브에서 먹방이 유행하면서 외국인들 사이에서 불닭볶음면 먹기 챌린지가 벌어졌습니다. 이로 인해 삼양식품(003230)의 주가가 급등하기도 했습니다. 영화 기생충이 아카데미에서 4관왕을 휩쓸면서 기생충에 나왔던 짜파구리(짜파게티+너구리)가 해외에서 주목을 받으며 농심의 주가를 끌어올렸습니다. 해외 시장에서의 성공은 음식료 기업의 재평가 기회를 제공합니다.

덧붙여 담배와 주류 업종에 대해서도 말씀드리겠습니다. 담배와 술 같은 기호식품은 점유율의 변화가 크지 않습니다. 마케팅 비용을 부으면 잠시 점유율이 상승하기도 하지만 비용이 줄어들면 원

▶ **세계로 뻗어 나가는 K-푸드**

▲ 농심 월마트 Walmart 입점

▲ 풀무원 플랜트스파이어드 Plantspired

254

상 복귀합니다. 기호는 잘 변하지 않고 가격에 대해 매우 비탄력적입니다. 담배 가격이 2500원에서 4500원으로 2000원이 인상되면서 KT&G(033780)의 실적이 줄어들었던 적이 있었습니다. 얼마 지나지 않아 금연 열풍은 사그라들고 실적은 돌아왔습니다.

주류 시장도 마찬가지입니다. 참이슬을 마시는 사람은 100원이 더 저렴하다는 이유로 처음처럼을 선택하지 않습니다. 신제품이 대박 나는 경우가 아니면 점유율을 개선하기 어렵습니다.

해당 산업이 크게 움직이는 시기는 히트 상품이 나왔을 때입니다. 전자담배가 출시됐을 때, 신제품 테라의 활약으로 1위였던 카스의 순위가 역전된 그런 경우가 아니라면 꾸준히 점유율을 올려서 실적을 개선 시키기 어려운 시장이 기호식품 시장입니다. 신제품의 대박이 아니라 1등 기업에 투자하는 것이 더 효율적입니다.

시장 변화를 유심히 살펴야 하는
관망 업종들

시장 변화에 촉각을 곤두세운다

앞에서는 우리나라의 주요 산업이거나 앞으로 높은 성장 가능성을 가진 업종들을 어떤 시각으로 판단해야 하는지 상세하게 알아봤습니다. 마지막으로 시장 변화를 유심히 살펴야 하는 관망 업종을 간략하게 정리해 보도록 하겠습니다.

건설·조선: 업황과 사이클 그리고 수주가 주가를 좌우

건설과 조선은 대표적인 수주 산업입니다. 건설은 분양을 마치고 착공 후 3~5년의 공사 기간이 소요됩니다. 조선도 마찬가지로 LNG선이나 컨테이너선을 건조하는 데 비슷한 기간이 소요됩니다. 따라서 투자를 할 때 실적보다 수주 잔고를 유심히 봐야 하는 업종입니다.

실적을 잘 분석해서 투자하더라도 수주 잔고가 감소하면 주가가 하락하는 경우가 많으므로 주의가 필요합니다. 실적 자체에 대한 신뢰도도 높지 않습니다. 대형 건설사나 조선사가 해외에서 수주한 큰 프로젝트를 진행할 때 더욱더 그렇습니다.

2013년 GS건설(006360)은 UAE에서 수주한 정유 플랜트 원가율이 상승하면서 갑작스레 대규모 적자를 기록했습니다. 이때 GS건설은 유상증자에 본사 사옥까지 매각할 정도로 상황이 심각했습니다. 건설업은 합리적인 방법을 동원하여 투입 예상 원가를 계산하고 이 예정 원가를 기준으로 수익을 계산합니다. 그러나 아무리 합리적이었더라도 주변 여건에 따라 예정 원가가 크게 변할 수 있습니다. 예정 원가율이 크게 변하면 기존에 발표한 실적은 무용지물이 되어 버립니다. 실제 손익은 공사가 다 끝나야 알 수 있다는 뜻입니다.

이 문제는 조선업에서도 똑같이 발생합니다. 과거 2013년 조선사들이 고유가 시대에 드릴십을 수주 받아 건조했지만 유가가 급락하면서 다 만든 드릴십을 인도조차 하지 못하는 사태가 벌어지기도 했습니다. 건설사의 해외 프로젝트나 조선사의 드릴십 수주는 소요되는 금액이 많고 기간도 길어서 결과를 예측하는 데 어려움이 많습니다. 가격 경쟁 심화에 따른 저가 수주에 대한 우려도 큽니다.

2008년 금융위기 이후 수주가 끊기면서 2013년 조선사는 어려움을 겪었습니다. 금액이 큰 드릴십은 당장 매력적인 수주일 수 있습니다. 선수금을 받으면 악화되었던 현금흐름이 개선되고, 비워진 도크를 채움으로써 고정비 부담을 해결하여 나아지는 것처럼 보입니다. 건설과 조선에 투자할 때는 수주 잔고가 증가 추세에 있는지 경기와 업황이 상승 사이클에 진입했는지 확인해야 합니다. 재무제표는 분석하기도 어렵고 신뢰하기도 어렵습니다.

유통 · 면세: 온라인 성장률이 주가 수익률을 좌우

오프라인 유통산업은 온라인 시장이 성장하며 대부분 매출이 정체되었습니다. 마트나 백화점에서 쇼핑하기보다는 온라인으로 물건을 많이 삽니다. 저녁을 먹다 필요한 물건이 생겨서 바로 주문하면 다음 날 새벽, 문 앞에 도착해 있습니다. 가전은 온라인으로 구매하는 비율이 60%에 육박하고, 가구, 의류, 음식료도 빠르게 온라인 구매시장이 점유해 나가고 있습니다.

산업통상자원부에 따르면 2021년 10월 기준으로 한국 유통업의 온라인 시장 침투율이 37.1%까지 올랐습니다. 오프라인 유통 기업의 미래는 온라인 시장에 얼마나 효율적으로 진출하는지, 명품 기업을 얼마나 확보하는지에 달려 있습니다. 백화점에서 의류 · 잡화 매출액이 꾸준히 감소하는 것과 반대로 명품 매출은 꾸준히 증가하는 것에서 이유를 찾을 수 있습니다.

중국의 사드 보복, 코로나19로 면세점 매출이 예전 같지 않고, 중국 면세점은 꾸준히 한국을 추격하고 있습니다. 중국 하이난면세점이 신라면세점을 누르고 전 세계 1위로 도약했습니다. '따이궁'이라 불리는 중국 보따리상이 있어 매출이 유지되지만 보따리상 유치 경쟁이 심화되면서 면세업의 마진이 하락하고 있습니다. 면세 사업도 호락호락하지 않을 것입니다.

오프라인 유통에서 온라인 유통으로 빠르게 전환할 수 있는 기업이 살아남을 것입니다. 우리나라 대표 유통 공룡인 신세계와 롯데쇼핑은 'SSG'와 '롯데온'이라는 독자적인 온라인 플랫폼을 가지고 있지만 존재감을 보여주지는 못하고 있습니다.

오프라인에 특화된 기업이 쉽게 온라인으로 변신할 것을 기대해서는 안 됩니다. 전국적으로 보유하고 있는 탄탄한 물류망과 노하우를 온라인 유통시장에 맞게 재해석하는 기업이 살아남을 것입니다.

비슷한 처지였던 미국의 월마트가 성공할 수 있었던 비결은 경쟁이었습니다. 5년간 수익성을 포기하고 낮은 마진으로 시장점유율을 확보하는 전략을 취한 월마트는 온라인 시장에도 빠르게 녹아들고 있습니다. 2021년 3분기 기준 월마트의 온라인 매출 비중은 19%까지 증가했고 작년 대비 오프라인 매출이 6% 증가할 때 온라인 매출은 86% 증가했습니다.

온라인 쇼핑 침투율이 다르고 환경이 다르지만 온라인이 중요한 판매 채널이 되고 있다는 점은 미국이나 한국이나 비슷하다는 면에서 온라인 시장을 개척해 나간 월마트의 사업 모델을 얼마나 잘 따를 수 있는지가 국내 유통 기업의 성공을 좌우할 것입니다.

의류: 경기와 날씨와 브랜드 경쟁력이 좌우

의류 산업은 브랜드와 OEM_{original equipment manufacturing}으로 나눌 수 있습니다. 브랜드 업체의 주가는 해당 브랜드의 경쟁력에 따라 결정되고 OEM 업체의 주가는 선진국 소비에 따라 결정됩니다.

의류 산업은 경기에 영향을 받습니다. 경기가 나빠지면 아버지의 옷을 사는 것부터 줄입니다. 작년에 입었던 외투를 올해 또 입는다고 문제 될 게 없기 때문입니다. 날씨에도 영향을 많이 받습니다. 겨울이 따뜻하면 백화점 의류 판매량은 타격을 받고 갑작스러운 한파는 호재입니다.

브랜드 업체 투자의 핵심은 글로벌 브랜드 인지도입니다. 나이키나 아디다스(ADS.DE) 같은 세계적인 브랜드가 아직 없는 한국 의류 산업에서 중국 시장은 매우 중요한 비중을 차지합니다.

2017년 휠라코리아(휠라홀딩스, 081660)가 중국에서 성장할 때 주가가 큰 폭으로 상승했습니다. 휠라가 나이키나 아디다스와 비슷한 대우를 받으며 빠른 성장세를 보였는데 유행이 오래가지는 못했습니다. 2020년대에는 F&F(383220)가 MLB를 앞세워서 중국에서 빠르게 성장하고 있습니다. 유행의 주기나 연속성을 담보하기 어렵기 때문에 브랜드 의류 업종에 대한 장기투자는 어렵습니다. LF나 한섬 같은 브랜드 힘이 있는 기업도 양극화되는 소비 패턴 때문에 좋은 성과를 내지 못하고 있는 실정입니다.

OEM 업체는 나이키나 아디다스 같은 전방산업의 매출과 재고 상황이 중요합니다. 선진국의 소비가 늘어나 나이키와 아디다스의 매출이 증가하면 재고 확충 수요도 늘어나면서 OEM 업체들의 수주가 확대되고 실적이 좋아집니다. 선진국 경기 사이클에 영향을 많이 받는다는 뜻입니다.

OEM 업체들의 성수기는 3분기입니다. 겨울옷이 비싸기 때문입니다. 겨울옷의 발주는 겨울이 오기 전인 3분기에 시작됩니다. 따라서 비싼 옷을 납품하는 3분기가 OEM 업체의 성수기입니다. 3분기가 성수기라는 OEM 업체의 실적 계절성에 대해 파악하고 있어야 합니다.

○ 책에서 배운 이론이 실제와 같다면 얼마나 좋을까요? 그렇지 않은 경우가 훨씬 많습니다. 주식투자도 예외는 아닙니다. 좋은 종목을 고르고도 못 사거나 샀더라도 얼마 지나지 않아 파는 경우가 수없이 많습니다. 매수·매도 타이밍, 분산투자, 리밸런싱 등 실전에 응용할 수 있는 방법으로 이론과 실제의 차이를 줄일 수 있습니다.

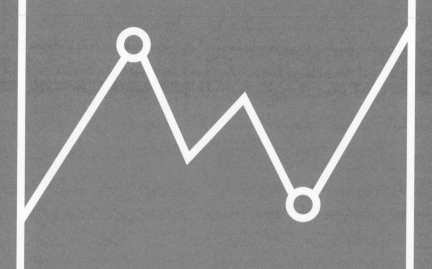

PART 4

매매의 기술로
절대 수익 달성하기

난관을 이겨내고 여기까지 잘 오셨습니다. 다시 한번 강조하지만 우리는 스스로의 힘으로 투자 종목을 고르는 방법을 배우고 있습니다. 차트 검색을 통해서 상승할 만한 종목을 추리고, 추려낸 주식이 시장에서 적당한 가격인지, 앞으로 오를 가능성이 있는지 파악하는 법도 알았습니다. 이제 앞서 배운 방법을 실전에 써먹을 때가 된 듯합니다.

공부했던 이론을 실전에 그대로 적용하여 만족스러운 결과를 얻게 된 적이 있으셨나요? 경험에 비추어보건대, 저는 아니었던 적이 훨씬 많았습니다. 주식투자도 마찬가지입니다. 이론과 전혀 딴판인 경우가 많습니다. 왜 그럴까요? 이론을 설명하기 위해 설정한 조건과 실제는 완전히 다르기 때문입니다. 교과서에서는 인간이 이성적이라고 가정하고 이론을 설명합니다. 그러나 시장 참여자들은 생각보다 이성적이지 않습니다. '그때 왜 그 주식을 샀지?' '왜 그걸 팔았을까?' 하며 후회하는 걸 보면 이해가 쉽습니다. 주식 호가에 홀려 이성이 마비되고 '오를 것 같은 느낌이 왜' 같이 기분에 따라 매매하거나 좋은 종목을 잘 고르고도 못 사거나 혹은 사더라도 얼마 못 가 팔아버리는 경우가 수없이 많습니다.

적은 돈으로 사고파는 경험을 최대한 쌓는 것이 거래에서 실수를 줄일 수 있는 최고의 방법입니다. 그럴 수 없다면 이론과 실전이 다를 수 있음을 미리 인지하고 많은 경우의 수를 익혀나가는 수밖에 없습니다.

이제부터 말씀드릴 내용은 실전에서 쓸 수 있는 전략입니다. 한 번쯤 투자를 공부하셨던 분들은 배운 내용과 조금 다르다고 느끼실 수도 있습니다. 미술 작품 하나를 가지고 보는 이에 따라 해석이 달라지듯이 제 경험에 기반한 전략이기에 간혹 시각의 차이가 있을 수 있습니다. 최대한 오해가 없도록 설명해 보겠습니다. 다양성의 측면에서 너른 마음으로 이해해 주시기 바랍니다.

기술과 예술의 조화:
자기 수양의 정점인 매수와 매도

매수는 기술 매도는 예술! 주식은 매도호가에 사고, 매수호가에 파는 것이다

매수, 되돌릴 수 없으니 신중하라!

주식을 사는 걸 매수라고 합니다. 처음 주식을 시작하는 사람 대부분은 종목 분석이 아니라 매수부터 합니다. 만반의 준비를 마치고 투자에 뛰어드는 사람은 의외로 많지 않습니다. 오히려 매수 버튼을 누른 후 본격적인 자기 수행이 시작됩니다. 보유 종목의 손실이 커질 때쯤 공부를 해야겠다는 의지가 샘솟습니다. 그래서 주식의 진정한 시작점은 매수가 아닌가 하는 생각이 종종 듭니다.

주식을 사는 방법은 간단합니다. 비대면으로 계좌를 만들고 계좌에 투자금을 넣습니다. 정규 주식시장이 열리면 매수하려는 종목을 골라 가격과 수량을 입력한 뒤 주문을 합니다. 일련의 과정이 진행되기까지 30분도 채 걸리지 않습니다. 이렇듯 쉽게 주주가 될 수 있기에 주식 초보자들은 시작부터 과도하게 매매합니다.

고점에서 떨어지지 않는 가격, 복잡한 규제와 번거로운 절차 등의 이유로 진입을 망설이는 부동산투자와 비교하면 주식투자는 상대적으로 적은 거래비용과 쉬운 매매 방법 때문인지 마음의 부담이 덜합니다. 그러나 이러한 주식의 장점이 오히려 과도한 매매를 부추겨서 단점이 되기도 합니다.

주식을 보유하면 기업의 주주가 됩니다. 하지만 이제 막 시장에 발을 들인 이들에게는 고민이란 없어 보입니다. 어디서 들은 소문만 가지고도 매매가 참 쉽습니다. 카페를 인수할 때는 권리금, 월 매출, 유동 인구수, 주변 상권 등을 꼼꼼히 따지면서 말입니다. 주식투자는 사실 부동산투자와 전혀 다를 게 없습니다. 투자할 기업에 대한 분석이 부동산투자만큼만 꼼꼼히 이루어진다면 매매 성공률은 폭발적으로 커집니다.

오래전 읽었던 『카지노 시크릿』(2008, 새움)에서 포커 챔피언인 저자의 이야기가 가끔씩 생각나곤 합니다. 그는 집안에 걱정거리가 있는 등 심리적으로 불안한 상태에서는 카지노 게임을 하지 않겠다고 자신과 약속했고 이를 어긴 적이 없다고 말했습니다. 어떤 것에도 영향 받지 않고 안정적인 상태에서만 게임하겠다는 의지가 엿보이는 대목이었습니다. 주식을 매수할 때도 비슷합니다. 매수 전 기업에 대한 분석을 토대로 시세에 부화뇌동附和雷同하지 않겠다고 마음먹을수록 성공 투자에 가까워집니다.

시작이 중요합니다. 매수를 잘하면 이미 절반은 성공입니다. 함부로 매수해서 절반을 잃고 시작하는 실수를 범하지 않았으면 좋겠습니다.

결국 최종 수익률을 결정하는 것은 매도이다

주식은 '사고파는' 결과로 성공과 실패가 결정됩니다. 매수를 잘하면 실패의 가능성이 현저히 줄어들고 매도를 잘하면 수익률이 엄청나게 개선됩니다.

주식시장을 관통하는 오래된 격언 중 '매수는 기술이고 매도는 예술이다'라는 말이 있습니다. 매수보다 매도가 훨씬 어렵고 중요하다는 의미입니다. 아무리 안 좋은 주식을 비싼 가격에 샀더라도 좋은 가격에 매도한다면 결론적으로는 성공한 매매가 되는 것입니다.

주식 매도 버튼 역시 쉽게 눌러서는 안 됩니다. 제가 시장에 참여한 이래로 주식을 팔고 급등한 종목을 보면서 한탄하는 투자자들을 수없이 봤습니다. 우스갯소리로 '금 팔아서 똥 샀다'라고 말하기도 합니다.

쉽게 주식을 파는 것은 쉽게 주식을 사는 것만큼이나 위험한 행동입니다. 팔고 난 주식이 오르는 일은 기회비용의 손실뿐 아니라 종목을 다시 선정해야 하는 리스크까지 안겨줍니다. 팔지 않았다면 수익도 얻고 종목을 다시 고를 수고도 필요하지 않고 심지어 새로 매수한 종목이 사고 나서 하락하는 위험도 피할 수 있었습니다. 초보자들은 너무 쉽게 주식을 매도하여 위험을 자초합니다.

그렇다면 주식은 언제 팔아야 할까요? 주식 잘 사는 방법이 있듯이 주식 잘 파는 방법도 있을까요? 매도할 때도 살 때와 마찬가지로 몇 가지 기준을 세워야 합니다.

첫 번째, 무릎에 사서 어깨에 판다

고점에 팔겠다는 섣부름이 수익률을 망칩니다. 아직 한참 더 오를 수 있는 종목인데도 성급하게 놓아버리는 경우가 허다합니다. 모두가 고점에 팔아 큰 수익률을 얻기를 바라지만 아쉽게도 고점을 미리 아는 방법은 없습니다. 시간이 지난 후 생성된 데이터를 분석하면서 그때가 고점이었다고 깨달을 뿐입니다. 그렇다면 주식을 팔기 좋은 시점이란 것이 정말 있기는 한지 궁금증이 생깁니다. 저는 그 해답이 '어깨'에 있다고 믿습니다. 괜한 욕심을 부리기보다는 머리를 반드시 확인한 뒤 주가가 어깨까지 왔다고 판단되었을 때 더 내려가기 전에 파는 것입니다.

어깨에 판다는 말은 어떤 의미일까요? [4-1] 카카오의 주가는 코로나19 이후 2만 6,000원부터 오르기 시작했습니다. 주가가 상승하고 조정을 거치는 동안 보유와 매도라는 두 개의 갈림길에서 갈팡질팡했을 초보자들이 눈에 선합니다. 반복적으로 조정을 거친 후 주가

는 17만 원대까지 올라갔습니다.

　이때 매도 기준이 있는 투자자와 없는 투자자는 수익률에서 큰 차이를 보였을 것입니다. 고점을 확인하겠다는 기준을 세운 투자자는 주가가 고점을 찍고 내려오는 어깨에서 팔아 수익을 남겼습니다. 기준이 없는 투자자는 어땠을까요? 이미 많이 올랐다며 일찍 팔아버리거나 상승 도중 조금 하락했을 때 버티지 못하고 팔아버려 기회를 놓쳤습니다.

　[4-1]를 보면 A 구간에서 매도하는 것이나 B 구간에서 매도하는 것이나 수익률은 같습니다. 그러나 카카오의 주가는 17만 원까지 오르는 동안 전저점 또는 60일 이동평균선 아래로 내려간 적이 없었습

니다(초록색 선). 중기 추세선인 60일 이동평균선 아래로 내려가지 않았다는 것은 아직 상승 추세가 살아 있다는 것이고, 추세가 살아있다는 것은 상승 가능성이 남아 있다는 것이므로 머리를 확인하지 않았다는 의미와 같습니다.

상승이 멈추고 횡보하면서 주가는 등락을 거듭합니다. 반등이 나오더라도 최고점을 넘어서지는 못합니다. 기존 상승 추세에서와 다르게 한동안 지지부진한 모습을 보이던 주가는 B 구간에서 60일 이동평균선과 같이 전저점 아래로 내려가면서 기존에 상승하던 모습과는 다른 움직임을 보이기 시작했습니다. 이러한 흐름으로 보아 B 구간에서의 매도가 올바른 타이밍이라고 말할 수 있습니다.

두 번째, 매수할 때 고려 했던 기준이 변했을 때 판다

수많은 차트 중 오를 만한 주식을 골라냈습니다. 앞서 배운 것처럼 기업의 재무상태와 시장의 가치 등을 주가와 비교해 따져 보니 매출 증가율이 우수한 기업임이 확인되어 매수하기로 결정했습니다. 그렇게 매수한 주식의 매도 시점은 또 언제가 적당할까요?

우선 매출이 증가하는 한 보유해야 합니다. 그러다가 매출이 감소하거나 증감률이 마이너스로 변했다면 매도를 고려해야 합니다. 주가의 움직임이 매수를 결정하게 했던 이유와 달라졌기 때문입니다.

주식시장에서 모든 정보가 실시간으로 반영된다는 생각은 버려야 합니다. [4-2]의 동원산업(006040) 같이 실적이 잘 나와도 시장에서 변화를 보이지 않는 종목이 있습니다. 그러다 서서히 반영됩니다. 2020년 2분기 동원산업은 예상치를 크게 뛰어넘는 실적을 발표하고도 한동안 주가가 좋지 못했습니다. 2020년 2분기 동원산업의 영업이익은 898억 원으로 전년 대비 55% 증가한 실적이었고 애널리스트 예상치 692억 원도 크게 뛰어넘었습니다. 그러나 8월 초 실적을 발표한 동원산업의 주가는 당일 잠깐 오름세를 보인 후 2개 분기 동안 횡보했습니다. 결국 2021년 1월, 3개 분기의 실적이 확인된 후 주가가 추세적으로 상승하는 모습을 보입니다.

투자자의 선택이 옳았다면 주가는 상승함으로써 결과를 증명해 보입니다. 기준 없이 아무렇게나 주식을 샀다면 좋은 주식을 가진 줄 모르고 너무 일찍 매도해서 과실을 얻지 못하는 상황이 생깁니다. 매수

4-2 동원산업 실적 발표 후 주가 흐름

할 때 투자 포인트를 기록하고 만약 투자 포인트가 변해서 보유할 만한 매력이 떨어지는 시점이 오면 그때가 주식을 팔아야 할 타이밍입니다. 물론 예상치 못한 악재가 발생해서 처음과 달리 이유가 생겼을 때도 파는 것이 맞습니다.

세 번째, 절대적 수치를 정하고 판다

이 세상에 완벽한 투자는 없습니다. 최선을 다해 고르고 골랐어도 내 마음 같지 않은 상황은 언제든지 생깁니다. 잘못 판단하기도 합니다. 누구나, 언제든지 실수할 수 있습니다. 특히 주식시장에서는 내 실수를 인정하고 시장에 순응하는 것이 중요한데 이게 참, 말처럼 쉽지 않습니다.

그 원인이 무엇이든 주가가 하락하는 걸 마냥 보고만 있어서는 안됩니다. 감당할 수 있는 손실 수준을 정하고 그 이하로 내려갔다면 손절하는 용기가 필요합니다. '가격이 이만큼 하락하면 무조건 매도한다' 같이 구체적일수록 좋습니다.

'고점 대비 일정 수준이 하락하면 차익을 실현하겠다'는 기준도 도움이 됩니다. 앞서 고점이 확인되면 매도한다고 말씀드렸는데요. 고점 이후 어디가 어깨인지 어깨가 오기 전 목인지 아니면 더 내려와 옆구리인지를 알려 주는 설명서가 있다면 주식투자로 망했다는 사람은 볼 수 없을 것입니다.

따라서 '고점에서 20% 이상 하락하면 매도하겠다' 같이 자신만의 기준을 수치로 바꾸어 보시길 권합니다. 구체적인 숫자는 결정적인 순간에 큰 의지가 됩니다. 주가가 하락할 때는 누구나 고민에 빠집니다. 그러나 내일 주가가 반등할지 더 하락할지는 하늘만이 압니다. 바꿀 수 없는 걸 고민하면서 시간을 낭비하는 것보다 눈에 보이는 지표를 마련하여 매도를 결정하는 게 훨씬 생산적입니다. 언제나 덜 잃는 방향으로 선택하시기 바랍니다.

주가가 5%만 떨어져도 벌벌 떠는 사람이 있는가 하면 20%까지 하락해도 덤덤한 사람이 있습니다. 일반적으로 주식시장에서는 10%에서 20% 사이의 하락을 가격 조정이라 하고 20% 이상 하락했을 때 추세가 전환됐다고 판단합니다. 그렇게 생각했을 때 주가 하락 20% 시점을 손절의 마지노선으로 잡는 게 적절합니다.

남들이 갖고 싶어하는 종목을 탐하라(feat. 체결강도)

주식의 상승을 다른 말로 바꾸면 매도호가가 높아진다고 합니다. 주식을 살 때 매도호가 창에 쌓여 있는 호가 중 가장 낮은 금액의 주식 수부터 매수자에 의해서 체결되고 해당 금액의 수량이 소진되면 그다음 높은 가격으로 체결됩니다. 이렇게 주식의 가격이 오릅니다.

주식의 하락은 반대입니다. 매수호가 창에 쌓여 있는 호가 중 가장 높은 금액의 주식수부터 매도자에 의해서 체결되고 수량이 소진되면서 주식 가격이 점점 내려갑니다. 다시 말해, 매수자가 매도호가를 많이 체결시키면 주가가 오르고 반대로 매도자가 매수호가를 많이 체결시키면 주가가 하락합니다.

앞서 차트로 종목을 고를 때 가장 먼저 추세에 관해 공부하면서 체결강도에 대해 잠깐 배웠습니다. 그때 체결강도는 매수와 매도 중 어떤 거래가 더 우세한지 보여주는 지표라고 말씀드렸습니다. 비율로 나타내어 100%를 기준으로 매수 체결이 많으면 체결강도는 올라가고, 매도 체결이 많으면 내려갑니다.

체결강도가 높다는 말은 매수자가 급하다는 뜻입니다. 매도호가에 가격을 걸어 놓고 주문이 체결되기를 기다리는 것보다 주문을 빨리 체결시키려는 힘이 강합니다. 체결강도가 낮다는 것은 반대로 팔고자 하는 힘이 더 강하다는 뜻입니다.

좋은 주식은 상승하는 주식입니다. 한두 호가 싸게 사려다 주가가 올라가버려 주식을 못 사게 되면 매우 억울해질 것입니다. 좋은 주식이라는 확신이 서면 망설이지 말고 매도호가에 매수하는 게 좋습니다.

현재가보다 현저히 낮은 가격에 주문을 넣어 놓으면 다른 누군가가 주문 실수를 해서 운 좋게 체결되고 주가가 올라가는 경우가 있을 수도 있겠지만 이는 매우 드문 일입니다. 대부분은 파는 사람이 많아서 체결강도가 낮아지고, 매수호가에 걸어 놓은 물량들이 체결되면서 주가가 하락합니다. 예상치 못한 악재에 매도세가 강해져서 의도와 다르게 낮은 가격에 넣었던 주문이 체결되는 문제가 발생할 수도 있습니다. 그것 역시 큰 문제입니다.

[4-3]은 신고가를 돌파했을 때 LG이노텍의 체결강도 추이입니다.

4-3 신고가를 돌파할 때 LG이노텍 체결강도

일자	현재가	전일대비		등락률	거래대금	누적거래량	당일	5일	20일	60일
2022/03/22	411,500	▲	6,500	1.60	145,343	357,711	94.82	129.76	107.60	97.21
2022/03/21	405,000	▲	23,000	6.02	270,667	677,205	148.05	132.27	107.87	96.87
2022/03/18	382,000	▲	12,000	3.24	183,504	482,944	110.99	105.50	106.44	95.63
2022/03/17	370,000	▲	7,500	2.07	153,852	414,725	103.82	96.99	105.30	95.28
2022/03/16	362,500	▲	21,500	6.30	203,899	571,641	181.11	95.92	104.07	96.87
2022/03/15	341,000	▲	1,500	0.44	103,876	304,294	102.52	89.68	99.08	95.30
2022/03/14	339,500	▼	11,500	-3.28	170,555	501,686	56.96	95.44	97.72	95.59
2022/03/11	351,000	▼	2,000	-0.57	97,169	276,636	60.29	103.90	97.89	96.60
2022/03/10	353,000	▲	7,000	2.02	135,581	382,742				97.93
2022/03/08	346,000	▲	7,500	2.22	196,593	566,024				98.00
2022/03/07	338,500	▲	1,000	0.30	124,556	370,066	140.75	116.81	92.00	96.49
2022/03/04	337,500	▼	7,500	-2.17	144,551	425,168	77.99	110.34	89.03	95.69
2022/03/03	345,000	▲	24,500	7.64	215,353	638,212	201.05	111.92	89.26	96.22
2022/03/02	320,500	▼	6,500	-1.99	70,253	218,457	61.67	100.07	88.43	93.69
2022/02/28	327,000		0	0.00	104,051	321,008	80.95	100.19	89.45	93.86
2022/02/25	327,000	▲	4,000	1.24	104,645	316,697	103.76	95.30	88.46	94.30
2022/02/24	323,000	▼	12,000	-3.58	139,267	425,622	82.99	94.50	87.38	94.34
2022/02/23	335,000	▲	20,000	6.35	172,946	529,272	153.68	105.26	87.77	94.41
2022/02/22	315,000	▼	4,500	-1.41	127,664	408,789	79.03	92.30	84.74	93.69
2022/02/21	319,500	▼	5,500	-1.69	127,162	403,175	67.26	92.45	86.36	94.35

> 해당 기간 체결강도 100을 넘기며 높은 수준을 유지

일반적으로 주가가 올라오는 상황에서는 체결강도가 낮을 수 없기 때문에 체결강도를 보고 추세를 판가름하기도 합니다.

하지만 뭐든 과한 것은 의심해야 합니다. 상승을 바라던 투자자들이 모이면 실제 가치보다 주가가 더 많이 오르기도 합니다. 지금이 아니면 안 될 것 같은 심리가 반영되어 과해졌다가 시간이 지나면서 정상 범위로 내려오는 경우가 많으므로 조금 기다리며 반응을 살핀 후에 행동하는 것이 좋습니다.

과부의 돈으로는 승리할 수 없다:
돈에서 감정을 빼라

과도한 욕심, 공포는 투자를 방해한다

돈에 감정을 빼는 연습

과거 한국투자증권에서 주식 전략을 담당하는 박소연 애널리스트, KB증권에서 경제 분석을 담당하는 김효진 애널리스트와 식사를 하면서 주식투자를 잘하는 사람의 특징이란 주제로 대화를 나눈 적이 있습니다. 그 대화에서 주식투자 분야에서는 명석한 두뇌를 바탕으로 습득한 다방면의 지식만으로는 성공하기가 어렵다는 결론을 내린 기억이 납니다.

이 말을 의도에 맞게 다시 표현하면 감정 없는 사람이 주식을 잘한다는 의미입니다. 18년간 시장을 경험하면서 다양한 투자 지식보다 심리가 훨씬 중요하다는 것을 깨달았습니다. 아는 만큼 수익으로 돌아오면 좋겠지만 아무 정보 없이 투자하는 사람이 대박이 나는 경우를 종종 볼 수 있듯이 돈에 감정을 섞지 않는 사람이 주식시장에서 크게 성공합니다.

이러한 맥락에서 볼 때 가장 중요한 건 손절입니다. 손절만 잘해도 크게 위험에 처할 일이 없습니다. 그런데 이렇게 중요한 손절을 알면서도 못합니다. 그 이유 중 하나는 본전 때문입니다. 문제가 생겨서 이미 하락 추세에 진입했고, 더 떨어질 일이 불 보듯 뻔한데도 본전이 아까워서 손 놓고 있습니다. 시간이 지날수록 더 불안해지고 올바른 판단을 내리기가 어려워집니다. 그다음에는 어떻게 될까요? 빨리 빠져나오기 위해서 상승하고 있는 다른 종목을 팔아서 현금을 만든 다음, 손실이 난 종목에 물타기를 합니다. 그렇게 계좌는 영영 돌이킬 수 없는 방향으로 흘러가고 맙니다.

수익이 난 종목도 이와 비슷합니다. 1만 원에 산 종목이 2만 원까지 올라갔다가 1만 5,000원으로 떨어지면 왠지 5,000원을 손해 보는 듯한 느낌이 듭니다. 고점 가격에 집착하면서 종목의 매수가가 1만 원이 아닌 2만 원이라는 이상한 착각에 빠집니다. 2만 원까지 다시 오르기를 하염없이 기다리면서 이도 저도 아닌 채로 있다가 결국 1만 원 아래로 내려갈 때까지 쳐다만 보는 불상사가 벌어지기도 합니다.

전세자금을 빼서 투자하거나 감당하기 어려울 정도로 레버리지 leverage*를 이용하는 경우도 감정이 앞섰기 때문입니다. 손실을 감당

레버리지
레버리지는 '지렛대'를 의미한다. 지렛대를 이용하면 적은 힘으로도 무거운 물체를 들어 올릴 수 있다. 투자에서 레버리지를 이용하면 손익이 커지는 효과를 얻을 수 있다. 많은 수익을 기대하며 본래 가진 자산에 타인의 자본까지 투입한다. 수익률이 (+)일 때는 이익이 큰 폭으로 증가하지만, 수익률이 (−)일 때는 손실 폭 역시 커진다.

펀더멘털
경제용어로는 한 나라의 경제 상태를 표현하는 데 필요한 가장 기초 자료로 성장률, 물가상승률, 실업률 등의 주요 거시경제지표를 의미한다. 주식시장에서 펀더멘털은 기업이 지닌 경제적인 가치(재무상태), 성장성, 산업의 전망을 뜻한다.

하기 어려워하는 마음은 정답을 낸 이성을 붙잡고 늘어져 행동으로 옮기기 힘들게 만듭니다. 머리로는 알지만 마음으로 할 수 없는 상태는 주식시장에서 쓸모가 없습니다. 판단을 포기하고 현실을 외면하는 결과로 이어질 뿐입니다. 감당할 수 있는 수준의 자금으로 투자해야 감정이 덜 끼어들고 경제 전망과 기업 펀더멘털fundamental*을 고려하여 매매할 수 있습니다.

돈에서 감정을 분리해 내기까지 많은 노력을 해야 합니다. 앞서 잦은 매매는 수익률에 하나도 도움될 것이 없다고 말씀드렸지만 한 가지 예외의 상황이 있습니다. 수수료의 낭비가 곧 수익률의 저하로 이어지는 잦은 매매를 통해 돈에 실은 감정을 지우는 것입니다. 감당할 수 있는 적은 금액으로 주가가 손절·익절 기준에 왔을 때 반등 또는 추가 상승할 것이 분명해도 무조건 매도하는 연습을 해 보시기를 바랍니다. 익숙해지면 돈보다 데이터에 집중하기 수월해진 자신을 만날 수 있습니다.

피터 린치는 『전설로 떠나는 월가의 영웅』에서 매우 안전한 주식은 과부나 고아의 주식이라고 했습니다. 손실 날 일이 없는 주식이란 뜻입니다. 저를 비롯한 많은 투자자가 공포에 매도하고 환희에 매수하는 실수를 저지릅니다. 그러나 시장은 사정을 봐주지 않습니다. 누구에게나 예외 없고, 가차 없는 곳입니다. 냉혹하고 이성적으로 판단해도 결과가 잘 나올지 확신할 수 없는 곳에서 과부의 돈, 다시 말해 절대로 잃지 말아야 하는 돈을 투자금으로 쓰고 손실이 겁나서 매도하지 못하면 안 됩니다.

주식은 언제나 손실이 날 가능성이 있습니다. 절실한 마음, 절실한 돈은 제대로 판단하기 어렵게 만듭니다. 손실이 나도 감당할 수 있는 선에서 급하지 않은 돈으로 투자해야 좋은 결과를 얻게 될 수 있다는 것을 명심하시기 바랍니다.

효율과 비효율 사이의 줄타기:
시장은 어떻게 작동하는가

비효율적인 시장에서는 노력으로 얻을 수 있는 게 아직도 많다

효율적 시장 가설

저는 투자를 하면서 기업의 실적이 좋으면 정말로 주가가 오르는지, 이미 실적에 반영된 것은 아닌지 의심이 들 때가 있었습니다. 왜 그럴까 고민하다가 종목마다 호재가 적용되는 시점이 다르기 때문이라는 결론을 얻었습니다.

효율적 시장 가설EMH. efficient market hypothesis이라는 유명한 투자 이론이 있습니다. 노벨경제학상을 수상한 미국의 경제학자 유진 파마Eugene Fama 교수의 말로, 효율적인 시장일수록 내가 가진 정보가 이미 주가

에 반영되어 그 정보를 가지고는 초과 수익을 낼 수 없다는 내용입니다. 시장이 얼마큼 효율적인지에 따라서 약형, 중강형, 강형 세 가지로 구분하는데 약형 효율적 시장에서는 기술적 분석(과거 정보)으로 돈을 더 벌 수 없습니다. 내가 아무리 차트를 잘 본다고 하더라도 다른 사람들이 나만큼이나 눈이 밝아서 골든크로스, 이격도 등 알려진 지표가 이미 주가에 빠르고 완벽하게 반영되었기 때문입니다.

중강형 효율적 시장에서는 기본적 분석(공개된 정보)으로 초과 수익을 낼 수 없습니다. 모든 투자자들이 기본적 분석의 달인이기에 A 기업이 실적을 발표하는 즉시 밸류에이션에 맞게 주가가 움직입니다. 그러면 아무리 공부해도 저평가 기업을 찾을 수 없습니다.

마지막으로 강형 효율적 시장, 매우 효율적인 시장에서는 내부자 정보(비공개 정보)를 가졌다고 하더라도 초과 수익을 얻을 수 없습니다. 투자자들은 매우 현명하기 때문에 내부자 정보가 될 만한 사항까지 합리적으로 추정하여 주가에 이미 반영했습니다. 파마 교수 이론에 의하면 투자자들은 대부분 워런 버핏급 투자 실력을 갖춘 듯합니다.

나는 어떤 시장에서 투자하고 있는가?

제가 왜 갑자기 시장의 효율성을 말했을까요? 이번에는 투자자가 어느 물에서 놀아야 하는지에 관한 이야기를 하려고 합니다.

앞서 파마 교수의 말을 들으면 시장의 효율성이 높은지 낮은지에 따라 기술적 분석을 할지, 기본적 분석을 할지 아니면 내부자 정보를 찾아봤자 초과 수익을 낼 수 없으니 그저 시장에 맡겨야 할지를 가늠할 수 있습니다.

우리나라에 삼성전자의 재무상태를 분석하는 이들은 몇 명쯤 될까요? 23개 증권사 전부가 삼성전자를 분석합니다. 그뿐만 아니라 운용사, 연기금 등 증권사를 제외한 기관 투자가까지 합쳐 백 개 이상의 기관에서 삼성전자의 실적을 분석하고 관련 자료를 발행합니다. 그러면 이미지스(115610)라는 시가총액 150억 원 회사는 어떨까요? 그 어떤 증권사도 보고서는커녕 분석 기사 한 줄 낸 것을 찾아보기가 힘듭니다. 투자자들도 관심이 없습니다. 회사가 신기술을 개발하든 수주 계약을 따내든 소식이 알려지지 않아 즉각적으로 주가에 반영되지 않습니다.

만약 초과 수익에 관심이 있다면 삼성전자의 새로운 정보를 활용하여 가져가기는 어렵습니다. 그러나 중·소형주를 분석한다면 초과 수익을 기대해 볼 수도 있습니다. 종목에 대한 공부가 나무를 보는 영역이라면 경제 상황을 고려하여 주식시장이 효율적인지 비효율적인지 판단하는 것은 숲을 보는 영역입니다.

시장은 언제나 효율과 비효율 사이에서 줄타기를 합니다. 어떤 물에서 놀고, 어떤 도구를 택할지 결정할 수 있어야 합니다. 효율적인 시장에서는 열심히 공부하는 것보다 코스피200, 코스닥150 같은 인덱스 지수에 투자하고 비효율적 시장에서는 차트를 보며 초과 수익을 기대하는 등 상황을 폭넓게 다룰 줄 알아야 합니다.

'너무 비싸니까 사지 마세요':
버블은 언제 오는가

버블의 핵심 키워드: 다양성 그리고 적정가치

다양한 의견이 사라진 시장

'몇 % 이상 오르면 거품이다' 같이 절대적인 기준은 없습니다. 하지만 거품인지 아닌지 판단할 수 있는 기준은 있습니다. '다양성'입니다. 우리가 이성에 기반하여 합리적으로 사고하기만 한다면 시장은 부풀어 오르지 않습니다. 다양한 의견을 가진 사람들이 교류하며 문제를 바로잡기 때문입니다. 만약 시장 참여자들의 의견이 한쪽으로 쏠려 똑같은 소리만 낸다면 그 종목은 거품이거나 바닥일 가능성이 큽니다. 모든 사람이 더 간다고 할 때 조심해야 하고, 아무도 관심이 없을 때가 바닥입니다.

2017년, 비트코인은 한 해 동안 20배가 올랐습니다. 셀트리온이 코스닥에서 코스피로 이전하면서 셀트리온 삼 형제-셀트리온, 셀트리온헬스케어(091990), 셀트리온제약(068760)-도 수급을 빨아들이며 엄청나게 급등했습니다. 그 어떤 하락의 근거도, 밸류에이션 평가도 없이 수급에 의해 밀어붙여진 시장이 되었습니다.

그 당시 셀트리온제약의 PER은 1,000배를 넘겼습니다. 성장률이 아무리 높다고 하더라도 PER 1,000배는 과도한 낙관입니다. 과거 닷컴 버블의 교훈을 잊은 듯 자산가격은 하늘 높은 줄 모르고 올랐습니다. 그런데도 비싸다고 이야기하기 어려운 분위기였습니다. 전문가가 "너무 비싸니 사지 마세요"라고 말하는 순간 투자자에게서 쏟아질 엄청난 비난을 각오해야 했습니다. 소수의 의견은 묻혔고 자산가격은

4-4 셀트리온 2017년 차트

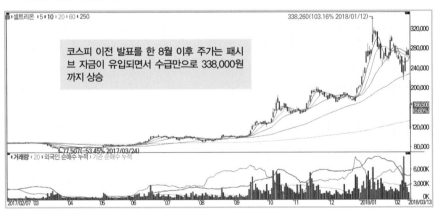

더 강하게 올랐습니다.

힘겹게 반대 의견 내놓은 사람은 온 세상의 조롱거리가 됩니다. 약세론자는 점점 더 위축되고 강세론자만 시장에 남습니다. 시장의 자정작용은 이렇게 사라집니다. 너무 과열되었을 때 가격 조정 선을 제공해 줄 약세론자가 사라졌으니 임계치에 도달하면 거품이 터집니다.

가격 조정 없이 상승하는 시장은 투자자들을 조급하게 만들고 이성을 마비시킵니다. 잠시 하락하더라도 시간이 지나면 주가는 어느새 더 높은 가격에 올라서 있으므로 투자자들은 계속 시장이 오를 거란 착각에 빠져 더 높은 가격에도 주식을 삽니다. 연못 속의 고래(거대 자본을 가진 개인투자자)가 탈출하고 나면 남아 있는 개인은 수위가 낮아진 연못 속에서 드디어 정신을 차립니다. 주변을 둘러보니 처참합니다. 시장이 정상 범주에 들어와 연못의 물은 낮아져 있고 새로운 물이 들어올 때까지는 탈출하지 못합니다. 쉽게 말해 물린 것입니다.

주식시장은 다양성에 의해 조성됩니다. 가장 가까운 예로 매도·매수의 체결이 그렇습니다. 모두가 같은 생각만 하면 거래는 성립되지 않습니다. 하나의 종목만 놓고도 좋고, 나쁘고, 싸고, 적당하고, 비싸고 여러 의견이 있어야 거래가 지속될 수 있습니다. 투자자의 사고는 유연해야 합니다.

기술의 발달과 적정 가격

인터넷으로 주식을 직접 매수하게 되기 전까지 주식시장은 소위 전문가들만의 리그였습니다. 주식투자자들은 증권사 객장에서 주식을 사야 했고 증권 브로커들이 종목을 추천하고 상황을 중계했습니다. 인터넷 기술이 발달하면서 개인들이 전문가를 거치지 않고 HTS에서 직접 주식을 사기 시작했습니다.

과거 적정 가격은 전문가의 입을 통해서만 전달되었습니다. PER이 1,000배가 되는 주식을 증권사 브로커가 적정 가격이라고 말하며 추천하지는 않았을 것입니다.

과열된 시장에 새로운 돈이 몰리면 시장은 더 과열됩니다. 새로운 돈을 모았으니 상승은 한동안 계속됩니다. 인터넷의 보급으로 낮아진 거래장벽, 전문가가 제시하는 적정 가격이라는 필터를 거치지 않은 투자가 1999년 닷컴 버블의 원인이었습니다. 오랫동안 시장에 참가해온 잔뼈 굵은 투자자라면 절대 쳐다보지 않을 밸류에이션에도 덥석 돈을 내놓는 겁 없는 개인들이 많아지면서 시장은 폭등하기 시작했습니다. 당시 인터넷 기업들이 가진 기술의 가치는 적정 가격을 매길 수 없는 새로운 패러다임이었기 때문에 누구 하나 쉽게 싸다 비싸다를 논할 수 없었습니다.

부동산도 이를 피하지 못했습니다. 어느 블로거가 다른 주택에 비해 아파트 가격만 유독 급등한 이유를 앞서 HTS의 예와 비슷하게 설명했습니다. 아파트 가격을 은행이나 네이버 같은 인터넷 포털에서 주식 현재가처럼 공개하기 시작하면서 개인이 가격을 형성하는 데 일조했다는 것입니다.

전문가 집단인 공인중개사가 적정 가격을 제시했을 때와는 비교도 되지 않을 만큼 올랐지만 아파트에 한정된 현상이고 오히려 아파트 외의 주거공간은 전문가의 의견이 가격 형성에 영향을 미치면서 안정되었다는 것입니다. 토지나 주변의 인프라가 아파트 가격에 영향을 미쳤다면 동일 지역의 빌라나 단독주택도 비슷한 평가를 받아야 했지만 아파트와 상당한 가격 차이를 보인다는 점에서 설득력이 있다고 생각했습니다.

적정 가격을 무시하고 투자하는 투자자들의 유입이 늘어나면 버블이 나타날 가능성이 높습니다. 비트코인의 상승도 비슷한 맥락에서 벌어졌습니다. 유동성이 풍부해진 상황에서 암호화폐라는 새로운 기술이 출현했지만 새로운 기술이다 보니 적정 가치를 매길 수 없었고, 가치를 매길 수 없는 자산에 투자하려는 투자자는 급증하면서 기존의 펀더멘털 측정 방식으로는 이해하기 힘든 버블이 생겨 급등락을 반복했습니다.

1999년 닷컴 버블 당시에도 모든 기업이 거품은 아니었습니다. 인터넷의 발달과 함께 큰 성장을 이룬 기업이 많이 있습니다. 하지만 거품이 꺼지고 적정 가치를 찾아가는 과정에서 많은 기업이 사라졌고 사업을 이어가더라도 아직까지 그 당시의 주가를 회복하지 못한 기업도 많습니다. 새로운 기술이나 산업에 투자를 할 때 적정 가격이라는 개념을 항상 기억해야 버블을 구별하고 큰 손실을 피할 수 있습니다.

떨어지는 주가에 배팅하지 말라: 인버스, 곱버스를 타야 하는가

두 마리 토끼를 다 잡을 수는 없다!

아무리 실력 좋은 투자자라도 지수가 하락할 때는 수익을 내기가 쉽지 않습니다. 가격 변동에 따른 손실을 대비하기에 '시장이 좋을 때는 주식으로 수익을 내고, 시장이 나쁠 때는 인버스 ETF로 수익을 내는 방법'보다 더 좋은 아이디어는 없어 보입니다. 그런데 하락 국면을 버틸 대안으로 인버스 ETF에 투자하는 것이 정말 답이 될 수 있을까요?

인버스_{inverse}는 '반대로'라는 뜻입니다. 인버스가 붙은 종목들은 추종하는 기초자산과 반대 방향으로 움직입니다. 예를 들어 KODEX 200 ETF는 기초자산인 코스피200 지수와 같은 방향으로 주가가 움직이지만, KODEX 200 인버스 ETF는 코스피200 지수가 오를 때는 수익이 떨어지고, 코스피200 지수가 떨어질 때는 수익이 오릅니다.

인버스 ETF가 지수 반대 방향에서 수익을 낼 수 있는 이유는 선물 지수를 추종하기 때문입니다. 그러므로 인버스 ETF를 이해하려면 선물futures 개념을 알아야 합니다.

선물이란 현재 시점에서 가격을 합의하고, 미래 정해 놓은 때에 이미 합의된 가격으로 거래하는 방법입니다.

어떤 투자자가 거래를 약속한 미래 시점에는 주식 가격이 현재보다 오를 것이라 예상하고 현재에서 매수를 진행했습니다. 미래 그 시점이 되었을 때 주식 가격이 오르면 투자자는 이익을 보고, 주식 가격이 떨어지면 손해를 보게 됩니다.

반대로 약속한 미래 시점에는 주식 가격이 현재보다 떨어질 것이라 예상하고 현재에서 매도를 진행했습니다. 미래 그 시점이 되었을 때 주식 가격이 오르면 투자자는 손해를 보고, 주식 가격이 떨어지면 이익을 얻게 됩니다. 같은 맥락에서 코스피200 지수 선물을 매수하면 코스피200 지수가 상승할 때 수익이 발생하고, 반대로 코스피200 지수 선물을 매도하면 코스피200 지수가 상승할 때 손실이 발생합니다.

실제로 주식을 사야(매수) 파는 것(매도)도 가능해지는 주식시장의 거래와 달리, 선물시장에서는 현재 시점에 매수인지 매도인지 포지션을 정함으로써 매수와 매도가 이루어집니다. 인버스 ETF는 선물시장의 매도 포지션처럼 주식 가격이 떨어졌을 때 수익이 나는 구조로 설계되어 있습니다.

롤오버 비용이 만들어 낸 가격 차이

선물시장의 원자재를 실제로 거래하려면 보관 및 이동이라는 물리적 한계에 부딪힙니다. 따라서 선물은 미리 만기일을 정해두고, 정해진 날짜가 되면 계약을 이행하거나 변경하는 방식으로 거래를 진행합니다. 투자를 지속하여 누적수익률을 높이려면 만기가 도래한 상품(근월물)을 만기가 더 긴 상품(원월물)으로 바꿔야 합니다. 이 과정을 롤오버 roll over라고 하는데요. 롤오버에는 비용이 발생합니다. 선물 거래 구조를 따르는 인버스 ETF 또한 롤오버 비용을 부담해야 합니다.

종목을 장기간 보유할수록 롤오버 비용 때문에 현물가격과 인버스 ETF 가격의 괴리가 생깁니다. 인버스 ETF뿐만 아니라 선물 거래와 유사하게 현재 시점에서 미래 주가를 예측하는 ETF 상품과 옵션 거래에서도 롤오버 비용으로 인한 현물가격과 종목 가격의 괴리가 생깁니다.

언뜻 인버스 ETF로도 수익률을 챙길 수 있을 것처럼 보이지만, 보유 기간이 길어질수록 수익률보다 롤오버 비용이 더 커지기 때문에 인버스 ETF는 생각보다 투자에 도움이 되지 않습니다. 이러한 가격 괴리가 얼마큼의 수익 차이를 만드는지 KODEX WTI원유선물(H) ETF를 통해 대신 살펴보겠습니다.

2020년 4월, 코로나19의 영향으로 국제 원유 가격이 마이너스가 되며 초유의 사태가 벌어졌지만 마이너스 유가가 지속될 것이라고 생각한 투자자는 없었습니다. 국제 유가 반등을 노린 사람들은 원유

ETF에 투자했습니다. 그러나 예상과 다른 ETF 가격 움직임에 혼란을 겪어야 했습니다.

원유선물시장에서 역시 유가가 오를 것이라 생각한 투자자들이 장기물을 매수하면서 근월물(5월물 23달러, 만기가 한 달 남은 WTI West Texas Intermediate*유가 선물)보다 원월물(12월물 35달러, 만기가 8개월 남은 WTI유가 선물)의 가격이 급등했습니다. 예정대로 유가는 상승했지만 엄청난 롤오버 비용이 발생하면서 ETF 가격이 하락하고 말았습니다.

현물가격과 선물 가격은 보통 비슷한 추세로 진행됩니다. 그러나 [4-5]에서 빨간 선 WTI원유 현물가격의 상승을 파란 선 KODEX WTI원유선물(H)

WTI
WTI는 미국의 서부 텍사스에서 생산되는 원유를 가리킨다. 세계 유가 변동의 기본이 되는 미국의 대표적인 원유이다. 국제 석유현물 및 선물시장에서는 영국의 북해산 브렌트유와 아랍에미리트의 두바이유 및 미국의 텍사스산 WTI가 기준가격 원유로 통용된다.

4-5 WTI현물가격과 KODEX원유선물(H) ETF

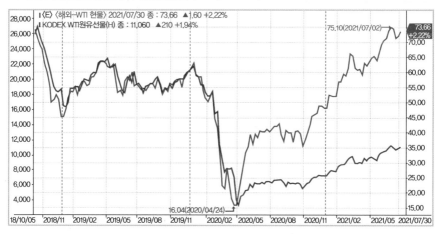

증거금
선물은 미래의 시점으로
계약하기 때문에 실제 결
제일에 결제자가 약속을
이행하지 않을지도 모른
다는 신뢰의 문제가 있다.
모든 선물 거래 참여자들
이 신용의 증거로 납부하
는 보증금의 일종이다.

헤지
주식시장의 가격 변동에
따른 투자 위험을 회피
하기 위해 시장의 흐름과
반대되는 포지션을 취하
는 것을 말한다.

ETF 가격이 추종하지 못한 것처럼 수익이 낮음에도 롤오버 비용 때문에 기초자산과의 가격 차이가 저만큼이나 벌어졌습니다.

코스피 지수와 반대 방향에 투자하기 위해서 선물을 매도하려면 선물 계좌를 따로 만들어야 합니다. 또 선물 거래를 하기 위해서는 최소증거금*2000만 원이 필요합니다. 인버스 ETF에 투자한다면 이러한 번거로움 없이 지수의 반대 방향에 투자하여 헤지hedge* 효과를 누릴 수 있습니다. 그러나 저라면 하락 시기 대안으로 인버스 ETF를 선택하지는 않을 것입니다.

주가 하락 두 배에 배팅하는 곱버스

앞서 금융시장에서 레버리지 상품에 투자하면 기초자산보다 훨씬 크게 오르고 크게 내리는 효과를 얻을 수 있다는 말씀을 드렸습니다. 흔히 곱버스라고도 불리는 레버리지 인버스 ETF 상품은 인버스 ETF보다 훨씬 높은 수익을 얻을 수 있어서 투자자의 관심에서 벗어나지 않는 종목입니다.

주식시장이 하락할 때 인버스 ETF에 투자하면 하락하는 만큼 수익이 되지만, 곱버스에 투자하면 하락의 두 배에 해당하는 만큼 수익이 됩니다. 예를 들어 KOSPI200 레버리지 인버스 ETF(이하 레버리지 ETF)는 코스피200 지수를 역으로 두 배 추종하는 종목입니다. 코스 피200 지수가 하루에 10% 하락할 경우 레버리지 ETF는 20% 상승 합니다. 남들이 하루에 10%씩 손해 볼 때 레버리지 ETF 투자자는 수 익을 올리는 것입니다.

가격이 1만 원인 KOSPI200 인버스 ETF와 KOSPI200 레버리지 인버스 ETF가 있다고 가정하겠습니다. 첫날 지수가 10% 하락한 후 둘째 날에 10% 상승한다면 [4-6]처럼 두 개 종목의 수익은 300원이 나 차이 나게 됩니다. 첫날 레버리지 ETF가 상승하여 원금이 커졌기 때문에 둘째 날 하락 시에 평가금액이 더 크게 줄어든 것입니다. 지수 가 등락을 거듭하며 움직일 때마다 레버리지 ETF는 처음 의도와 달 리 기초자산인 코스피 지수를 두 배로 추종하기가 어려워집니다.

레버리지 ETF는 변동성이 커서 매우 위험합니다. 금융투자협회에 서 '레버리지 ETP(ETF, ETN) 가이드 교육'을 이수해야 투자할 수 있 습니다. 1시간 정도 진행되는 교육을 듣고, 수료증을 발급받은 후 증 권사에 수료번호를 등록하면 거래 자격이 생깁니다. 최초 거래 시 기

4-6 인버스 ETF, 레버리지 ETF 수익 차이

	시작가(원)	첫날 10% 하락(원)	둘째 날 10% 상승(원)	수익률(%)
지수	1,000	900	990	−1
KOSPI200 인버스 ETF	10,000	11,000	9,900	−1
KOSPI200 레버리지 인버스 ETF	10,000	12,000	9,600	−4

본 예탁금을 1000만 원 이상 보유하고 있어야 레버리지 ETF 주문을
할 수 있습니다.

인버스와 곱버스 투자에 관한 생각

주식시장은 언제나 상승과 하락을 반복합니다. 타이밍을 잘 잡기만
하면 주식을 장기 보유할 때보다 더 높은 수익을 얻을 수 있습니다.
인버스 투자로 시장이 하락할 때조차 돈을 벌 수 있다면 남들이 하락
으로 고통받을 때 자신은 수익을 낼 수 있어서 다행이라 여길지도 모
릅니다.

그러나 주식이 어떤 방향으로 움직일지는 누구도 장담할 수 없습니
다. 우리가 경제를 분석하는 이유는 투자 성공 확률을 조금이라도 높
이기 위해서이지, 무조건 수익이 나는 상황을 찾아내기 위해서가 아
닙니다. 시장에는 너무나 많은 변수가 존재합니다. 완벽하게 들어맞
는 신호는 없는 것과 마찬가지입니다.

하나의 경제 지표를 두고 전혀 다른 두 종류의 신호가 동시에 발생
하면 대부분의 투자자는 자신에게 유리한 신호에만 반응합니다. 가진
자산 전체가 주식이라면 긍정적인 신호에, 가진 자산 전체가 현금이
라면 부정적인 신호에만 반응할 것입니다.

상승세이던 경제가 하락세로 접어들 것 같아 주식을 청산하고 현금
비중을 늘렸습니다. 그런데 이 판단이 틀린 것이었다면 그래도 괜찮

습니다. 현금으로 주식을 재매수하면 됩니다. 만약 인버스 투자 비중을 늘렸다면 이야기는 달라집니다. 시장을 떠도는 온갖 정보 중 하락 신호에만 눈을 밝히게 되어 상황이 달라지더라도 제대로 된 판단을 하기가 어렵게 됩니다.

인버스 투자는 자신의 판단을 과신하는 행위입니다. '상승장에서는 주식으로 수익을 내고, 하락장에서는 인버스로 수익을 낸다.' 말이 되는 것처럼 보이지만 선발 투수 겸 4번 타자 같은 소리와 다를 바 없습니다.

지난 수십 년간 주식은 계속해서 올랐습니다. 이 말을 달리하면 장기투자하기 가장 적합하지 않은 자산이 인버스라는 이야기입니다. 시장이 과열되었거나 선택한 종목이 과도하게 상승했다고 생각되면 덜 오른 주식을 찾거나 현금을 들고 기다려야 맞습니다. 인버스 투자는 절대 답이 될 수 없음을, 과도한 확신은 화를 부른다는 것을 반드시 기억하시기 바랍니다.

날카로운 손실의 추억:
매매일지가 알려 주는 것들

실패는 성공의 어머니라지만 매매일지 없는 실패는 의미가 없다

인간은 망각의 동물

과거 투자를 하다가 잘못된 선택으로 큰 손실을 입은 적이 있습니다. 초반에 손실을 막았으면 좋았겠지만 실패를 인정하지 못하면서 손실률은 손절매조차 할 수 없을 만큼 커져서 감당하기 힘든 수준까지 가버렸습니다. 1, 2년 버티면 지수가 상승하며 손실 났던 종목도 자연스럽게 반등했기에 당연히 수익으로 이어졌고 그 경험뿐이었으니 무작정 기다리면 올라오겠지 하는 희망을 품었습니다. 그런데 당시 투자했던 종목은 승승장구해 오다가 제가 산 시점이 꼭지였고 이후 7년간 장기 하락기에 접어들었습니다. 벌었던 수익금이 한 번에 날아갔습니다. 이로 인해 엄청나게 큰 심리적 고통을 받았고 자산 손실, 시간 손실은 물론, 투자 자신감마저 상실했습니다.

그러나 이 일을 통해 크게 배울 수 있었습니다. 시장에서는 자만하면 안 되고 문제가 생기면 회피할 게 아니라 적극적으로 대응해야 한다는 것을 말입니다. 이 경험은 마음속에 날카롭게 꽂혀 들어온 뒤 시장 상황에 흥분하거나 자신감이 넘쳐흐를 때마다 생각을 환기 시킬 수 있도록 도와주고 있습니다.

누구나 말로는 시장에 겸손해야 하고 시장이 늘 옳다고 합니다. 그러나 실제로 겪지 않고서는 진심으로 생각하기가 어렵습니다. 모두가 손실을 통해서 배울 수 있는 것은 아닙니다. 손실이 누적될수록 포기하는 게 많아집니다.

투자가 그렇고 그런 포기로 끝나지 않으려면 할 수 있는 방법은 한 가지입니다. '매매일지'를 적는 것입니다. 인간은 망각의 동물이라서 실수를 해도 금방 잊어버립니다. 고통스러웠던 기억을 쉽게 지워버리고 같은 실수를 되풀이합니다. 매매일지를 적으면서 원인과 행동을 되짚어보면 다시 실수를 되풀이하면서 자책할 일이 줄어듭니다. 불확실성이 지배하는 시장에서는 잘못된 선택을 하는 경우가 비일비재합니다. 그렇지만 실수에 빠르게 대처한다면 큰 손실까지는 가지 않습니다.

매매일지를 매일 기록한다면 좋겠지만 현실적으로 생각해 보면 쉽지 않습니다. 매월 한 번 정도 의미 있는 매매가 있을 때 작성하는 것

	A	B	C	D	E	F	G	H	I	J	K	L
1	4/30잔고											
2	유가구분	종목구분	종목명	종목번호	보유수량	매입평균	종가	매입금액	평가금액			
3	주식	현금	대통	000490	1.00	11,050.00	10,700.00	11,050	10,700			
4	주식	현금	DB하이텍	000990	59.00	55,300.00	55,300.00	3,262,700	3,262,700			
5												
6	4월 거래종목											
7	에이테크솔루션		자율주행 관련해 매수 했으나 시세 부진으로 인해 5% 손절 후 DB하이텍으로 종목 교체. 8인치 파운드리 수요 증가									
8												

을 추천합니다. HTS에서 나의 잔고와 거래내역을 엑셀로 다운받을 수 있습니다. [4-7]처럼 매월 말에 포트폴리오를 점검하면서 수익률 변화와 시장 상황을 정리하고 의미가 있는 매매, 즉 큰 수익을 실현했거나 큰 손실을 봤을 때 원인과 대처 방법, 감정 등을 상세하게 적어놓으면 나중에 비슷한 일이 생겼을 때 이를 참고하여 적절하게 대응할 수 있습니다.

저는 10여 년간 주식 방송을 하면서 작성한 모든 대본을 보관하고 있습니다. 이 대본이 매매일지 역할을 대신합니다. 주식시장은 계속 반복됩니다. 금리가 올랐을 때 어떻게 대응했는지 기억이 잘 나지 않으면 2018년 비슷한 상황에서 작성했던 방송 대본을 읽어봅니다. 복기하다 보면 상황을 조금 더 잘 이해할 수 있습니다.

오답노트 정리를 통해 같은 실수를 반복하지 말자

누구나 손실은 피할 수 없는 법입니다. 그러나 경험을 통해서 아무것도 배우지 못한다면 수익률 개선은 꿈에서나 가능할지도 모릅니다. 매매일지는 오답노트와 같습니다. 틀린 문제는 다음에 또 틀리게 되어 있습니다. 틀린 문제를 반드시 소화해야 다음 시험에 비슷한 문제가 나왔을 때 점수가 오릅니다. 급하게 올라가는 호가에 흥분하여 비싸게 주고 산 종목에서 손실이 자주 발생했다면 주가가 급변할 때는 주식을 사지 않는다는 원칙을 세워야 합니다. 이 방법으로 손해를 봤다면 다음번에도 똑같이 틀릴 가능성이 큽니다.

　매매일지를 쓰면 자신의 성향을 알 수 있습니다. 자신의 문제점을 알면 대책도 세울 수 있습니다. 실패를 통해서 배워야 합니다. 실패하지 않고 성공하는 사람은 없습니다. 상처 하나 없이 멀끔한 경험은 언젠가 닥칠 위기 상황에 대한 대응력을 키우는 데 전혀 도움이 되지 않습니다. 주식을 매매하면서 실패를 두려워해서는 안 됩니다. 실패를 통해 상황을 개선할 자신만의 방법을 꼭 찾아내시기를 바랍니다.

나막신 장수와 짚신 장수는 경쟁자?: 분산투자와 상관관계의 의미

기회는 계속 온다! 단, 내가 시장에 살아 있다면

위험을 줄이기 위한 목적

분산투자는 단순히 여러 종목을 나눠서 사는 것으로 범위가 한정되지 않습니다. 여러 종목뿐 아니라 여러 국가에 투자하는 방법이 있고, 한 종목을 여러 번에 걸쳐 사는 분할매수도 시간을 분산시킨다는 의미에서 분산투자라 할 수 있습니다. 종목, 시간, 지역을 분산하면 리스크는 획기적으로 줄어듭니다.

종목 분산은 여러 개의 종목을 보유하고 있다는 의미가 아닙니다. 서로 다른 업종, 변동성과 특징을 고려하여 각각의 종목을 매수한 것입니다. 한 계좌에 삼성전자와 SK하이닉스를 담는 것은 진정한 분산 투자가 아닙니다. 수출주, 내수주, 방어주 등 서로 다른 성향의 종목을 매매해야 삼성전자나 현대차처럼 수출에 타격을 입은 주식들이 손실이 났을 때 KB금융(105560)이나 CJ제일제당(097950)처럼 내수주가 올라가며 방어하고, POSCO홀딩스나 롯데케미칼처럼 경기민감주가 하락하더라도 KT나 한국전력처럼 경기방어주가 올라가서 계좌 전체의 손실을 줄여줄 수 있습니다.

1997년 IMF 시기에 국내 주식을 보유했던 투자자의 수익률은 어땠을까요? [4-8]을 통해 당시 코스피 지수와 나스닥 지수가 정반대로 움직이는 모습을 볼 수 있습니다. 코스피 지수는 1997년에만 40%가 하락했고 1995년 1,030포인트에서 1997년 376포인트까지 63%

4-8 IMF 당시 코스피 지수와 나스닥 지수

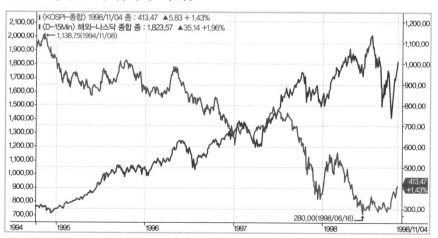

하락했습니다. 종목 분산을 아무리 잘했어도 국내 주식으로만 포트폴리오를 구성했다면 큰 손실을 입었을 것입니다.

이 시기에 만약 미국 주식을 샀다면 상황이 달랐을 것입니다. 1997년 나스닥 지수는 21% 상승했습니다. 한국 주식이 하락하기 시작한 1995년 740포인트였던 나스닥 지수는 3년 연속 상승해 1,540포인트까지 108% 상승했습니다. IMF 위기는 아시아에만 국한된 사건이었습니다. 국가별 분산투자를 했다면 최악의 위험은 면할 수 있었을 것입니다.

최근에는 미국 주식을 매매하기도 어렵지 않아서 지역별 분산투자를 곧장 수행해 볼 수 있습니다. 분산투자의 효과를 높이기 위해서는 상관관계가 서로 낮은 자산을 사야 합니다.

상관관계란 무엇일까요?

나막신 장수와 짚신 장수

―――

짚신 장수 아들과 나막신 장수 아들을 둔 어머니의 이야기를 기억하시는지요? 비가 오는 날엔 짚신 장수 아들의 장사가 잘 안될까 걱정하고, 햇빛이 쨍쨍한 날엔 나막신 장수 아들의 장사가 잘 안될까 걱정하여 매일매일 걱정이 끊이질 않았다는 이야기 말입니다.

동화에서는 두 아들의 직업이 어머니의 걱정과 근심거리였지만 주식시장에서는 좀 다릅니다. 비가 오는 날은 나막신 장수 아들이 돈을 벌어 좋고, 쨍쨍한 날은 짚신 장수 아들이 돈을 벌어 좋습니다. 둘이 힘을 합치면 굶어 죽지 않을 것이기 때문입니다.

상관관계는 두 개의 자산(주식) 중 한 개 자산의 상태가 변하면 나머지 한 쪽도 오르거나 내리는 관계를 말합니다. 두 자산이 같은 방향으로 움직이면 상관관계가 높다고 하고, 짚신 장수와 나막신 장수처럼 반대 방향으로 움직이면 상관관계가 낮다고 합니다. 상관관계를 수치로 측정한 값을 상관계수라고 하는데 상관계수는 양수 1부터 음수 -1 사이의 값으로 표현합니다.

만약 A 주식과 B 주식 간에 상관계수가 1이면 완전 양(+)의 상관관계입니다. 두 자산이 양의 상관관계일 때는 A 주식이 상승하면 B 주식도 상승합니다. 반대로 상관계수가 -1이면 완전 음(-)의 상관관계입니다. A 주식이 상승하면 B 주식은 반드시 하락합니다. 두 주식 간에 상관계수가 1에 가까울수록 상관관계가 높아져 같은 방향으로 움직이고, -1에 가까울수록 상관관계가 낮아져 서로 다른 방향으로 움직입니다.

그럼 상관관계가 0일 때는 어떨까요? 상관관계가 0이면 두 주식은 관련이 없다고 판단합니다. 두 주식의 값이 0보다 크면 같은 방향으로 움직이고 0보다 작으면 반대 방향으로 움직입니다.

보유한 주식이 음(-)의 상관관계일 때 분산투자 효과를 볼 수 있습니다. 상관관계가 높은 주식이 상승할 때는 수익이 두 배가 되어 행복해지지만 하락할 때는 대응할 방안이 없습니다. 짚신 장수와 나막신 장수 아들을 둔 어머니는 매일매일 걱정해야 하지만 우리는 포트폴리

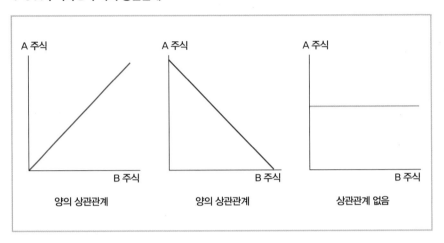

오를 재조정하여 불안함을 줄일 수 있습니다.

장마 기간에 돈을 많이 번 나막신 장수 아들이 장사가 잘 안된 짚신 장수 아들을 도와주고, 장마가 끝나고 나서 쨍쨍한 날이 계속되면 돈을 많이 번 짚신 장수 아들이 비가 안 와서 힘들어하고 있을 나막신 장수 아들을 도와주면 됩니다. 계속 말씀드리지만 주식시장은 오르고 내리고를 반복합니다. 많이 오른 주식을 조금 팔아 많이 하락한 주식을 낮은 가격에 매수하면 언젠가는 다시 주가가 다시 회복했을 때 저렴한 가격에 추가로 매수한 덕분에 더 높은 수익을 얻을 수 있습니다.

상관관계가 낮은 종목으로 분산투자하는 방법에는 분할매수도 있습니다. 아무리 종목 분산과 지역 분산을 잘했더라도 2008년 금융위기처럼 전 세계적인 주가 하락 시기에는 어느 나라 주식에 투자하든 손실을 줄이기가 어렵습니다. 이럴 땐 매월 일정 금액만 매수하는 방법으로 시간을 분산합니다. 하락할 때 매입 단가를 낮추는 효과가 있기 때문에 손실을 줄일 수 있습니다. 정기적금을 하듯이 매월 적립식으로 주식을 사는 것은 안전하게 자산을 늘릴 수 있는 가장 좋은 방법입니다.

분산투자가 어렵게 느껴진다면 이유는 욕심 때문입니다. 한 번에 빠르게 승부를 보려는 욕심이 한 종목에 집중하게 만들고, 서로 다른 방향으로 움직이는 종목만 사면 수익과 손실이 상계된다는 오해가 분산투자를 방해합니다. 분산투자, 분할매수 없는 투자에서 손실이 났을 때는 만회하기가 무척 어렵습니다.

잃지 않는 게 먼저입니다. 시장에서 방출되지 않고 살아남아야 다음에 오는 기회를 잡을 수 있습니다.

시장이 알아서 돈을 굴리게 하는 법:
자산배분과 리밸런싱

위기에 빛을 발하는 자산배분, 성공적 자산배분의 필수 코스 리밸런싱

자산배분의 중요성

투자를 할 때 주변의 이야기를 들어보면 반드시 자산배분을 해야 한다고 합니다. 그러나 대부분의 투자자는 이 조언을 무시합니다. 계란을 한 바구니에 담지 말라는 말은 너무 많이 들어서 고리타분하게 느껴지지만 아직도 통용되는 이유가 있습니다. 다양한 자산에 나누어 투자하면 위험을 줄일 수 있습니다. 특히 개인투자자에게는 최선의 선택이자, 최소한의 방어막입니다. 자신을 지키는 방패가 되어 줍니다.

주식에 전부를 쏟아부으면 오를 때는 좋지만 하락할 때는 어떤 것

도 하기가 힘듭니다. 위험에 대비하기 위해서 종목을 분산하지만 종목 분산으로 해결되지 않는 위험을 방어하기 위해서 자산배분을 합니다.

자산배분은 채권이나 현금, 금처럼 자산의 가치가 크게 변하지 않고 경기의 영향을 받지 않는 안전자산과 주식, 비트코인, 원자재처럼 경기나 환경에 따라 가격이 크게 변하는 위험자산을 적절히 배분하는 것입니다. 주식이 하락할 때 오르는 채권이나 달러는 상관관계가 낮아서 다른 방향으로 움직이기 때문에 같이 위험에 빠질 확률이 적습니다. 하나가 위험에 빠져도 다른 하나가 안전해서 위기 시에 자산을 조금이라도 지킬 수 있습니다.

2008년 금융위기에서는 좋은 주식이든 나쁜 주식이든 전 세계 모든 주식시장이 엉망이었습니다. 2007년 900원대였던 원화의 가치는 1500원대까지 상승했습니다. 만약 원화가 아닌 달러를 보유하고 있었다면 60% 이상 수익을 올렸을 것입니다. 주식 하락으로 인한 전체 자산의 감소를 달러 보유로 방어하고 오른 달러를 원화로 환전하여 국내 시장의 우량주를 매수했다면 반등 구간에서 주식의 손실을 빠르게 만회할 수 있었습니다.

국내 경기가 침체되면 주가도 하락합니다. 경기는 환율에도 영향을 미쳐서 원화 가치도 하락합니다. 즉 원화보다 달러 가치가 높아집니다. 이렇게 상관관계가 낮은 두 자산을 적절하게 배분하는 것은 매우 중요합니다.

공포를 사고 탐욕을 팔라!

리밸런싱은rebalancing 운용하는 자산의 편입 비중을 정기적으로 조정하는 것입니다. 상관관계가 낮은 자산으로 자산배분을 잘했다고 모든 것이 끝은 아닙니다. 포트폴리오는 살아 있는 생명체와 같아서 시장이 변화하는 상황에 맞춰서 자산배분을 조정해줘야 합니다.

예를 들어 위험자산과 안전자산의 비율을 5:5로 배분했지만 시간이 지나 주식이 많이 오르면 위험자산과 안전자산의 비율이 6:4 또는 7:3으로 변합니다. 이럴 때는 많이 늘어난 위험자산을 줄여서 안전자산으로 채워 넣어야 합니다. 앞서 금융위기에서 안전자산인 달러를 위험자산인 주식으로 바꿔 안전자산을 줄이고 위험자산을 보충해 넣는 것이 리밸런싱입니다.

시장이 너무 과열됐을 때도 위험자산과 안전자산의 비중을 조절해야 합니다. 처음에 안전자산과 위험자산의 보유 비중을 5:5로 계획했다면 과열된 시장에서는 6:4 정도로 조정하는 등 상황에 따라 유연하게 조치해야 합니다.

개별 종목에 관한 공부도 중요하지만, 경제 전반에 대해 공부가 필요한 이유를 여기에서 찾을 수 있습니다. 적절한 자산배분 비율을 정하려면 경기와 환율, 금리, 시장 상황 등 여러 요소를 고려해야 합니다. 주식시장이 과도하게 상승해 가격 부담이 있을 때는 주식 비중을 낮추고, 시장이 과도하게 침체되어 있을 때는 용기를 내서 주식 비중을 높이는 등 적극적으로 상황을 활용해야 시장 대비 높은 수익을 거둘 수 있습니다. 공포를 사고 탐욕을 팔아야 리밸런싱에 성공합니다.

자산의 특성도 알아야 하고 자산의 상관관계에 대해서도 파악하고 있어야 직접 조정할 수 있어서 자산배분은 매우 어렵습니다. 처음엔 주식, 채권, 달러만으로도 충분히 시작할 수 있습니다. 이 자산들은 오랜 기간 실증적인 분석을 통해 상관관계가 낮다는 것이 이미 증명된 금융시장의 가장 보편적인 투자 수단입니다.

자산배분의 리밸런싱만 성공해도 투자는 아주 성공적으로 진행됩니다. 시장이 알아서 돈을 벌어줄 때 가장 안정적인 수익을 낼 수 있습니다. 개별 종목을 잘 고르는 것도 능력이지만 다양한 변수는 어디에나 존재하는 법입니다. 자신의 성향과 현재 상황에 맞는 안전자산과 위험자산의 비중을 잘 찾아서 자산배분을 하시기 바랍니다.

○ 마지막으로 여러 해 동안 주식시장을 경험하며 몸소 깨달은 것들을 정리했습니다. 투자자가 지켜야 할 가장 기본적인 내용이지만 지켜지지 못하는 경우가 많아서 아무리 강조해도 지나치지 않는 말들입니다. 저의 투자 원칙과 여러분이 경험을 통해 터득한 내용을 정리하여 여러분만의 투자 철학을 세워나가시기를 바랍니다.

PART 5

투자마인드 정립으로
나만의 투자 원칙 정하기

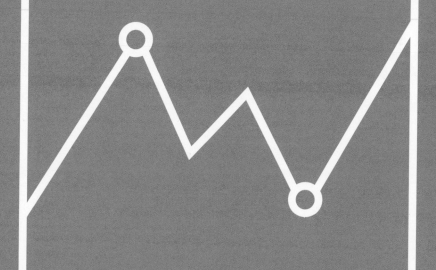

짧다면 짧고 길다면 긴 여정에서 초심을 잃지 않고 여기까지 오시느라 고생 많으셨습니다.

마지막으로 지난 18년간 온몸으로 시장을 부딪치며 체득한 내용을 말씀드리겠습니다.

이 다섯 가지는 투자자가 반드시 지켜야 할 기본적인 내용이지만 무시될 때가 많아서 실수로 이어집니다.

투자는 얼마나 기본에 충실한지에 따라 다른 결과를 얻게 됩니다. 투자에 실패했다면 엄청난 실수를 해서 그랬다는 생각이 들지만, 사실은 기본을 못 지킨 경우가 태반입니다.

저의 투자 원칙과 기준을 들어보시고 이를 토대로 여러분만의 투자 원칙을 만들어서 꼭 시장에서 승리하시기를 바랍니다.

수익은 길게, 손실은 짧게:
물타기와 분할매수를 구분하라

물타다 대주주 되면 게임은 끝난다

주식 매매의 기본 분할매수

주식을 매매할 때 가장 기본은 분산투자와 분할매수입니다. 두 가지는 변동성을 줄이고 리스크를 관리하기 위한 방법입니다. 달걀을 한 바구니에 담지 말라는 주식 격언을 다시 떠올려 봅니다. 한 바구니가 땅에 떨어지면 바구니 속 달걀은 전부 깨져버립니다. 그러나 여러 바구니에 조금씩 나누어 담으면 달걀이 한꺼번에 깨질 가능성이 줄어듭니다. 여기서 달걀은 자산이고 바구니는 종목입니다. 여러 가지 자산에 나누어 투자하면 위험을 줄일 수 있습니다.

분할매수는 주식을 한 번에 매수하지 않고 여러 번에 나누어 사는 것입니다. 삼성전자 주식을 총 1,000주 산다고 가정했을 때 1,000주를 한꺼번에 매수하는 것과 한 번에 200주씩 5번을 매수하는 것에는 차이가 있습니다. 1,000주를 한 번에 사고 주가가 오르면 큰 수익을 얻을 수 있지만 하락하면 손실이 커집니다. 손실이 커졌을 때 방법은 두 가지뿐입니다. HTS를 종료하고 하염없이 기다리거나 손실이 더 늘어나기 전에 손절하는 것입니다.

그러면 200주씩 나누어 사는 건 어떨까요? 만약 처음 200주를 매수한 이후에 주가가 하락하면 두 번째 매수를 통해서 매입단가를 낮출 수 있습니다. 매수하려는 종목의 주가가 떨어져도 다음 행동으로 대응할 수 있게 되는 것입니다.

첫 번째 200주 매수 직후 주가가 올라갈 수도 있습니다. 그러면 좋은 종목을 충분히 보유하지 못하는 문제가 생깁니다. 분할매수하며 타이밍을 놓쳐서 애초에 계획했던 수량에서 한참 못 미치는 수준으로 수익을 얻었더라도 이는 기회비용의 손실일 뿐 투자 실패를 의미하는 것은 아닙니다. 시장에는 삼성전자 말고도 수천 개의 종목이 있습니다. 다른 종목에서 기회를 노리면 됩니다. 실력으로 좋은 가격에 삼성전자를 샀다면 다른 종목에서도 성공할 수 있는 기회가 충분히 주어질 것입니다. 좋은 가격으로 매수하는데 운이 필요했다면 좋은 가격에 매도할 때도 운이 필요합니다. 본래 내 것이 아니라면 감정을 쏟을 필요가 없습니다.

한꺼번에 종목을 매수한 후 실패하면 다른 기회를 노리기조차 어렵게 됩니다. 자금이 묶여서 아무리 좋은 종목을 찾아냈더라도 투자할 수 없습니다. 투자 규모도 크기 때문에 손절도 큰 부담이 됩니다. 분할매수를 하면 실패의 규모가 크지 않기 때문에 빠져나오기도 수월합니다.

1억 원으로 한꺼번에 매수한 후 주가가 10% 떨어졌습니다. 총자산에서 10% 손실은 1000만 원입니다. 손해의 부담이 매우 큽니다. 1억 원으로 200주를 우선 매수한 후 주가가 10% 떨어졌습니다. 주가가 10% 떨어졌어도 총자산 중 손실은 2%입니다. 부담이 적어 손절하기 쉽습니다. 1000만 원을 손해 보고 손절하는 것과 200만 원을 손해 보고 손절하는 일 중 적은 부담을 택해야 합니다.

오기로 버티면 물타기, 계획된 매수는 분할매수

물타기와 분할매수를 구별하지 못하는 경우가 흔합니다. 종목을 매수하고 주가가 하락하면 매입단가를 낮추려고 추가 매수를 합니다. 물타기도 분할매수도 방법은 같습니다. 그렇다면 이 둘을 구별 짓는 결정적인 차이는 무엇일까요? 답은 '계획'에 있습니다.

계획적인 투자는 분할매수이지만 탈출을 위한 무조건 투자는 물타기입니다. 매입단가를 낮추기 위해 계획 없이 추가로 매수를 하다 보면 포트폴리오는 기형적으로 변합니다. 손실 종목이 계좌에서 큰 비중을 차지하는 바람에 아무리 다른 종목의 수익률이 좋더라도 전체 수익률에 영향을 주지 못합니다. 물타기로 종목의 손실률이 낮아지면 마음의 안정은 찾을 수 있겠지만 포트폴리오 개선에는 도움이 되지 않습니다. 처음 주식을 하는 사람들은 수익이 잘 나는 종목을 팔아서 손실이 나고 있는 종목을 추가 매수하는 실수를 흔하게 저지릅니다. 수익이 나면 빨리 실현했으면 좋겠고 손실이 나면 물타기로 평균 매입단가를 낮춘 후에 빨리 빠져나오고 싶습니다. 생각처럼 쉽지 않습니다. 그러다가는 계좌에 손실 난 종목만 남게 됩니다. 수많은 투자서에서 강조하는 '수익은 길게, 손실은 짧게'를 내 포트폴리오에 반대로 적용하는 꼴입니다.

그러면 추가 매수는 언제 해야 할까요?

처음 이 종목을 매수하면서 '이 가격까지 하락하면 매수한다'는 구체적인 계획을 세워놓았을 때, 이 종목을 처음 산다고 가정해도 여전히 살 만한 가치가 있다고 생각한다면 추가로 매수해도 좋습니다. 그러나 빨리 탈출하고 싶은 마음에, 손실률을 줄이기 위한 물타기라면 투자는 대부분 실패로 끝이 납니다. 그 이유는 여러분도 이미 알고 있습니다. 오를 만한 이유가 있어서 오르는 주식에 투자한 게 아니라 떨어질 만한 이유가 있어서 떨어진 주식에 자금을 투입한 것이니 당연히 좋은 결과를 얻게 되지 못합니다.

주식의 손실률을 줄여서 빨리 탈출하려는 생각은 운이 따르지 않으면 성공하기 어려운 일입니다. 급락하던 주식의 브이 자형 반등은 절대 흔하게 일어나지 않습니다. 실제로 주가가 급락하면 오랜 기간 횡보하거나 오랜 기간 조금씩 하락하면서 투자자들을 엄청나게 지치게 만듭니다. 주가 상황에 따라서 주식은 달리 보입니다. 같은 주식이라도 상승 추세에 있을 때와 하락 추세에 있을 때 큰 차이가 난다는 사실을 잊어서는 안 됩니다.

여러 번을 분석해도 지금 당장 사야 할 만큼 매력적이라면 단기 조정 중이기 때문에 추가로 매수해도 됩니다. 단, 추가 매수 덕분에 앞으로 수익률이 점차 오를 것이라는 낙관적 편향을 극복할 수 있는지는 자신에게 다시 질문하기를 바랍니다.

저는 절대로 물타기를 권하지 않습니다. 시장에는 그보다 더 좋은 종목이 수없이 많고 앞으로도 계속 생겨날 것이기 때문입니다. 물타기에 실패하면 또 다른 종목에 투자할 수 있는 기회를 박탈당하는 것과 마찬가지입니다. 일단 살아남으면 시장은 언젠가 기회를 줍니다. 그 기회를 잡으려면 한 종목에 모든 자본을 몰아넣는 위험은 피해야 합니다. 리스크 관리는 열 번, 백 번 이야기해도 늘 모자랍니다. 겸손하게 생각하고 실패를 인정할 줄 알아야 오래 살아남을 수 있습니다.

배운 지식만큼, 딱 그만큼만 투자한다:
시장은 냉혹하다

냉혹한 시장 안에서는 자기 자신부터 알아야 한다

자금과 금융 지식의 비례관계

고대 그리스 태양신神 아폴론의 신전 현관 기둥에는 이런 말이 새겨져 있습니다. '너 자신을 알라'. 소크라테스는 이로 말미암아 자신의 무지無知에 대한 반성을 통해 현인의 경지에 올랐습니다. 시장에는 자신이 무엇을 모르는지조차 깨닫지 못하는 사람이 태반입니다. 매우 겸손하게 행동하지만 사실은 자신을 과대평가하는 경향이 있습니다.

투자자는 모니터를 상대하기에 이렇듯 자만할 수 있습니다. 사람이 시장을 움직이지만 모니터는 차트만 보여줍니다. 1년을 바짝 유튜브

보고 책을 읽어도 고수가 될 수는 없습니다. 혹시 재능이 있다면 모르겠지만 평범한 사람에게는 영 불가능한 일입니다. 골프를 좋아하는 초보자가 1년간 열심히 레슨하고 매주 3번 필드에 나가고 매일 아침 1시간씩 연습해서 프로선수와 시합하면 지는 것과 마찬가지입니다.

만약 이런 게임에 내기한다면 여러분은 어느 쪽에 배팅하시겠습니까? 묻지도 따지지도 않고 선수 쪽에 걸 것입니다. 주식시장도 똑같습니다. 2020년에는 처음 주식에 투자하는 사람이 많았습니다. 유튜브로 방송을 하면서 재미난 질문들도 많이 받았습니다. '어제 삼성전자를 5만 원에 10주 샀고, 오늘 삼성전자를 5만 1,000원에 10주 샀는데 내일 삼성전자를 10주 팔면 어떤 게 먼저 팔리나요?' 등이었습니다. 준비가 전혀 되지 않은 초보와 기관 투자자, 외국인 투자자가 맞붙었다면 과연 누가 이겼을까요?

내가 매도한 주식을 누가 사는지 생각해야 합니다. 내가 판 주식을 누가 샀는지, 내가 산 주식을 누가 팔았는지 시장은 알려 주지 않습니다. 내가 이만큼의 지식을 가졌다면 투자도 딱 그만큼만 해야 합니다. 무엇을 모르는지조차 모르는 상황에서는 아는 만큼만 움직이길 바랍니다.

초심자의 행운을 경계하라

1년 열심히 공부해서 전 재산을 주식에 몰빵하거나 전업투자자로 뛰어들겠다는 발상은 매우 위험합니다. 주식도 고스톱도 처음 시작할 때는 잘 됩니다. 흔히 말하는 초심자의 행운입니다. 초심자가 이기는 건 운이 좋아서 일 수도 있고 상대방이 초보의 패턴을 읽지 못해서 일 수도 있습니다. 고스톱 좀 칠 줄 아는 사람이면 당연히 해야 할 행동들을 초보자는 하지 않기 때문에 타짜들은 초반에 당황하고 돈을 잃지만 이내 초보자의 패턴을 파악하고 나면 다시 가져오는 건 시간문제입니다.

주식투자도 마찬가지입니다. 초보자가 수익 내기 좋은 환경에만 신규 자금이 유입됩니다. 주가가 크게 하락했거나 반대로 큰 상승 추세에서 신규 투자자가 유입됩니다. 초심자의 행운이 발동할 수밖에 없습니다. 주식시장이 급락한 이후 돌아온 대세 상승장에서 개인들의 자금이 유입된 사례가 많습니다. 1997년 외환위기 이후 개인의 매수세가 만들어 낸 국내 시장의 큰 상승기는 네 번이나 있었습니다.

1999년, 현대증권(現KB증권)의 바이코리아펀드가 큰 인기를 끌면서 유입된 개인 자금이 외환위기로 크게 하락한 주식시장 반등의 큰 원동력이 되었습니다. 2005년, 미래에셋이 펀드 붐을 일으키면서 은행, 증권사가 전부 펀드 판매에 열을 올렸습니다. 2005년 11월 신입 시절, 증권사 객장으로 몰린 펀드 가입자에게 번호표를 나눠주며 줄을 세울 정도였습니다. 2011년 상승기에도 개인 자금이 코스피 신고가 경신에 크게 일조했습니다. 자문형랩 상품이 히트를 치면서 개인의 자금이 주식시장에 유입되었습니다. 당시 시장에는 자문형랩 따라하기 열풍이 불어서 K1투자자문, 브레인투자자문 등이 어떤 주식을 신규로 담는지 확인하고 똑같이 매매했던 증권사 영업직원들 때문에 일부 자문사 관련 종목들이 압축해서 오르며 시장을 주도했습니다. 2020년에는 코로나19로 인해 급락한 국내 시장에서 개인이 직접 삼성전자를 비롯한 우량주를 대거 매입하며 시장을 끌어 올렸습니다. 초심자의 행운이 발동했던 개미들은 네 번의 대세 상승장에서 어떤 결말을 보았을까요?

1999년 바이코리아펀드는 2000년 '바이코리아bye Korea펀드'가 되었습니다. 모두 아시는 것처럼 닷컴 버블이 왔기 때문입니다. 1999년 100% 상승했던 펀드는 2000년 77% 하락했습니다.

미래에셋펀드 열풍이 불었던 2005년부터 2007년까지 역사적 상승을 기록하던 코스피는 2,000포인트라는 큰 산을 처음으로 넘었지만 2008년 글로벌 금융위기로 세계 시장과 함께 가라앉았습니다. 이 당시에는 전 세계 어떤 시장도 피할 곳이 없었습니다. 개인이 가입했던 펀드 대부분이 반토막났습니다.

2011년 자문랩 시장에서 큰 상승을 기록했던 이른바 차화정(자동차·화학·정유) 종목들도 2012년부터는 중국의 공급 물량으로 크게 하락했습니다. 중국의 설비투자로 경기민감 업종의 성과가 좋았는데 과도한 투자가 공급과잉이라는 부메랑이 되어 돌아왔습니다. 당시 차화정 종목의 대표였던 LG화학은 금융위기 이후 10만 원대까지 주가가 하락했고 2011년 4월에는 대략 58만 원까지 상승했습니다. 하지만 그 이후 2014년까지 3년을 내리 하락하면서 16만 3,000원선으로 3분의 1 토막이 났습니다.

자본시장연구원 분석에 의하면 2020년 3월 말부터 2020년 10월 말까지 동학개미의 수익률은 고작 5.8%였다고 합니다. 수수료와 세금을 공제하면 실제로는 -1.2%의 손실을 기록한 것이라 하는데, 2020년 3월 말부터 10월까지 코스피 지수는 30%가 올랐기 때문에 이는 매우 충격적인 결과가 아닐 수 없습니다. 참혹한 결과의 원인은 잦은 매매였습니다. 주가가 오르니 자신감이 생긴 초보 투자자들이 상승은 기다리지 못하고 팔아치우고 새로 들어간 주식은 하락하는 순이었습니다. 이러한 행동을 반복하면서 벌어들인 돈을 수수료로 모두 날린 것입니다.

상승장 초기 개인의 수익은 시장이 벌어준 것이지 투자자가 잘한 게 아니었습니다. 그러니 하락장에서는 대응을 못하고 손실이 날 수밖에 없습니다. 가만히만 있어도 오르는 시장에서 초기 성과에 취한 나머지 자신을 과대평가한 상태로 주식을 샀다, 팔았다 하면서 상승 종목만 피해 다닌 것입니다.

투자하는 금액만큼의 투자 지식이 있는지 반드시 자문해 보기를 바랍니다. 80만 원짜리 청소기를 살 때는 기능, 가격, 색상까지 꼼꼼하게 따지면서 주식에 투자할 때는 일단 사고 봅니다. A 종목에 1000만 원을 투자한다면 1000만 원만큼의 분석이 되어야 한다는 것을 반드시 기억하시기 바랍니다.

절대로, 절대로 잃지 말 것: 현실적인 목표수익률 설정이 중요한 이유

버핏의 환상에서 벗어나 실현 가능한 목표를 잡는다!

과도한 욕심이 패배의 원인이다

투자자는 1년에 몇 %의 수익을 내야 만족할 수 있을까요?

주식은 위험자산입니다. 위험을 감수한 만큼 짭짤한 대가가 따라옵니다. 우리나라 주식시장에는 상하한가 제도가 있습니다. 투자자의 자산 보호를 위해서 개별 종목의 변동폭을 위아래 30%로 제한합니다. 이 말은 종목 선택만 잘한다면 하루에 30%의 수익을 낼 수도 있다는 의미입니다.

상승장에서는 하루 3, 4% 수익도 거뜬할 때가 있습니다. 그래서인지 주식투자자들은 목표 수익률을 높게 잡습니다. 위험에 대한 대가라며 큰 기대를 하거나 높은 수익을 얻을 수 있다는 자신감으로 연간 20, 30%의 목표 수익률을 잡습니다. 심지어는 일 년에 두 배까지 얻으려고 합니다.

이쯤에서 우리는 위험자산의 의미를 다시 한번 돌아봐야 합니다. 주식이 위험자산인 이유는 상승폭만큼 하락폭도 크기 때문입니다. 30% 상승할 수 있다는 건 반대로 30% 하락할 수도 있다는 의미입니다. 3, 4%가 오르면 3, 4%로 떨어질 수도 있습니다.

이제 흥미로운 부분입니다. 어떤 주식이 상한가까지 올랐다가 다시 하한가까지 내려가면 어떤 결론이 날까요? 순서를 바꾸어서 하한가까지 내려간 주식이 다시 상한가까지 올라간다면, 어느 한쪽이라도 수익을 볼 것 같지만 결과는 똑같습니다. 양쪽 모두 손실이 나게 됩니다.

예를 들어 1만 원이었던 주식이 상한가인 30%까지 올라 1만 3,000원이 된 후 다시 30% 하락하면 자산은 9,100원이 되어 총자산 1만 원에서 9%의 손실이 생깁니다. 순서를 바꾸어 1만 원이었던 주식이 30%가 떨어져서 7,000원이 된 후 다시 30% 오르면 자산은 9,100원이 되어 총자산 1만 원에서 9%의 손실이 생깁니다. 왜 그럴까요? 원금이 계속 변하기 때문입니다.

주식시장에서 연 10%의 수익을 꾸준히 낼 수 있다면 장기로 대단한 성과를 얻을 수 있습니다. 원금 1000만 원을 가지고 매년 10%씩 수익이 난다고 가정하면 20년 뒤에는 6727만 4,999원이 되어 570% 이상의 수익률을 올립니다. 복리 효과 때문입니다. 복리는 하락에도 영향을 미쳐서 중간에 10% 손실이 날 때마다 수익률은 100%씩 감소합니다. 19번의 수익과 1번의 손실은 20년 뒤 450%의 수익률을 가져오고, 18번의 수익과 2번의 손실은 20년 뒤 350%의 수익률을 가져옵니다.

변동성을 더 키워 보겠습니다. 원금 1000만 원에서 연 20% 수익 또는 손실이 발생한다고 가정해 보겠습니다. 손실이 일어나는 횟수가 많아지면 장기적으로 어떤 영향을 미칠까요? 20년간 한 번도 잃지 않고 20%의 수익을 내면 3억 8000만 원이 됩니다. 무려 3700%가 넘는 수익이 나는 것입니다. 10% 수익률과 비교했을 때 무려 5배나 수익이 늘어나는 대단한 성과입니다. 하지만 실패하는 횟수가 5번이 넘어가면 이야기가 달라집니다. 15번은 20% 수익이 나고 5번 20% 손실이 났다면 20년 후 수익은 5049만 원으로 405%의 수익률이 됩니다. 손실 없이 20년간 10% 수익을 낸 것보다 낮아집니다.

손실이 나는 횟수가 5번 이상이면 수익률이 급격하게 역전됩니다. 20년간 11번 20%의 수익을 내고 9번 20% 손실이 나면 20년 뒤의 수익률은 -0.3%라는 아쉬운 결과를 얻게 됩니다. 변동성이 크면 20전 11승 9패로 승률은 높더라도 결국 손실이라는 결론이 납니다.

변동성은 중독입니다. 호가가 오르는 것을 보면 짜릿해집니다. 이게 주식의 매력일지도 모르지만 이러한 도박성 때문에 투자를 망치는 경우가 허다합니다. 변동성이 높은 종목들만 매매하다 보면 안전하고 주가 변화가 크게 없는 종목은 지루하게 느껴집니다. 한 번에 크게 가져오려는 욕망은 누구에게나 있지만 마음처럼 만들기는 어려운 일입니다. 준비가 부족한 상태에서는 변동성이 큰 종목으로 큰 손실을 보게 되는 경우가 허다합니다. 이때 실패를 인정하고 차곡차곡 수익을 쌓기보다는 손해를 빨리 만회하려는 마음에 더 큰 변동성을 찾습니다. 손실을 빨리 만회하려고 손실 난 종목에 물타기를 합니다. 물타기를 하다가 현금이 부족해지면 더 빨리 회복할 수 있는 방법을 찾습니다. 레버리지를 일으키거나 주식보다 변동폭이 더 큰 파생시장(선물, 옵션)에 투자합니다.

두 가지는 개인투자자를 파멸로 인도합니다. 내 돈으로 성공하지 못했는데 빌린 돈으로 성공할 수 있을 리 없습니다. 절대로 신용, 대출, 옵션은 생각도 하지 마시기 바랍니다. 10년 이상 투자해 보고 시장에 대해 경험이 충분히 쌓이면 그때 고민해도 늦지 않습니다.

수익보다 손실 먼저

투자할 때는 눈높이를 낮춰야 합니다. 수익을 내는 것보다 손실을 보지 않는 것이 최선입니다. 오마하의 현인 워런 버핏도 손실의 중요성을 강조하고 또 강조했습니다.

> 투자 법칙 1. 절대 잃지 말라.
> 투자 법칙 2. 법칙 1을 잊지 말라.

손실을 피해야 한다는 뜻입니다. 연평균 목표 수익률을 은행이자보다 조금 더 가져간다고 생각해야 합니다. 이렇게 말씀드리면 은행이자보다 조금 더 벌기 위해 위험한 주식을 할 이유가 없다고 생각합니다. 그러나 꾸준히 복리 효과를 누린다고 했을 때 30~50년 뒤에는 엄청난 결과가 나옵니다. 1000만 원으로 매년 10%씩 수익을 내면 50년 뒤에는 11억 7000만 원이 되어 있습니다. 조금 더 현실적으로 접근했을 때 1000만 원으로 투자를 시작해서 매년 300만 원씩 더 투자금을 늘린다면 복리 효과는 더 커집니다. 35년 후에는 투자금이 10억 원이 넘고, 50년 후에는 46억 6000만 원이 됩니다.

여기서 중요한 것은 300만 원씩 투자금을 늘려야 한다는 부분이 아닙니다. 꾸준히 연 10%의 수익을 낼 수 있는지의 여부입니다. 1년에 10% 수익을 내는 것이 가능할까요?

코스피 시장은 1980년부터 2021년까지 42년간 연평균 9% 상승했습니다. 종목을 찾을 필요도 없이 지수에만 투자했어도 연평균 9%의 수익률을 거둘 수 있었습니다. 여기에 조금 더 양념을 추가하면 더 맛있고 영양가 높은 결과를 얻게 될 수 있습니다. 국내뿐 아니라 미국 시장에 투자하면서 자산을 배분했다면 더 나은 결과가 나왔을 것입니다.

미국 시장과 국내 시장의 차이는 '변동성'입니다. 따라서 미국 시장과 우리시장에 동일한 비중으로 투자하다가 한국이 미국보다 더 많이 올라서 수익률의 격차가 발생하면 국내 주식을 팔아서 미국 주식을 사고, 한국이 미국보다 더 많이 하락해서 국내 주식이 저렴해지면 미국 주식을 팔아 국내 주식을 사는 방식으로 비중 조절을 하시기 바랍니다. 9%보다 높은 연평균 수익률을 충분히 거둘 수 있습니다.

50년 동안 연평균 20%의 수익을 내는 것은 불가능합니다. 애초에 불가능한 목표였으니 당연히 오래 하지 못합니다. 투자는 장기 레이스입니다. 단기로 승부를 보려면 카지노에 가는 게 더 낫습니다. 현실적인 목표를 세워서 오래 유지하는 것이 장기적으로 시장에서 성공하는 길입니다.

나는 어떤 투자자인가:
가치투자자와 트레이더를 나누는 기준

편식하지 말고 골고루 먹는다!

스스로를 하나의 틀에 가두지 마라

'가치투자자와 트레이더 중 어느 쪽이 옳은가?' 하는 질문도 많이 받았습니다. 답은 무엇일까요?

투자자들은 처음 주식을 배울 때 기술적 분석부터 시작합니다. 저 역시도 다르지 않았습니다. 거시경제나 재무제표에 능통한 초보 투자자는 흔하지 않습니다. 그렇게 기술적 분석으로 수익을 내기가 쉽지 않다는 걸 깨닫고 공부를 시작합니다. 손실이 나면 공부를 더 열심히 합니다. 많은 투자 서적에서 가치평가를 중요하게 다룹니다. 특히 살아있는 전설 워런 버핏은 가치투자의 대가이고 특히 장기투자를 강조합니다. 그의 영향력이 많은 이들을 가치투자의 길로 이끌고 있습니다. 한화 이글스가 야구를 못해도 류현진 선수가 있어서 한화팬이 되었다는 이야기와 일맥상통하는 셈입니다.

주식을 본격적으로 배우기 시작한 증권사 신입 시절, 시장의 대세는 가치투자였습니다. 사실 우리나라에서 기업을 제대로 평가하기 시작한 지는 얼마 되지 않았습니다.

1997년 외환위기 이후 외국인에게 시장이 개방되고 그들의 주식평가 방법을 따라 하면서 본격화됐기 때문에 제가 사회생활을 막 시작한 2005년까지 채 10년이 되지 않은 시점이었습니다. 한국밸류10년펀드와 신영마라톤이라는 대표적인 가치투자펀드가 출시되기 시작했고 대단한 수익률을 기록했습니다. 외환위기 이후 가치평가 기준이 주식시장에 도입되면서 그동안 저평가되어 있던 많은 종목에 대해 재평가가 이루어졌기 때문입니다. 무엇이든 처음이 중요합니다. 가치투자의 성공을 바라본 사회 초년생이자 초보 투자자에게는 가치투자가 대단하게 느껴질 수밖에 없었습니다.

가치투자는 기업의 본질 가치를 찾아 적정가치를 알아내는 것이 목적이기 때문에 차트와 수급만으로 주식을 찾는 기술적 분석보다는 훨씬 합리적으로 보입니다. 한때 저는 가치투자 대가들의 책을 읽으면서 투자 실력이 늘어나는 것과 별개로 가치투자만이 답이라는 선입견을 품었습니다. 제시 리버모어 Jesse Livermore, 잭 슈웨거 Jack Schwager 같은 위대한 트레이더들이 쓴 책을 보면서 말이 안 된다고 생각하기도 했습니다. 적정 밸류를 떠나 타이밍만으로 절대로 돈을 벌 수 없다고 생각했는데 트레이딩으로 큰돈을 버는 사람들을 만나고 제 생각이 잘못됐다는 걸 알았습니다.

제가 근무하는 부서는 온라인 거래를 총괄하는 곳인데 온라인 고객 중에서도 고액 자산가를 관리하는 팀이 따로 있습니다. 고액 자산가를 관리하는 팀에서 1년 정도 근무하며 몇몇 고객의 자산 규모가 커지는 것을 봤고 어떤 식으로 투자하는지 궁금증이 생겼습니다. 우연히 그 고객을 만날 기회가 있어 비법을 물었습니다. 어떻게 그런 높은 수익을 기록할 수 있었느냐고 질문했더니 돌아온 대답은 생각 외로 매우 단순했습니다. 기업에 대한 분석 없이 호가만 본다는 답변이었습니다. 물론 자신의 방법을 소문내기 싫어 둘러댄 것일 수도 있지만 온갖 방법을 공부하다가 호가를 보면서 자신만의 깨달음을 얻었을 것이라고 저는 생각합니다.

모든 사람이 하루 8시간씩 연습한다고 류현진 선수 같은 제구력이 생기는 것이 아닌 것처럼 누구나 호가를 보면서 깨달음을 얻을 수 있는 것은 아닙니다. 저도 시장에 있어 보니 이제 조금은 알 것도 같습니다. 가치투자자와 트레이더 중 어느 쪽이 옳은가에 대한 답은 없습니다. 답을 한 가지 길로 정하지 않고 다양한 방법을 공부하며 자신만의 답을 찾으셨으면 합니다.

엄마가 좋아, 아빠가 좋아?

가치투자와 트레이딩 중 무엇이 더 우수한 것인지를 따질 필요는 없습니다. 스스로를 가치투자자라고 정의하는 순간부터 균형이 무너집니다. 2011년 이후 우리나라 주식시장은 성장주가 대세였습니다. 가치투자자는 2015년 초대박이 났던 바이오 주식에 절대 투자할 수 없었을 것입니다.

성장주 투자의 핵심은 타이밍입니다. 이익이나 자산가치처럼 객관적인 방법이 잘 보이지 않기 때문에 성장주에 투자하려면 진입 타이밍이 매우 중요합니다. 성장주 중에는 적자인 기업이 많습니다. 적자 기업을 평가하려면 매출의 성장성이나 기술력, 브랜드 가치 같은 무형자산을 평가해야 합니다. 합리적인 방법으로 느껴지지 않습니다. 성장주는 실적이 개선되고 재무제표가 아름다워진 후에 진입하면 이미 늦습니다. 주가는 엄청나게 올라 있고 실적이 주가를 따라가고 나면 하락하는 경우가 많기 때문입니다. 트레이딩 실력이 이럴 때 발휘됩니다.

차트만 보고 트레이딩 관점에서만 주식을 고르는 것도 위험하기는 마찬가지입니다. 오를 때야 어떤 종목을 고르든 상관없지만 하락할 때는 안전판이 필요합니다. 떨어져도 버티려면 적어도 망할 기업인지 아닌지 정도는 파악할 수 있어야 합니다. 이익이 꾸준히 나는 기업이 일시적으로 하락한 것인지 아니면 실적이 나쁜 기업이라 이제 하락이 시작되는 것인지 알려면 기업의 이익성과 안정성을 따져볼 필요가 있습니다. 가치평가를 할 줄도 알아야 합니다.

아무리 저평가된 종목도 아무도 관심을 주지 않는다면 오랜 기간 소외됩니다. 시장에서는 다수의 의견이 중요합니다. 엄청난 가치주처럼 보이더라도 많은 투자자가 관심 없는 분야라면 수급이 들어오기 힘듭니다. 일단 사놓고 10년, 20년 기다리는 것은 유한한 시간을 가진 인간에게 합리적인 방법이 아닙니다. 시간을 절약하기 위해서 차트를 보면서 트레이딩의 관점으로 타이밍을 찾고, 상승하기 시작한 종목들의 내재가치를 가치투자자처럼 분석하면 시간을 아낄 수 있습니다.

시장 상황에 따라서 적당히 타협점을 찾으셨으면 좋겠습니다. 시장이 변화하는 것을 보면서 가치투자에서 성장주 투자로, 장기투자자에서 트레이더로 필요할 때마다 유연하게 색깔을 바꿀 수 있는 투자자가 되시기를 바랍니다.

저는 시장에 있으면서 잘난 척과 주식 실력이 비례하는 사람을 본 적이 없습니다. 내 말만 옳다고 우기는 사람은 절대 주식시장에서 성공할 수 없습니다. 주식 잘하는 사람 대부분은 시장에서 많은 좌절을 겪은 사람이기 때문에 시장에 대해 매우 겸손합니다. 이건 시장에 대한 경외심이 생겼을 때 자연히 깨닫게 되지만 그러기까지 꽤 많은 수업료를 지불해야 합니다. 절대적인 기준이란 없습니다. 시장에 맞춰서 따라갈 수 있는 투자자가 성공할 수 있습니다.

마지막에 웃는 투자자가 되자:
투자 계획과 수수료의 중요성

수수료 2%는 40년 뒤 강남 아파트 한 채에 보탬이 된다!

장기투자 비용을 줄이자

———

주식투자에서 좋은 종목을 오랜 기간 보유하는 것을 장기투자라고 합니다. 손실 난 종목을 오래 보유하면 그건 버티고 있거나 물렸을 뿐입니다. 두 가지 방법 모두 오랜 기간 투자한다는 공통점을 가지고 있지만 분명히 다릅니다.

주식을 사고 보유하는 데는 비용이 들지 않습니다. 주식을 매매할 때 거래수수료와 매도할 때 세금을 제외하면 비용이 들지 않는다는 것이 주식투자의 장점 중 하나입니다. 주식을 사서 1년을 가지고 있든 10년을 가지고 있든 똑같습니다. 오히려 매년 배당이 들어옵니다. 반대로 손실 때문에 오랫동안 주식을 보유하면서 드는 비용은 마음고 생하는 비용과 별개로 다른 종목에 투자할 수 있는 기회를 박탈당하는 비용이 추가적으로 소요됩니다.

기회비용을 줄이기 위해서라도 앞서 말씀드렸던 분산투자가 꼭 필요합니다. 자산배분과 분산투자의 중요성은 이미 많은 투자자가 알고 있지만 자신 안의 탐욕이 이를 방해합니다. 바닥일 때 한꺼번에 다 사면 상승 시에 큰 수익을 얻을 수 있지만 바닥을 잡을 수 있는 기회는 쉽게 오지 않습니다. 바닥인 듯하여 매수했지만 더 내려갈 수도 있습니다. 하락이 끝도 없이 오랜 기간 나타나는 경우는 주식시장에서 흔한 일입니다. 일정 금액을 분할하여 매수하고 다양한 종목을 투자하는 방법이 위험을 줄일 수 있는 궁극적인 방법입니다.

그런데 투자금액이 많지 않다면 시가총액 상위 종목을 골고루 사는 것조차도 어렵습니다. 삼성전자, SK하이닉스, 네이버, 셀트리온, 카카오, 삼성바이오로직스 등 시가총액 20위까지의 종목을 한 주씩만 사도 500만 원이 훌쩍 넘어갑니다. 여기서 끝이 아닙니다. 시가총액 비중을 맞춰야 하는데 그렇게 하려면 투자금이 훨씬 커질 수밖에 없습니다. 삼성전자의 시가총액은 397조 원이지만 1주당 가격은 6만 6,500원입니다(2022년 5월 28일 기준). 삼성바이오로직스의 시가총액은 59조 원이지만 1주당 가격은 83만 4,000원입니다(2022년 5월 28일 기준). 삼성바이오로직스 1주를 사면 삼성전자는 84주를 사야 포트폴리오의 균형을 맞출 수 있습니다.

이러한 과정이 복잡하게 느껴진다면 대신해 주는 곳도 있습니다. 바로 자산운용사입니다. 투자자의 자금을 전문가들이 일임 받아서 주식을 대신 사줍니다. 개인이 직접 주식을 사는 것과 대비되는 개념으로 간접투자 또는 펀드라고 부릅니다. 운용사는 펀드를 대신 운용해주고 일정 비율의 수수료를 요구합니다.

수수료 1%가 승부를 가른다

간접투자의 장점은 내가 주식을 직접 고를 필요가 없습니다. 펀드에 가입하면 펀드 매니저라는 전문가 집단이 주식을 대신 골라줍니다. 수수료를 주고 펀드 매니저를 고용하는 셈입니다. 하지만 복잡한 일을 시킬수록 비용을 더 많이 줘야 합니다. 시장 평균보다 수익률이 높은 종목을 찾아달라고 요구할 때와 주식시장을 그대로 복제해 달라고 요구할 때, 펀드 매니저로서는 전자가 손이 더 많이 가는 요구일 것입니다.

더 어려운 임무를 받은 펀드 매니저는 시장조사도 하고 종목에 대한 분석도 해서 할 일이 더 많습니다. 시장 평균보다 수익을 더 낼 수 있는지는 관계없이 시장 수익률을 그대로 복제하는 펀드보다 비용이 더 많이 발생할 수 있습니다. 여기서 시장 수익률을 복제하는 펀드를 패시브펀드, 시장보다 초과 수익을 내는 펀드를 액티브펀드라고 합니다.

패시브펀드는 지수를 따라가기 때문에 펀드 매니저의 역량에 수익률이 좌우되지 않습니다. 따라서 수수료가 저렴합니다.

액티브펀드는 저평가된 종목을 적극적으로 발굴해서 시장보다 높은 수익률을 내는 것이 목표입니다. 주식시장이 좋을 때는 시장 대비 엄청난 초과 수익을 내는 경우도 많습니다. 그래서인지 액티브펀드의 높은 수수료에 대해서는 크게 신경을 쓰지 않습니다. 그런데 패시브펀드와 액티브펀드 간에는 많게는 연간 2, 3%까지 수수료의 차이가 발생합니다. 금융투자협회에 따르면 주식형 ETF 중 보수가 가장 낮은 상품은 연간 0.012%의 수수료를 받는 반면, 가장 높은 주식형 펀드의 수수료는 거의 2.4%대까지 받는 경우도 있었습니다.

높은 수수료만큼 높은 수익률을 기록한다면 연간 2% 정도의 차이는 크게 문제가 되지 않습니다. 하지만 높은 수수료가 높은 수익률로 연결되는 것은 아닙니다. 주식형 펀드의 수수료에서 높은 비중을 차지하는 것이 '판매보수' 항목입니다. 판매보수는 운용사에서 판매사에 지불하는 수수료라고 생각하면 됩니다. 우리 펀드를 많이 팔아달라는 목적으로 내기 때문에 영업직원들과 증권사 주머니로 들어가는 돈이고 운용과는 상관이 없습니다.

고작 2%라고 생각할 수 있지만 이런 비용을 줄인다면 장기적으로 큰 성과를 거둘 수 있습니다. 코스피 지수는 1980년 100포인트로 시작해 2021년 고점에서 3,300포인트를 기록했으니 42년간 33배 상승했습니다. 이를 복리로 계산하면 연간 9%의 상승을 기록한 셈입니다. 연간 9%에서 수익에서 수수료 2%를 차감하면 무서운 결과가 나타납니다. 코스피 지수가 연간 9%가 아닌 연간 7% 상승했다면 현재 지수는 1,600포인트에 불과합니다. 만약 1980년에 1억 원을 수수료 2.4%인 A 펀드에 가입했을 때와 수수료 0.014%인 B 펀드에 가입했다면 A 펀드의 현재 수익은 14억 원인 반면에 B 펀드의 수익은 40억 원이라는 뜻입니다. 장기 수익률 차이가 2.8배나 납니다. 2%는 매우 작아 보이지만 장기간의 복리 효과까지 감안하면 엄청난 차이를 만들어 냅니다.

무시할 수 없는 매매 수수료 그리고 매도세

수수료가 없는 직접투자에서도 비용은 중요합니다. 앞서 잦은 매매에서 오는 리스크도 영향이 크다고 말씀드렸습니다. 요즘은 주식 거래 수수료가 많지 않습니다. 증권사에서 부담하는 유관기관 비용도 무료로 해 주는 증권사까지 생겨나기 시작했습니다. 온라인으로 거래하면 수수료는 거의 없는 것과 같습니다. 혹시나 거래를 하면서 수수료를 많이 내고 있다면 수수료가 무료인 곳에서 계좌를 새로 만드는 게 좋습니다.

매도할 때는 수수료 외에 비용이 또 있습니다. 거래세를 내야 합니다. 한 번 거래할 때마다 0.25%의 세금을 납부합니다. 수익이 나도 내고 손실이 나도 냅니다. 모으면 매우 커질 수 있습니다. 1년에 10번만 매매해도 전체 자산에서 2.5%의 세금이 발생합니다. 펀드 수수료 2%가 모여서 큰 차이를 만들었던 것과 마찬가지입니다. 세금이나 비용이 무서워서 꼭 팔아야 할 주식을 팔지 못하면 안 되는 일이지만 같은 종목을 사고팔아서 의미 없이 발생하는 비용은 줄여야 합니다.

간접투자 상품을 고를 때도 마찬가지로 수수료를 가장 우선적으로 생각해야 합니다. 아무리 실력 좋은 펀드 매니저라 하더라도 상황에 따라 성과가 변할 수 있습니다. 꾸준히 시장을 이기는 우수한 펀드 매니저는 만나기 힘든 법입니다. 유행에 따라 변하는 수익률에 많은 비용을 지급할 필요가 없습니다. 요즘은 저렴한 비용에 지수를 똑같이 복제하고 주식시장에서 실시간으로 거래할 수 있는 ETF가 다양하게 출시되고 있습니다. 낮은 비용으로 다양한 주식을 골고루 운용하기 좋습니다. 적은 비용이라도 장기간 모이면 전체 수익률에 큰 영향을 미친다는 것을 잊지 않으셨으면 합니다. 장기투자, 분산투자의 기본을 지키고 비용을 최대한 아끼는 투자자가 되시기 바랍니다.

상황에 휘둘리지 않는
원칙투자로 성투하시길

코로나19 팬데믹은 주식시장에 많은 개인투자자들을 유입시키는 계기가 되었습니다. 주식시장이 내내 크게 상승하면서 투자자들은 환희를 경험했습니다. 하지만 2021년 6월 이후 주식시장이 지속적으로 하락하면서 많이 지쳐있습니다. 이 책을 마감하고 있는 2022년 5월 현재는 전 세계 금융시장이 2년 전과 정반대의 흐름을 보이고 있어 다들 혼란스러워합니다.

코로나로 인한 경기 침체를 방어하기 위해 시장에 풀었던 유동성을 회수하는 과정에서 많은 금융자산이 하락했고 개인들의 계좌도 손실을 보고 있습니다. 당분간 긴축과 경기 침체를 이유로 대세 상승보다는 일정 구간에서 횡보하는 박스권 시장이 지속될 가능성이 커 보입니다.

주식시장은 상승과 하락이 늘 반복되었습니다. 상승장에서는 누구나 돈을 벌지만, 상승이 끝나고 하락 또는 횡보하는 구간에서는 준비된 사람만이 수익을 낼 수 있습니다. 열심히 준비한 사람에게는 누구나 돈을 벌 수 있는 상승장보다 횡보하는 시장이 더 매력적으로 다가올 수도 있습니다.

저는 여전히 '뭐 사면 돼?'라는 이야기를 가장 많이 듣습니다. 그리고 저는 아직도 이 질문에 대답하기가 곤란합니다. 시장은 시시각각 변하기 때문에 지금 좋아 보이는 종목도 시간이 지나고 상황이 변하면 시들해지기 때문입니다.

투자로 성공하려면 변화하는 시장에 직접 대응할 수 있어야 합니다. "마케팅팀 김 과장이 틀림없다고 했는데, 반토막이나 났어" 또는 "유튜브에서 좋은 종목이라고 했는데 다 떨어졌어"라고 언제까지 탓을 하기보다 좋은 안목을 가진 투자자가 되어야 합니다. 남의 말을 듣고 주식을 사는 '투기'가 아닌 스스로 판단해서 종목을 고를 줄 아는 '투자'를 시작하시길 바랍니다. 지금도 늦지 않았습니다.

방송하는 사람이 책을 쓴 다는 게 결코 쉬운 일이 아님을 깨달았습니다. 포기하지 않고 끝까지 완주할 수 있도록 물심양면으로 도움을 주신 포레스트북스 김선준 대표님과 첫 책을 쓰는 작가에게 많은 노하우를 알려 주신 송병규 팀장님이 계셔서 이 책이 나올 수 있었다고 생각합니다. 더불어 글의 빈 곳과 날 선 곳을 독자 입장에서 꼼꼼히 살펴 준 정슬기 님께도 감사드립니다.

무엇보다 이 책을 쓸 수 있도록 배려해 주고 격려해 준 나의 아내 전효은과 책 쓴다고 놀아주지 못해 미안한 두 아들 박준민, 박승윤에게 고맙고 사랑한다고 전하고 싶습니다.

저의 18년 노하우에 진심과 노력을 더하여 가득가득 채웠습니다. 이 마음이 가닿아 독자 여러분의 성공 투자로 이어지길 응원합니다.

박 제 영 의
종 목 선 정
절 대 원 칙
3   7

박제영의 종목선정 절대원칙 37

초판 1쇄 발행 2022년 7월 11일

지은이 박제영
펴낸이 김선준

기획·책임편집 송병규
편집 3팀 이희산
디자인 김미령
마케팅 권두리, 신동빈
홍보 조아란, 이은정, 유채원, 권희, 유준상
경영관리 송현주, 권송이

펴낸곳 (주)콘텐츠그룹 포레스트 **출판등록** 2021년 4월 16일 제2021-000079호
주소 서울시 영등포구 여의대로 108 파크원타워1 28층
전화 02) 332-5855 **팩스** 070) 4170-4865
홈페이지 www.forestbooks.co.kr **이메일** forest@forestbooks.co.kr
종이 (주)월드페이퍼 **인쇄·제본** 한영문화사

ISBN 979-11-91347-91-3 (03320)

(주)콘텐츠그룹 포레스트는 독자 여러분의 책에 관한 아이디어와 원고 투고를 기다리고 있습니다.
책 출간을 원하시는 분은 이메일 writer@forestbooks.co.kr로 간단한 개요와 취지, 연락처 등을
보내주세요. '독자의 꿈이 이뤄지는 숲, 포레스트'에서 작가의 꿈을 이루세요.